U0590648

东方小作家优秀作品集

汪建军　主编

云南出版集团
云南美术出版社

图书在版编目（ＣＩＰ）数据

东方小作家优秀作品集 / 汪建军主编. —昆明 ：
云南美术出版社，2017.12
　ISBN 978-7-5489-3070-9

　Ⅰ.①东… Ⅱ. ①汪… Ⅲ. ①作文－小学－选集
Ⅳ. ①H194.4

中国版式图书馆CIP数据核字（2017）第304324号

责任编辑：梁媛
责任校对：温德辉 杨盛
装帧设计：郭元婷

东方小作家优秀作品集
汪建军 主编

出版发行：云南出版集团
　　　　　云南美术出版社（昆明市环城西路609号）
制版印刷：郑州市诚丰印刷有限公司
开　　本：787mm×1092mm　1/16
字　　数：350千
印　　张：18.5
版　　次：2017年12月第1版
印　　次：2017年12月第1次印刷
书　　号：ISBN 978-7-5489-3070-9
定　　价：48.00元

前　言

　　由东方优硕（北京）教育集团主办的第五届全国中小学生作文大赛于2017年5月1日正式启动，历时5个月，于2017年9月30日结束。经过各加盟校评选、大赛组委会初选、复审、大赛终审委员会终审（终审委员会由来自北京的中国校园文学杂志社知名作家、编辑组成），评出一等奖100名，二等奖500名，学校优秀组织奖50名。比赛结束后，大赛组委会开始着手筹备获奖作品的出版工作，经过几个月的努力，这本作品集终于得以面世。这不能不说是全国中小学生的一件喜事，是推动作文教学改革的一件好事。

　　此次大赛具有以下特色：

　　一、开创性

　　此次大赛是东方优硕（北京）教育集团全国范围内的中小学生写作比赛。这些年，全国中小学生比赛不少，英语演讲赛、学科知识比赛、数学赛等不一而足，各类作文大赛也比比皆是，但真正把作文比赛与作文教学实践和教学改革结合起来的几乎没有。"东方作文"的活动是开先河，在提倡传统文化教育、弘扬母语文化的大背景下，举办这样的写作比赛应该说是十分适时和必要的。

　　二、广泛性

　　此次大赛获得了"东方作文"全国各省、市700多所加盟校广大师生的参与，参赛稿件约110,000篇，参赛者分布在全国各地，大大超过了我们的预期。

　　三、公益性

　　此次大赛有别于名目繁多的以盈利为目的的比赛，参赛学生不缴纳任何费用，大赛工作人员不从中获取任何报酬，是名正言顺的公益文化活动，活动费用由东方优硕（北京）教育集团和各地"东方作文"加盟校承担。

四、严肃性

此次大赛稿件内容健康、格调高雅，体现了当代中小学生的精神风貌，价值观、审美观符合"中国梦"精神；题材广泛，涉及人生、社会、情感、思想等方方面面，其中尤其珍贵的是那些紧密联系自己生活的写作者的文章，内容丰富，情感真挚（这也是本次征文赛的一大特色和亮点）。从这些参赛的作品里，我们看到了正在成长的祖国花朵的精神风貌。

阅读这些作品，是在与孩子们心灵沟通和对话。他们的作品常常使我们感动，甚至流泪。我们感佩于他们对亲情、友情、童年及对一切美好实事物的留恋与珍惜；感佩于他们对幸福生活和美好未来的热爱与尊重；感佩于他们对国家、社会与对未来的责任与热情；感佩于他们对人生的稚嫩思考，对理想、未来的执着与追求……我们愿意与更广大的读者分享这种感动，我们有责任让更多的人通过这些获奖作品了解当代中小学生。为此，我们从获奖作品中优中选优汇集成册，取名《东方小作家优秀作品集》，希望通过这本优秀作文集的出版，为中国的作文教学改革做一点实实在在的工作。《东方小作家优秀作品集》是广大中小学生习作的很好范本，也适合一切热爱写作的读者阅读。作为这次作文大赛的组织者，我们期盼得到全国各地的读者的认可，并希望您提出宝贵的意见。

第五届全国中小学生作文大赛
组委会
2017年10月

目 录

森林运动会

河南省郑州市东方作文大学路校区　　二年级：翟梓钰　　指导老师：熊爽爽

小作家档案

姓名：翟梓钰
生日：11月13日
身高：145cm
体重：40kg
兴趣：唱歌、
跳舞

座右铭：
读书百遍，
其义自见。

二等奖

一年一度的森林运动会马上就要到了，小动物们都来报名了。

报完名后，大家开心的去参加运动会。裁判大象先生刚想离开，一个温柔的声音传来："大象先生！请等等我。"大象先生一回头，就看见了蜗牛小姐。于是它对蜗牛小姐说："蜗牛小姐，你有什么事？"蜗牛小姐有礼貌地说："大象先生你好，可不可以让我也去参加比赛呢？"大象回答道："可以，你想参加哪一个项目呢？""我要参加短跑比赛。"蜗牛小姐毫不犹豫地说。"真的吗？"大象先生吃惊地问。"当然是真的。"蜗牛小姐说完就头也不回地走了。

第二天一早，蜗牛小姐就开始练习短跑，可都跑不快。很快到了晚上，蜗牛小姐来到了商店，看见了一家商店的名字叫"跑快鞋店"，便走了进去。蜗牛小姐挑选了一双漂亮的跑鞋，回到了家，蜗牛小姐试了试跑鞋，跑得特别快。

很快到了比赛时间，最后一项就是短跑，蜗牛小姐做好了准备。

比赛一开始，蜗牛小姐冲到了最前面。跑到半路，兔子姑娘冲了过去，跑鞋掉了，可蜗牛小姐跑得还是最快，原来是蜗牛小姐已经习惯了这种速度。蜗牛小姐赢了这场比赛。

这真是一个快乐的森林运动会。

评语：小作者发挥自己丰富的想象力，通过对话来写出了蜗牛小姐的自信心，神奇跑鞋的帮助让力争成功的蜗牛小姐事半功倍，语言生动形象，故事完整具体，很棒！

我当"妈妈"了

安徽省安庆市德二小学　　三年级：窦辰熙　　指导老师：姚白玲

小作家档案

姓名：窦辰熙
生日：11月21日
身高：128cm
体重：22kg
兴趣：画画、
看书

座右铭：
生命的意义在
于奉献，而不
在于索取。

二等奖

今天，当我听到老师说：明天要带一个小鸡蛋宝宝过来时，我万分惊讶，心里想着：老师难道让我们孵鸡蛋？

"带鸡蛋啊，是让你们来保护鸡蛋，不是让你们来孵鸡蛋的。"老师亲切的对我们说。哦，原来是让我们来保护鸡蛋的呀，这还不容易，都觉得很简单，小菜一碟嘛。

放学了，我一回家就打开冰箱，看到了各种各样颜色的蛋。我挑了挑，左看看，右看看，看到了一个皮肤很白的，身子瘦瘦的鸡蛋宝宝。我拿到鸡蛋后很高兴，心里想：我可以当妈妈啦！似乎蛋宝宝也很高兴，好像它也在想，我有一个漂亮的妈妈啦！然后，我又想了想，大声说："我有一个很漂亮的蛋宝宝了，我一定会让它安安心心长大的。"

"新妈妈，你给我取一个名字吧。"蛋宝宝悄悄地对我说。我听见了就给它取了一个名字，叫它"甜心"吧。我看了看它的身体，觉得它会很冷，因为现在是冬天，所以我就拿起笔给蛋宝宝画了一件红色的外衣，再加上一件黄色的小背心，这样它就不冷了，俨然像我们家最重要的小宝宝啦！

然后，我用最漂亮的盒子给"甜心"做了一张床，用两张纸做它的被子，在床的旁边画上很多的画，画上还画了"甜心"是怎么被我抚养的，这样，给"甜心"的床就做好了。我看见这么漂亮的小床，兴奋不已，感觉自己是一名小画家了，非常的幸福快乐。

新的一天来临，护蛋行动也开始了。今天，我带着"甜心"一起来到学校，我看见它的脸红彤彤的好像也很兴奋。我在哪里，它就在哪里；我做操，它也在做操；我上课，它也在上课。下课了，我还带着它去了我们学校最大的一棵树下给它讲故事。上课了，我带它走一条没有楼梯的路，这样它就不会掉下去。最后一堂是体育课，为

了不让它受伤，我一点儿也不敢动。我在跑步时，一不小心被绊了一下，蛋宝宝不小心滚掉下来了，我瞪着那圆溜溜的大眼睛，嗓子差点要尖叫了，还好我把蛋宝宝接住了，要不然我的心都要跳到大海里去了。

护蛋一天真不容易，到现在我才知道，妈妈照顾我是多么的辛苦，多么的累。长大后，我一定会带着妈妈去旅行，去遥远的地方。现在，我真想对妈妈说："妈妈，你辛苦了，谢谢你！"

评语：小作者采用拟人的手法，赋予蛋宝宝以生命。在护蛋过程中，体验当妈妈的乐趣，哺育的辛苦，懂得感恩母爱。

梦中的世界

广东省韶关市韶州师范附属小学　　三年级：杨鑫源　　指导老师：赖琦

我梦中的世界是非常美丽的，蓝蓝的天空，火红的太阳，碧绿的草地，清澈的湖水，清新的空气。

我梦中的世界，可以说是一个童话世界，动物会做饭和穿衣服，鸟儿会唱歌还会互相交流，或者可以亲眼看到童话故事，人与动物和睦相处。

我梦中的世界是个美丽的世界，小河很清澈，小鱼儿在里面欢快地玩耍，清晨，草丛中还有一滴滴的露珠，小草醒来了，正迷迷糊糊的伸着懒腰，小花也睡醒了，正在梳妆打扮呢！抬头一看，啄木鸟医生正在给大树爷爷治病呢。

小作家档案

姓名：杨鑫源
生日：11月11日
身高：150cm
体重：40kg
兴趣：游泳、读书

座右铭：只要努力，一定成功。

二等奖

我梦中的世界是个充满生机的世界，那些早已灭绝的恐龙在梦里复活了，我们能看到一些食草恐龙，比如马门溪龙、雷龙、三角龙、剑龙等。

我梦中的世界是个鸟语花香的世界，所有的花一年四季都盛开，我们天天能闻到花香，蜜蜂辛勤地采着花蜜，蝴蝶也邀请小姑娘们一起翩翩起舞呢！

我梦中的世界如此精彩，看看我们现实的世界，我们是不是该为这个世界的环境贡献自己的一份力量呢？如果人人都能爱护环境、保护自然，我相信梦中的世界也会变成现实。

评语：文章语言形象生动，运用了拟人、比喻等修辞手法，可见小作者是个想象丰富的孩子。文笔流畅，词语运用准确，对于梦境中的世界刻画很形象，整篇文章结构完整，中心明确。

月亮城堡一日游

河北省盐山县东方作文西门外小学　　二年级：卞雨馨　　指导老师：贾老师

我去过许多的地方，就如同天上的繁星数也数不清。比如去天津方特、沧州事竟成滑雪场、庆云月亮城堡……但是其中最令我念念不忘的是去庆云的月亮城堡。

那一天清晨，风和日丽，空气十分新鲜。我们踏上了去月亮城堡的路。路上的景色十分美丽。无论花朵和叶子都比盆栽的杜鹃显得有精神。放眼望去，田野里一大片金灿灿的油菜花犹如一片金色的"海洋"，像给大地铺了一层金色的地毯。一阵微风吹过，"海洋"一层一层的涌过来，夹着淡淡的清香，沁人心脾。

小作家档案

姓名：卞雨馨
生日：2月7日
身高：130cm
体重：27kg
兴趣：读书、画画

座右铭：
好好学习，
天天向上。

三等奖

到了目的地，我们一窝蜂似的涌进了月亮城堡的大门。第一个映入眼帘的是一个好似大"甜甜圈"的机器。我们按顺序坐好，只见它闪电一般的速度转了起来，转得我们头昏眼花。有的同学紧闭着双眼，有的同学连声叫爽，还有的同学摇头晃脑，真是趣味无穷啊！

接着我们又来坐了"海盗船"。我们先把安全带扣好，船慢慢地开动了。刚开始，幅度很小。我想：切，船的幅度这么小，那些人有必要这么大声尖叫吗？况且这

样的速度就像坐在婴儿摇篮里一样舒服。正想着呢，船晃动的幅度越来越大，甚至人和地面都垂直了。全船人都惊恐万分的尖叫起来，尖叫声冲破长空。我也感觉胃里的食物都快要被抖出来了。船来回晃了六七下，终于慢慢地停了下来。我刚要下船，就感到头昏目眩、天旋地转，整个人就像一摊泥。

歇了一会，我们又来玩旋转木马。乘旋转木马的人人山人海，等了很久才轮到我。我选了一匹白色的骏马，头上的毛是金黄色的，嘴边还有闪闪发亮的宝石，显得格外可爱！马儿开始上下移动，一圈一圈地转了起来。还有美妙的音乐伴随，真是悦耳动听！大约转了十多圈，音乐停了，木马也停了下来，旋转木马真好玩呀！

快乐的时光总是过得这么快，我们恋恋不舍的回去了。

月亮城堡十分好玩，如果你有时间，就来这里玩耍吧！

评语：这次游玩真是太棒了，不仅玩得开心作文也写得很棒，开头采用了百里挑一的写作方法很好地突出了月亮城堡在心目中的地位，后面通过对景物的描写反映了愉悦的心情，通过坐"甜甜圈""海盗船""旋转木马"的感受写出了月亮城堡为什么令人难忘，紧扣主题，结尾对大家发出邀请，真是让人忍不住想去玩玩。

保护环境，人人有责

 河南省长垣东方作文　　　二年级：孙圣涵　　　指导老师：黄旭

星期天，天气晴朗，万里无云。小红，小明和小军两个说："我们把垃圾扔到地上是不对的，这样会破坏环境，会毁害小动物的家园，我们应该把垃圾捡起来。"小明和小军马上弯腰捡起了垃圾。当他们把垃圾扔到垃圾桶的时候，垃圾桶仿佛也在微笑，在对他们说："你们真是懂事的好孩子。"一起开心地来到了一座小小的山坡，坐在青青的草地上，花儿散发出吸引人的香味儿。他们开始了期待已久的野餐活动。

小红说："我们边吃边看远处的优美风景，这样多好呀！"小军和小明也连连点头称赞。他们欣赏着美丽的风景，闻着花儿的芳香，嘴里嚼着美味的零食，但是他们没有注意到自己把垃圾扔到了青青的草坪上，小草被压得动来动去，好像在表示自己的不满："你们怎么可以这样做呢？"但是小红和小明他们好像没有注意到自己的不文明行为。当他们结束野餐，准备回家的时候，小红突然往后一转头看到满地的垃圾，她心里非常愧疚，心想：我们是不是应该把垃圾捡起来呢？于是她叫住了小明和小军，我们一起把垃圾捡起来再回去吧，因为地球是我们生长的家园，我们要保护它！他们连连点头答应。他们边说边笑把垃圾全部扔进了垃圾箱，捡完垃圾后他们手牵手回到了家。

这个故事让我明白了：我们不能随地乱扔垃圾，一定要保护环境，保护我们的家园，从身边小事做起。保护环境，人人有责！

小作家档案

姓名：孙圣涵
生日：4月19日
身高：130cm
体重：23kg
兴趣：绘画、语言、表演

座右铭：
宝剑锋从磨砺出，梅花香自苦寒来！

二等奖

评语：小作者的文章将图片的内容完整形象地进行表述，思路清晰，句子通顺，还运用了拟人的修辞手法，语言生动形象，最后以感悟式结尾完美收笔！

钢笔的自述

 湖北省宜都市东方作文实验小学　　三年级：葛樊鑫彤　　指导老师：汪雯兰

嗨，大家好！我叫钢笔，英文名字为pen。别看我只是一支笔，我可是小主人最亲密的伙伴呢！

我身穿一件粉色的衣服，头戴一顶金色的礼帽。摘掉我的礼帽，便会露出尖尖的头，你可别小看我其貌不扬，我的头可厉害了，它能帮助我的小主人记录所想的事情。脱掉我的外套，就露出了银白色的肚皮，我可挑食了，只喝一种叫墨水的饮料。小主人每天都把我喂得饱饱的。人们都说，肚子里有墨水的人学问大，我满肚子墨水，学问当然大啦！

小主人可爱惜我了。记得有一次，小主人急着交作业，竟然忘记把我的礼帽戴上，这一下可惨了，只听"啪"的一声，我一下子就从桌子上掉了下来，我顿时被摔得鼻青脸肿，而且嘴巴也摔歪了。当小主人发现躺在地上的我，立刻把我抱起来，轻轻地为我擦去灰尘，又用纸巾给我洗了个澡，从此我的小主人更加爱惜我啦！

看我长得又漂亮，又这么能干，小主人还这么宠我，我就不多说了，免得铅笔弟弟和橡皮擦妹妹又眼红，我还得和他们成为好朋友呢。

评语：作者不仅仅是简单地介绍钢笔的外形，而且通过故事的叙述来展开特点的描写。语言很生动，很幽默，值得称赞。

小作家档案

姓名：葛樊鑫彤
生日：12月30日
身高：153cm
体重：40kg
兴趣：看书、画画

座右铭：
只要你肯奋斗，没有什么是绝对不可能的。

一等奖

鞭炮声声年来到

河南省南召东方教育一小　　三年级：郝雍淼　　指导老师：王康

"爆竹声中一岁除，春风送暖入屠苏。"盼星星盼月亮，我终于把年盼来了。

过年要包饺子、放鞭炮、贴春联……我最喜欢的是放鞭炮。

我和爸爸一起去买炮，炮的种类可真多呀！有冲天炮、鱼雷炮、黑蜘蛛炮、刺炮、甩炮……多得说也说不完，但我和爸爸只买了三种，刺炮、甩炮和小鞭炮。

回到家后，我飞一般地拿

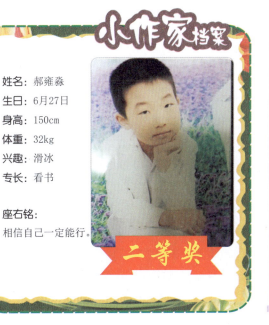

小作家档案

姓名：郝雍淼
生日：6月27日
身高：150cm
体重：32kg
兴趣：滑冰
专长：看书

座右铭：
相信自己一定能行。

二等奖

了几盒刺炮和甩炮，还有一个打火机，跑下楼去了。我先拿了个刺炮，小心翼翼地点燃了它，赶紧扔掉，掉头就跑，"啪"的一声，刺炮响了。

我又拿了十几个甩炮一起扔，"嘭嘭嘭"，炮声齐响，震耳欲聋。我又用几个刺炮摆成一个"大雪花"，然后点燃了"雪花"，又是一阵炮声，小区里回响不断。

炮声好热闹，我好快乐！

评语： 文章详细描述了小孩子过年时放鞭炮的情景，热闹，有年味儿！

多彩的秋天

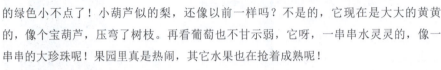

黑龙江省鸡西市东方作文　　三年级：关心　　　指导老师：刘颖

我喜欢烈日炎炎的夏天，万物复苏的春天，白雪皑皑的冬天，但我最喜欢的还是秋高气爽的秋天！

秋天来到了树林里。山上的树叶被秋风染成了红、黄两种颜色，夹在山里像一幅幅美丽的图画。一阵秋风吹过，树叶纷纷扬扬地落下来，好像彩色的蝴蝶在空中飞舞。落叶给大地穿上了一件厚厚的彩色毛衣。

秋天走过树林，来到了果园里。苹果笑红了脸，不再是以前

小作家档案

姓名：关心
生日：8月25日
身高：145 cm
体重：35 kg
兴趣：看书、篮球、排球

座右铭：
读万卷书、
行万里路。

一等奖

的绿色小不点了！小葫芦似的梨，还像以前一样吗？不是的，它现在是大大的黄黄的，像个宝葫芦，压弯了树枝。再看葡萄也不甘示弱，它呀，一串串水灵灵的，像一串串的大珍珠呢！果园里真是热闹，其它水果也在抢着成熟呢！

秋天穿过果园，来到了田野里。秋风一吹，稻穗就像金色的海浪一样起起伏伏，可美了！黄豆笑裂了嘴，豆子都掉在地上了。玉米脱去了绿衣，换上了黄白色的衣服。农民伯伯正在辛苦地收割庄稼，他们累着却也高兴着呢！

看！这就是多彩的秋天，你喜欢吗？

评语：在你的笔下，秋天是多么美丽呀！老师从你的作文中看到了那色彩斑斓的树林、金黄的稻田、红红的苹果和那笑裂了嘴的黄豆……这一切，无不让我们感受到秋天的美丽与神奇！

孙悟空交友记

🖊 河南省郑州市东方作文大学路校区　　三年级：林宇翔　　指导老师：刘建萍

从前，有只小猴子名叫"孙悟空"。它很孤单，没有朋友。它想：明天我去森林里交几个朋友，和它们一起玩。

那天，小猴子孙悟空拿了一些东西：有三个苹果，三个香蕉，还有一瓶水。准备出发了！它兴奋地跑向森林的方向，不一会儿就到森林了。踏进森林的第一步，孙悟空看见有几条蛇堵着森林的出口。还好它聪明伶俐、武艺高强，马上就把这几条蛇给制服了。走了没多久，看见了一只大狗熊。孙悟空连忙走过去问：

小作家档案

姓名：林宇翔
生日：1月21日
身高：143cm
体重：32kg
兴趣：游泳、下棋

座右铭：
好好学习，天天向上。

三等奖

"你好，你叫什么名字？"狗熊说道："我叫熊大，有什么事吗？"悟空说："我叫孙悟空，我想和你交个朋友。"熊大说："当然可以。"悟空和熊大拉完钩，手拉手走了。

到了中午，它们俩的肚子都咕噜咕噜地叫着，就决定去摘树上的果子吃。它们还打了一个赌：看谁摘的多，少的就给多的一半。一个小时过去了，小猴子悟空摘了32个，熊大摘了39个，熊大获胜了。32除以2等于16，悟空只好给熊大16个。吃完不久，悟空又看见一个像猪的人，跑上前问："你叫什么名字？"那个人说："我是人见人爱，花见花开的猪猪侠。"悟空说："我想和你交朋友，可以吗？"猪猪侠说："能，可以，那你叫什么名字？""我叫孙悟空。"悟空说。悟空高兴地叫了起来："我有两个朋友了。"

到了晚上，悟空说："明天早上还在这里集合，好吗？"熊大和猪猪侠都拍手叫好。

悟空回到家说："有了朋友真好！"

评语：小作者心思细腻，抓取小猴子的特点构思，将小猴子可爱活泼的个性体现得淋漓尽致。

春天的名片

安徽省安庆市健康路小学　　三年级：胡天诚　　指导老师：姚白玲

名字：春帅哥。原名春萤，因为春萤有点自恋，再加上它每次下凡为人类造福总是能看到一群人拥护他，不停地说："帅哥，给我签个名吧！"

性别：男。因为它是神仙，可以出生后一小时内自己决定性别是男是女。于是，它下凡时发现男人挺火辣的，所以，它决定做男的。

年龄：18岁。因为当春帅哥成人18岁时，它就要选择为人类做什么，它选择任职掌管春天的

小作家档案

姓名：胡天诚
生日：10月28日
身高：138cm
体重：34kg
兴趣：看书

座右铭：
绳锯木断。

一等奖

工作。它的上司就给了它一盒永远用不完，并且有世界上所有颜色的颜料盒和一个长生不老的仙丹。春帅哥把仙丹吃了，年龄就不再长大了。

姐妹（或兄弟）：三个。是春、秋、冬。喜欢春，因为春天里有绿色；喜欢秋，因为秋天硕果累累；喜欢冬，因为冬天被雪盖住的植物都很暖和。

住址：天上。因为它本来是在人间的，由于它爸爸做了件大好事，所以在天上出生，成了神仙。

最喜欢的事情：玩手机。因为受到人类影响，于是春帅哥变成凡人，买了一个手机回到天上。一做完事就玩手机，可它就是不近视，牛吧！

最喜欢的颜色：绿色。因为绿色是春天的颜色，也是环保色，而且还可以保护人类视力。

最喜欢的庄稼：玉米。因为玉米有营养，还有防癌、美容护肤、健脾养胃的作用，玉米的秆子可以烧火，它浑身都是宝。

最喜欢的人：爸爸。因为爸爸春帅哥才成了神仙，所以每年父亲节它都要给爸爸送礼物。

最喜欢的动物：狮子。因为狮子很凶猛，在草原上也是称王称霸，这很符合春帅哥的暴脾气。

最喜欢的天气：晴天。因为在晴天里植物可以制造出一种甜甜的物质。春帅哥回到天上，它会把甜甜的物质放进冰箱里慢慢享用。

最喜欢的游戏：放风筝。因为放风筝要有技巧，所以过了九九八十一年才学会，在这期间它不知弄坏了多少了风筝呢！

最喜欢的食物：北京烤鸭。因为北京烤鸭切片后油多，蘸着酱，那叫一个美呀！

最喜欢的服装：死神服。因为死神服挺吓人的，可以吓唬那些坏蛋。

评语：小作者想象奇特，敢于打破人们的惯性思维，把春天变成一个小男孩，衣食住行特立独行，天真又可爱，活泼亦顽皮。

幸好我带了一把雨伞

 辽宁省锦州市实验小学　　二年级：李明轩　　指导教师：徐雅男

一天，我走在放学的小路上。走着走着，突然乌云密布，电闪雷鸣，紧接着下起了倾盆大雨。

有的同学把书包顶在头上当雨伞，有的同学把桌罩当雨伞，还有的同学不顾自己被雨淋不淋湿了，一个劲儿往家跑。我把今天早上妈妈给我装在书包里的伞拿了出来，美滋滋地想：幸好妈妈今天早上在我的书包里放了一把雨伞，否则我会淋成落汤鸡的。

我撑着雨伞往前走，经过一条小河，看到小河旁边有一只被雨淋湿的小鸟躺在那里。它连站起来的力气都没有了，我连忙跑过去把它抱了起来。回到家，我把它放在了我的学习桌上，用我的台灯照着它，帮它取暖。然后我拿来一个小盒子，在里面放了许许多多的棉花，给它做了一个温暖的小窝。我心想：小家伙总算可以安心的睡一觉了。

第二天清晨，伴随着小鸟的叫声我睁开蒙眬的睡眼。小鸟扇动着翅膀在我身边飞来飞去，嘴里不时叽叽喳喳地叫着，好像在对我说："谢谢你，谢谢你。"我打开窗户将小鸟放了出去，挥挥手和它告别了。

评语：小作者是个富有爱心的孩子，由一把雨伞为导火索引出救小鸟，可以看出不仅我们人需要伞，其实小鸟也是如此。总体来讲，本篇文章立意明确，条理清晰，语句通顺，可以称之为佳作！

可爱的小狗

河南省三门峡市东方作文校区　　二年级：张琪涵　　指导老师：陈淑霞

"粽子头，梅花脚，屁股挂把指挥刀，坐着反比立着高。"大家猜一猜，这是哪种小动物呀？这就是我喜欢的小狗。

我家小狗的毛白白的，摸起来毛茸茸的，它跑起来就像一团雪球在地上滚动。它的耳朵短短的，向上竖着，像戴了两个三角形的发饰一样。你一定不知道，小狗的听力要比人类好16倍呢！它的眼睛总是睁得圆圆的，像黑宝石一样闪亮。它的鼻子总是湿湿的，那是因为它有灵敏的嗅觉，相当于人类的1200倍呢，因此，警犬还可以帮助警察破案呢！他的嘴巴一张大，就会露出锋利的牙齿，你不能惹恼它，不然它会咬伤你哦！它的尾巴总是卷卷的向上翘着，好像一个倒立的逗号。

有的小狗贪睡，有的小狗爱爬楼梯，还有的小狗贪吃，可我家的小狗贪玩。有一次，我和小狗一起在等电梯，它一直对着电梯门转来转去的，边转边汪汪叫，好像在说："那门里怎么也有个小狗呢，它应该是想找我玩儿吧。"于是就东转转西转转，等了好久，也没有找到那只"小伙伴"。

听了我的介绍，你一定也很喜欢我家的小狗吧！

评语：小作者引用谜语开头，有新意！文中按顺序把小狗的外貌描写得细致完整。还列举了一个描写小狗贪玩的趣事，增加了说服力。宝贝真用心，继续努力，你会写出更加优秀的作文。

小作家档案

姓名：张琪涵
生日：3月9日
身高：135cm
体重：40kg
兴趣：读书、画画

座右铭：
读万卷书，行万里路。

二等奖

旺旺和花花

辽宁省锦州市北湖小学　　二年级：康梦悦　　指导教师：杨欢

一天，天气晴朗，阳光明媚，小狗旺旺和花花正在击掌庆祝！你们知道是什么事请让它们这么高兴吗？其实是它们赢了一场歌唱比赛，还拿了第一名呢！

事情是这样的：前几天，百兽之王老虎想举行一场歌唱比赛，谁赢了，谁就是"森林里的歌唱小王子（小公主）"。动物们听到这个消息都在准备着，参赛选手有：小鸟阿姨、公鸡大姐和小狗旺旺。这些小动物都是老虎大王非常认可

小作家档案

姓名：康梦悦
生日：6月25日
身高：135cm
体重：29.5kg
兴趣：看书、弹琴、旅游

座右铭：
少壮不努力，老大徒伤悲。

三等奖

的歌手，可是这些小动物让老虎大王很为难，它不知道该选择谁才好，于是举行这场比赛。

离比赛就差几天了，可是小狗旺旺还是没想好。忽然，旺旺灵机一动，想起了自己最要好的朋友花花，旺旺心想：花花它很会唱歌，又会搭配服装，它是最好的帮忙人选了。于是旺旺去找花花帮忙，问它愿不愿意，花花点点头，旺旺高兴极了。花花负责服装和灯光，旺旺负责歌曲和伴奏，比赛结果数它们的最好。老虎大王决定让它们来当"森林里的小王子（小公主）"。老虎大王亲自为它们颁奖，旺旺对花花说："谢谢你，没有你我这次比赛是不可能赢的。"花花说："不客气，这份奖项也有你的功劳。"旺旺和花花高兴地笑了。

我明白"人多力量大""团结就是力量"这两句话的道理了，小朋友们你们明白这两句话的道理了吗？

点评：文章内容叙述详细，条理清晰，小作者将文章的情节构思得非常有趣，并在结尾阐明道理，本篇文章值得一读！

狐狸的party

河南省郑州市东方作文新密五四广场校区　　　二年级：李冼浔　　　指导老师：于娇楠

这一天，狐狸准备召集动物们举行森林party，它喊来老虎和狮子当帮手。狐狸一本正经地说："今天要举行party，老虎你负责邀请小兔、小狗和小猫，狮子和我装扮会场，我们到大舞台会合。"老虎拍着胸口说："行！"

老虎先出去找小兔，快到小兔家了，老虎想：平时小兔见了我就跑，我该怎么跟小兔说呢？果然，小兔一听到老虎的声音，就吓得直发抖。老虎只好去找小

小作家档案

姓名：李冼浔
生日：3月5日
身高：135cm
体重：27kg
兴趣：围棋、书画、拼装

座右铭：
黑发不知勤学早，
白首方悔读书迟。

二等奖

狗，微笑着对小狗说："小狗，今天狐狸举办party，你去不去？"小狗摇摇头说："不去，谁知道你们肚子里装的什么坏主意。"老虎诚恳地说："狐狸是好心好意的呀。我们真心想要举办一次森林聚会，大家都喜欢你，你一定得去。"小狗想了想说："那好吧。""你记得喊上小兔。""没问题！"老虎最后邀请小猫，小猫开心地答应参加聚会。

等到了晚上，狐狸和狮子已经把舞台装扮一新，这里灯光灿烂、花香迷人。小狗、小兔和小猫打扮得漂漂亮亮，准时到达森林party。它们躲在一边叽叽咕咕，小猫说："你们怎么不过去呢？人多才好玩呢。"小兔摆摆手："我有点害怕。"狐狸站出来说："今天请大家抛开身份尽情玩耍！"伴随着欢快的音乐声，不一会儿，动物们都玩到了一起。

小兔说："看来是我冤枉狐狸了。"小猫也开心地说："今天玩的是世界上最好玩的party了！"

评语：文中小作者根据小动物不同的性格特点，巧妙设计出精彩的故事情节，尤其是文中的语言描写十分有趣。

神奇的冬天

安徽省阜阳市英杰才艺培训东方作文　　二年级：孔小雨　　指导教师：刘剑

冬天来了，冬天来了，大地妈妈生病了，小雪花给大地妈妈送棉袄来咯！

下雪了，雪花在天上随风飘动，好像在跟我们招手。小雪花落在了梅花姐姐的身上，好像给她穿上了白纱裙；小雪花落在了大树上，好像给大树爷爷披上了银装；小雪花落在马路上，好像给大地妈妈铺上了雪毯。小朋友们在雪地上堆雪人，打雪仗，玩儿得可高兴了。

小作家档案

姓名：孔小雨
生日：12月8日
身高：125cm
体重：22kg
兴趣：唱歌、跳舞

座右铭：
无穷的伟大，也是从"一"开始的！

三等奖

我和我们班的同学一起堆雪人。首先，我们滚一个大雪球和一个小雪球；然后，我们把大雪球放在地上，小雪球放在大雪球的上面，接着，我们用树枝当做手，用扣子当做眼睛，最后，再插上胡萝卜鼻子。雪人堆好了，可漂亮了。

今天很累，但却是我最难忘的一天。

评语：小作者本文语句通顺，句意流畅，修辞手法运用正确，使文章更加优美了，加油，继续努力！

爱心小天使

河北省新乐市东方作文　　　二年级：李家谊　　　指导老师：孙金英

"学习雷锋，好榜样……"虽然雷锋叔叔已经离开了我们，但是他依然是我们学习的榜样。今天是星期天，天气晴朗，蓝蓝的天上飘着朵朵白云。妈妈说带我去动物园玩，我开心极了。我们在车站等公共汽车。这时，汽车开过来了。我迫不及待地挤上公交车。上车后，我东瞅瞅，西瞧瞧，这时，我眼前一亮，啊！在后面还有一个空座位。我三步并作两步走过去，坐在了上面。我被窗外的美景吸引住了，窗外的花、树接连不断的从我眼前掠过。

小作家档案

姓名：李家谊
生日：11月29日
身高：130cm
体重：25kg
兴趣：阅读、画画

座右铭：
发奋识遍天下字，
立志读尽人间书。

三等奖

忽然，车停了，我以为堵车了呢。我回头一看，原来是刚上来一位白发苍苍的老奶奶。她双手紧紧地扶着车扶手，眼睛向四周张望，希望能找到一个座位。这时，老师的话语回荡在我耳边：我们是少先队员，要学会尊老爱幼。我马上站起来走到老奶奶面前，微笑着说："老奶奶，你坐到我那里去吧！"说完，我就扶着老奶奶坐下了。老奶奶不停地夸我："你真是个懂事的好孩子，你叫什么名字？"我看了看胸前的红领巾，自豪地说："我叫红领巾！"

这时，车上的叔叔阿姨向我投来了赞许的目光，还有的向我竖起了大拇指。我心里像吃了蜜一样甜。今天，我当了一次真正的"爱心小天使"！

评语：小作者用极其朴实的语言讲述发生在自己身上的小故事，叙事有条理，娓娓道来，感情真实。

美丽的家乡

湖南省临湘市小新星教育　　　三年级：钱沁心　　　指导老师：何琴

小作家档案

姓名：钱沁心
生日：5月1日
身高：138cm
体重：37kg
兴趣：唱歌、
听音乐

座右铭：
行动是成功
的阶梯，行
动越多，登
得越高。

二等奖

我的家乡是一个不知名的小村庄，虽然那里没有什么名胜古迹，但四季风景优美，气候宜人。

春天，是万物复苏的季节，树木长得葱葱茏茏的，漫山遍野的映山红，争奇斗艳，小草从地里探出脑袋，嫩嫩的，绿绿的。冬眠的小动物正从梦中醒来，沐浴着阳光：蜜蜂正在花丛中勤劳地采蜜，蝴蝶正在与小朋友们捉迷藏；一群群的小鸭子们争先恐后地跳入水中做游戏呢，真是春江水暖鸭先知呀！

夏天来了，含苞欲放的荷花躲在大荷叶下，不时地跟青蛙对话呢！孩子们在河里成群结队地游泳。第二天早晨起来，昨天还是花苞样的荷花已经开放了，清晨的微风吹拂着河面，阵阵清香沁人心脾……

秋天，田里大片大片的稻谷金黄金黄的，都弯着腰，低着脑袋好像在给勤劳的人们敬礼。看，那山上的果子个个红扑扑的像挂满了红灯笼，满地的树叶像金色的地毯，软绵绵的，我情不自禁地用手捂着嘴巴，对大山喊了一声："啊——"大山也同样地回应我们："啊——"

冬天，早晨一打开窗户，哇！树上房子上全白啦，大地像铺上一层厚厚的白色地毯，小朋友们有的在热闹地打雪仗，有的在热火朝天地堆着雪人呢！

我的家乡四季都这么美丽。我爱我的家乡！

评语：在作者笔下，家乡的四季风景优美，气候宜人。小作者发挥丰富的想象，在文中大量运用比喻拟人等修辞手法，通过四季的转换，抓住家乡每个季节的景物的不同特征将家乡的"美丽"描写得美不胜收，异彩纷呈！

美丽的家乡

江苏省扬中市卓凡教育东方作文　　二年级：陈沛霖　　指导老师：黄春红

让我来介绍一下扬中的四季。

扬中的春天我可以去园博园赏花，那里有粉红的桃花，金灿灿的迎春花……它们争奇斗艳，让人眼花缭乱。

扬中的夏天是树的海洋，马路两旁的香樟树像解放军叔叔一样为路上的行人遮风挡雨。

扬中的秋天是叶的天堂，到处都是黄色的落叶，秋天还是丰收的季节，果园里长着像紫水晶的葡萄，咧着嘴笑的石榴，又圆又红的苹果……

扬中的冬天难得下雪，但只要下雪小朋友们有的打雪仗，有的堆雪人，还有的滑雪……开心极了！

啊！扬中的四季真有趣！

小作家档案

姓名：陈沛霖
生日：7月14日
身高：137cm
体重：30kg
兴趣：看书、看电视

座右铭：
一寸光阴一寸金，寸金难买寸光阴。

三等奖

评语：把四季的特色写得很明了，也运用到了拟人，比喻，让四季真的像你最后说的有趣。

三个朋友的争吵与和好

河南省郑州市东方作文东风路校区　　三年级：陈思如　　指导老师：冯晓丹

听，在一个风和日丽的下午，猪猪侠，熊大，海绵宝宝在一起玩，大家一起说玩什么。

熊大说："我们一起去树上弄蜂蜜吧。"海绵宝宝和猪猪侠忙说："不能不能，万一蜜蜂把我们的脸、身体弄得红红的，我们看你还去不去。"猪猪侠说："看我变身！"说着就唱起了：我要变身，变成老虎。随后就朝熊大打去。熊大忙说："你干什么打我？我们是好朋友。"海绵宝宝觉得一点儿都不好玩儿说："两个人互相打一点儿都不好玩。"大家都不知道干什么的时候，聪明的海绵宝宝说："大家一起去游泳吧。"

朋友们都很喜欢这个玩法，大家一起穿上游泳衣套上游泳圈，开始在河水里玩儿。因为海绵宝宝是海绵，所以身体不停地往上鼓。两位小伙伴站在海绵宝宝身上冲浪。可是海绵宝宝有一点害怕，小伙伴把海绵宝宝冲上岸，把海绵宝宝身上的水都用手弄到水里，让海绵宝宝舒服了很多，最后朋友们各自回各自的家了。

这就是三个朋友的争吵与和好。

评语：童话故事编写想象合理，语言流畅，人物刻画生动，细致！

小作家档案

姓名：陈思如
生日：3月15日
身高：135cm
体重：26kg
兴趣：画画、跳舞、唱歌

座右铭：
不经三思不求教，
不动笔墨不读书。

一等奖

未来的汽车

广西宾阳英传培训学校　　三年级：张国昊　　指导老师：张燕芬

光阴似箭，日月如梭。今年2059年，我成为了世界级的科学家，此刻我正在研制一辆又轻又快又坚固的跑车，研制完成后我就开了出去，一秒就可以飙到一百公里每小时。

这辆车叫火箭号，外观非常酷，车身的颜色通过调控模式，是自动还是声控可以自由改变。自动模式时，车身的颜色是随着沿途的风景而变化，更棒的是还可以随驾驶员的心情变化，如果驾驶员兴致高昂，它就变成热情似火的红色；如果驾驶员有些沮丧，它就变成萧瑟暗淡的灰色；声控模式状态下，只要按绿色按钮，然后说出颜色就可以改变车身的颜色。

小作家档案

姓名：张国昊
生日：9月9日
身高：143cm
体重：33kg
兴趣：乒乓球、篮球、写作

座右铭：
博学奋进感恩。

一等奖

火箭号的车速，我相信你们肯定闻所未闻。因为它不仅可以一秒就飙到一百公里每小时，还可以在五分钟之内通过氢气加速到达相距有五千里的远方。火箭号的速度那么快，在行驶的过程中不会被风力冲击得支离破碎吗？这个完全不用担心，火箭号坚固无比，采用最先进的技术，可防原子弹，耐高压。除此之外，火箭号还有防火的功能，而且遇到水灾时，它就是一艘船。这么好的一辆车如果被盗了那可就心疼了，你大可不必担心，这辆车需要指纹开锁，而且即使小偷坐进驾驶座，如果不是火箭号认定的主人，火箭号会分分钟把小偷送进外太空，是不是很酷啊！

就在刚刚，我的助手已经申请到了生产专利，火箭号准备在全世界制造，相信一定会得到人民的好评的！

评语：全文行文流畅，简洁，充分发挥了自己的想象力，给我们展现了未来汽车的样子。但如若没有异想天开，童年也就不会色彩斑斓。

我最喜欢的小仓鼠

河南省新乡市封丘县东方红小学　　三年级：马恺隆　　指导老师：张佩

我家有一个小淘气鬼，那就是我养的小仓鼠。想知道它淘气到什么程度吗？那就接着看下去吧。

这只小仓鼠是姐姐抽奖抽来的，姐姐却给了我，我敢肯定我的姐姐是世界上最好的姐姐。我们一回到家就认真地观察它。它的耳朵好小，鼻子是黑色的，嘴巴小小的，舌头跟我们人类一样，是红色的，毛是黑白相间的，两只小爪子虽然小小的，但是非常有力，能把小小的木头钻透呢。它的尾巴很

小，小得都让人看不到。它对主人十分温顺。它最爱吃大白菜，当我把白菜放在它身边时，它呀，就不管什么淑女状态了，在那里开心地吃起来。好像在说：白菜是世界上最美味的食物。吃饱后，就睡觉了，我也开始写我的作业了。到晚上八点了，它一觉醒来，精神多了，它那美丽的毛发好似成了一个粗糙的树皮。等等，它在干什么呢？哦！原来它用自己的口水梳理毛发呀，梳理完毕后，我们就开始玩了起来。

晚上，我睡觉了，仓鼠睡觉了，大家都睡觉了。小区渐渐安静下来了。就连一根针掉了的声音都能听得见。早晨，我的闹钟响起来了，好像在说：起床啦，起床啦，太阳晒屁股啦！今天是周末，我和妈妈约定好去超市买东西，我们回来之后，我急匆匆地来到仓鼠笼子旁，可是没看见仓鼠，我急坏了，怎么办呢？我东找西找，可还是没有找到，我忽然听见一种声音，好像是从厨房里面发出来的，我悄悄地走过去，越来越近，越来越近，打开米袋，竟然是小仓鼠，它可真是个捉迷藏高手啊！

怎么样，听了我的介绍是不是也喜欢上了我的小仓鼠呢？

评语：本文介绍了自己最喜欢的小仓鼠，小仓鼠的外形特点通过修辞的手法叙述了出来，仓鼠调皮的习性通过几件小事也都生动地表达出来啦！非常喜欢你的小仓鼠。

温暖的母爱

湖北省宜都市东方作文实验小学　　三年级：李绘敏　　指导老师：汪雯兰

人生中有许许多多的爱，但是没有任何一种爱，有母爱那样伟大，她们总是在背后默默地付出。

记得那是一个夏日，我刚上完补习班，准备回家。突然，天空乌云密布，狂风大作，刹那间，豆大的雨点儿落在了地上，溅起了一朵朵水花。望着窗外的雨水毫不留情地打在玻璃上，一想到自己没带伞，我不禁发起愁来。突然，一道闪电划破云霄，吓得我差点哭了起来。望着窗外的大雨丝毫没有停的意思，我便狠狠心，准备往外冲。就当我刚刚迈出脚时，有一只手，突然拽住了我的胳膊，将我拉了回来。我回头一看，原来是妈妈，我委屈地扑进了妈妈的怀里。妈妈下了班直接赶过来，只带了一把伞。于是我和妈妈打着一把伞回家。一路上妈妈一直把伞朝我这边偏，生怕我淋着雨了。回到家，发现妈妈身上的衣服几乎湿透了，妈妈顾不上换衣服，只是拿毛巾擦了擦脸，随后，又从包里拿出一个盒子对我说："你的鞋子都太小了，我帮你买了一双新的，赶紧来试试吧！"看着妈妈身上还在滴水的湿衣服，顿时，我热泪盈眶。

母亲给我们的那份爱，就像是一个耀眼的太阳，永远散发着无比温暖的光芒。我爱您，妈妈！

小作家档案

姓名：李绘敏
生日：5月16日
身高：143cm
体重：25kg
兴趣：拼图、画画

座右铭：
每天进步是我最大的快乐。

三等奖

评语：文章感情真挚，通过一个具体的事例表现了妈妈对我的爱，描写真实细腻，让人感动。

贪玩的小猴

🖊 浙江省义乌市双宇教育东方作文　　三年级：章奥成　　指导老师：尹国英

有一天早上，阳光明媚，小猴和小熊一起去公园里玩。

公园里的风景十分美丽，那里的大树就像草原上的一个个哨兵，从远处望去，又像一条绿色的瀑布。那里的花颜色各种各样，草地像一片绿色的地毯，石头像一枚大炮弹，上面长着一层青苔。

小猴子忍不住一下子跳到石头上去，小熊看见了，吓得把眼睛都闭上了，手一直挥着，嘴里喊着："快下来，不然你会掉下来的。"

过了一会儿，小猴和小熊走到了亭子边，小猴一下子跳到了柱子上面，两只脚紧紧地抱住柱子，尾巴紧紧地抓住柱子，手从口袋里拿出了一支笔，在柱子上写：小猴到此一游。

小熊双手叉腰，显得十分生气，对小猴子喊道："公园是大家游玩的地方，你不要乱涂乱写！"小猴羞愧地在小熊面前低下了头。然后小猴把柱子上画的东西擦干净了，小熊对他说："下次不能再这样了。"

小猴明白了，他下次不会这样了。

评语：文章以童话的形式把小猴子和小熊的对话和动作描写得很细致，语句流畅，很自然。同时对公园乱涂乱画的行为提出了自己的看法，很好！老师看到了你的进步！

小作家档案

姓名： 章奥成
生日： 6月28日
身高： 135cm
体重： 30kg
兴趣： 画画、打篮球

座右铭：
读万卷书，
行万里路。

三等奖

给梦想插上翅膀

河南省信阳市潢川县凹凸个性教育　　三年级：代钰彤　　指导老师：黄璐

梦想是灯，照亮前行的路；梦想是花，装扮单调的世界；梦想是火，点燃生活的激情。

小时候，每年暑假一到夏夜我都会躺在奶奶家院子里的葡萄架下纳凉。仰望星空，我总会产生无数的遐想……我梦想着有一天可以飞上蓝天去拥抱白云。等到晴空万里，朝霞满天的日子，太阳公公把一切都镀上了金黄色。我从天边而来，身披霞光，熠熠生辉，好像一位战无不胜的将士。每每想到这儿，我都忍不住要笑出声。

小作家档案

姓名：代钰彤
生日：4月4日
身高：140cm
体重：30kg
兴趣：跳舞、唱歌

座右铭：
认真做事、诚实守信、言出必行。

二等奖

随着年龄的增长，我知道这个梦想很难实现了。但是拥抱蓝天白云的念头并没有打消，我把它藏进了我的画里。一次偶然的机会，妈妈带我去看画展，我瞬间就被大师的画作征服。在他的画笔下，世界是颠倒过来的，大树都向下生长。这不正和我幼时的梦想异曲同工吗？在我的画里，有可以飞的鲸鱼、会喷火的松鼠，有七色花、五彩山，还有晒不化的雪人、永不熄灭的灯……

梦想是美好的，但实现梦想的道路并不是一帆风顺的，有的时候梦想的坚守需要付出更多的努力。不要放弃，给梦想插上一双翅膀，调整方向仍然可以看到梦想之花绽放的美好！

点评：小作者紧扣主题，详细地描写了自己小时候天马行空的梦想。在长大之时，一次偶然的机会观察了大师的画作，突然回忆起了小时候的梦想，并对自己的梦想有了更加深刻的理解。顺理成章地表达了自己的观念，也体现出了小作者的成长。

夏天的南湖公园

吉林省长春市实验学校小学部　　三年级：冯琳婉　　指导教师：陈玲玲

春风随着落花走了，夏天披着一身绿叶在暖风里蹦跳着走来了。让我们一起到南湖公园里去寻找夏天吧！

走进南湖公园的大门，你会看见一个巨大的英雄纪念碑，大约3米多高，穿过英雄纪念碑，你会来到美丽的荷花池，瞧！那有一朵荷花还没有盛开，那花蕾好像刚出生的小孩子，粉嫩粉嫩的，美丽的荷花有粉色的，有淡粉色的，还有的是深粉色的……碧绿的荷叶与荷花相映，我想我们学的一首诗："接天莲叶无穷碧，映日荷花别样红……"在荷叶底下发现好几条可爱的小鱼，有白色的，有金色的，有红的，还有红白相间的，红的似霞，白的像雪，金的似钱，它们在水中游来游去，好像在玩捉迷藏。这时我想起了一首古诗："鱼戏莲叶间，鱼戏莲叶东……"

夏天天气很热，热得南湖公园里的蜻蜓都只敢贴着树荫处，好像怕阳光伤了自己的翅膀似的，我们在公园的树下玩耍，初夏的阳光从密密层层的枝间透射下来，地上印满铜钱大小的粼粼光斑。我们躺在草地上，软绵绵的，公园深处，各色野花都开了，红的、紫的、黄的、粉的，好像一幅百花图绣在了一块绿色的大地毯上，灿烂斑斓；成群的蜜蜂在花丛中忙碌着，收着花蕊，辛勤地飞来飞去。

啊！南湖公园的夏天真美啊！你给了我们快乐，我真是太喜欢南湖公园了！

评语：在作文内容上，小作者有顺序地描写了南湖公园的英雄纪念碑、荷花池以及花草、树木。描写运用了比喻、拟人和排比等修辞，使描写细致、生动。结尾表达了自己对夏日的南湖公园的喜爱之情，可以算得上是一篇佳作。

小作家档案

姓名：冯琳婉
生日：7月11日
身高：145cm
体重：22.5kg
爱好：读书、跑步

座右铭：
努力学习
勇攀高峰。

一等奖

保护环境

河南省长垣东方作文　　二年级：王紫涵　　指导老师：黄旭

星期天，阳光明媚，万里无云。小红、小军和小明约好一同去公园野餐。

他们来到了公园，那里的景色美极了！绿油油的小草好像给大地披上了一件绿军装；柳枝发芽了，摆动着柔软的腰肢，仿佛跳舞的小姑娘；小花五颜六色的，有的白得如雪，有的粉得似霞，还有的黄得赛金，漂亮极了！小红、小军和小明来到了碧绿的草地上，旁边有高大的树木，他们坐在大地上开始了期待已久的野餐。小红手里拿着美味的面包和

新鲜的牛奶。小军把口香糖拆开，包装袋随手一扔。野餐在他们的欢声笑语中结束了。但是留下了满地的垃圾。红红看见了说："我们随便把垃圾扔到了地上，这样会污染环境的。"小明说："我们把垃圾捡起来吧。"说完，他们就开始捡拾垃圾。捡完后，他们就开开心心地跑回家。

我也要向小红学习，做一个保护环境、爱护大地妈妈的好孩子。小朋友们也要向小红学习哦！看到垃圾要捡起来！看到有人乱扔垃圾，必须告诉他要保护我们的祖国妈妈。

评语：注意观察具体事物并展开合适的想象，这是本文的成功之处。文章线索明朗，主题突出。全文语言生动形象，采用比喻拟人等修辞手法写出自然之美。结尾呼应文题，点明中心。

学踢毽子

浙江省绍兴市新昌县实验小学　　　三年级：张轩　　　指导老师：余园园

我长这么大会做的事情可不少，最让我记忆深刻的是踢毽子。记得那次我就被哥哥耍了，他对我说："你会踢毽子吗？""不会。""哈哈，连踢毽子都不会，丢人。"

于是，从那时开始，我就刻苦学习踢毽子。一开始爸爸对我说："学踢毽子一定要有耐心，没耐心是学不成的。""我知道了。"爸爸先给我做示范，只见他把毽子往上一扔，一开始毽子从低处一直到一米五才掉下来。爸爸用脚轻轻一踢，毽子就像一只蓝色的小鸟一样飞

小作家档案

姓名：张轩
生日：7月14日
身高：136cm
体重：30kg
兴趣：看书

座右铭：
世上无难事，
只怕有心人！

三等奖

了上去，接着又重复了，直到第60下才停下来。我羡慕地看着爸爸，爸爸却说："你能做得更加棒哦！"我也跟着踢了起来，第一次我不但没踢成反而把毽子宝宝的屁股给弄疼了，毽子宝宝躺在地上，用责怪的眼神看着我，好像在说："你这个坏蛋，居然把我的屁股弄疼了。"小鸟也在天上对我说："哈哈，连个毽子都不会踢。"爸爸却鼓励我说："没关系，失败是成功之母，你一定能行的。"我点了点头，我终于会踢了，先是一下，二下，三下，四下，五下，六下……我高兴得蹦了起来。爸爸也为我高兴。没想到我居然超过了爸爸，踢了100个。

于是我向哥哥发出了挑战。结果当然是我赢了！我心里想：失败是成功之母，爸爸说的真对。我心里一直在想这件事情。

哇！我终于成为毽子王了。

评语：踢毽子的过程可真详细！特别是遇到挫折，真精彩！

森林运动会

河南省郑州市聚源路校区东方作文　　二年级：曹泽旭　　指导老师：刘天鹏

一年一度的森林运动会开始了，许多动物都来参加比赛了，报名的有：小兔、小狐狸、老虎……

枪声响起来了，比赛开始，小兔一马当先地跑在最前面，老虎紧跟着小兔，小猴第三，小狐狸第四。

其中小兔、老虎和小猴进决赛了。所以它们三个还要再比赛。枪声又响起来了，它们三个都很厉害，那是因为它们都利用了自己身体上的优势。小兔四只脚团结起来才能跑那么快。老虎快要到终点时，用后脚一跃，就到了终点。而小猴刚开始跑在最后面，但它看到一棵树的时候，立刻用尾巴一钩，再一跳跃就跟它们在一条直线上了。

小作家档案

姓名：曹泽旭
生日：6月10日
身高：126cm
体重：22kg
兴趣：画画、弹钢琴

座右铭：
没有最好，
只有更好。

二等奖

最后，小猴胜利了，因为它的办法很好用，所以小猴得到了奖杯，其它动物都傻眼了。小猴高兴得手舞足蹈。

评语：小作者以丰富的想象力、极具心意的构思，向我们讲述了一个精彩且有意义的故事。

小兔子换尾巴

湖南省邵阳市唐朝雅郡校区　　二年级：唐菲芳　　指导老师：陈玲玲

在一片郁郁葱葱的大森林里，太阳高高地挂在空中。森林里面长着许多高大的树木，大树下有一片绿油油的草地，远远望去，像给大地妈妈盖上了一层厚厚的地毯。

上面开满了五颜六色的花朵，又像给大地妈妈穿上了一条漂亮的花裙子。森林里的动物们又开始了新一天的生活。

小兔子在森林里一边散步一边东张西望，看到了活泼好动的猴子哥哥，发现他正在用自己的长尾巴，卷着树枝轻轻松松地荡秋千，那样子可神气呢。小兔羡慕极了，心想：要是我也有小猴哥哥的长尾巴，那该多好啊！于是小兔子连蹦带跳地来到小猴子面前，礼貌地说："小猴哥哥，能把你的尾巴换给我吗？"小猴摇摇头说："不行不行，如果把我的尾巴换给了你，那我拿什么去爬树呢？你还是找别人换吧！"小兔子只好闷闷不乐地走了。

小兔子继续往前走，一下子又遇到了小松鼠，只见她从一棵树轻巧地跳到另一棵树上，可灵活啦！小兔子连忙对小松鼠说："小松鼠姐姐我看你跳得好高，你可以把你的尾巴换给我吗？""不行不行，"松鼠妹妹摆摆手说，"我的尾巴换给了你，我就会从树上摔下来的，你还是找别人想办法吧！"小兔子只好低着头走了。

接下来小兔子又遇到了很多小动物，可谁也不愿意把尾巴换给她，她只好垂头丧气地回家了。回到家里，小兔子把事情的经过一五一十地告诉了妈妈，妈妈语重心长地告诉她，每种动物的尾巴都有自己的用途，是不能随便换的，要知道适合自己的才是最好的。小兔子听了妈妈的话，决定以后再也不去换尾巴了。

评语：小作者学会了几种对话的形式，把小兔子换尾巴的故事精彩地写出来了，还告诉大家一个道理，适合自己的才是最好的。

我的家乡——小河湾

重庆市开州区东教育平桥金科校区　　三年级：张欣怡　　指导老师：刘均

我的家乡是一个美丽的地方，坐落在开州的一个小山村里。那里有一座座高耸入云的高山，密密葱葱的树木挺拔地竖立在山上，就像是一个个年青的士兵守护着它们的家乡；一条清澈见底的小溪——小河湾，它缠绕在大慈山的脚下。小溪是从山间泉水里流下来的，又清又亮，像一条透明的绸子，抖动着扑向远方，它顺着山势自高而低，"叮咚叮咚"弹着弦、"哗啦哗啦"唱着歌儿，再绕过山坡向东流去。

小作家档案

姓名：张欣怡
生日：6月16日
身高：130cm
体重：28kg
兴趣：表演、语言

座右铭：
持以坦白的态度，出以诚恳的目的。

三等奖

小河湾的河水清澈见底，又是那样变化多端。早晨，太阳刚刚升起，伸了个懒腰，像还没有睡醒，还迷迷糊糊的。这时水绿得像玉，霞红得似胭脂，袅袅上升的雾气像洁白的羽纱，轻掩着小河姑娘那羞涩的脸蛋。中午，小河湾的水可清了，清得能看见小鱼儿们和已经沉在河水里的石头。红红的太阳照在脸上，给我们送来一丝丝温暖，天上的白云在千变万化，美丽极了；傍晚小河真可爱。夕阳西下，太阳把余辉洒在河面上，小河里这处是红，那处是绿。又一阵风来，倒映着两岸成排的桑树，桃树，都乱成灰暗的一片，像醉汉，可一会儿又站定了。

小河湾的前面更是另一个景象了——大慈山。树很绿，草很深，花很多。小花们在争奇斗艳，芬芳迷人，沾满了露珠，在小花的身上睡觉。孝顺的露珠，在小花的身上打扮得五颜六色，晶莹透亮。最引人注目的是松树，一棵棵松树像一位位战士，在茂盛的草地上站着，真像绣花针一样锐利。

啊！多么美丽的小河湾！我爱我的家乡！

评语：本文生动地写出了家乡小河湾优美的景色，想象丰富，运用了恰当的修辞方法，写出了自己独特的体验，很有儿童生活气息。

我们班的"飞毛腿"

湖北省宜都市东方作文实验小学　　三年级：李天宇　　指导老师：汪雯兰

我们班能人可多啦！有"小书法家""小歌唱家""小诗人"……在这些人当中，最令我敬佩的就是"飞毛腿"李雲凯。

他大大的眼睛，宽宽的额头，淡淡的眉毛，嘴巴很俊俏，微笑起来便露出整齐的牙齿。他看上去十分阳光。每次一到体育课上赛跑，李雲凯那火箭般的速度，我们只能望尘莫及，"飞毛腿"的雅号果然名副其实啊！

在一次校运会上，操场上一片欢腾，运动员们个个信心十足，李雲凯代表我们班参加100米的短跑。时间一分一秒地过去了，李雲凯已经站在赛场上了。"砰"的一声比赛开始了，李雲凯反应敏捷，像离弦的箭一样冲了出来。可是，眼看几位选手已经超过他了，"加油！加油！"全班同学都在为他加油，使他又加快了速度。功夫不负有心人，李雲凯打败了其他所有的运动员，取得了第一名的好成绩。我们班的每个人都为有李雲凯这样的同学而感到无比的自豪。他的脸上也绽开了比花儿还要美的笑容。

这就是我们班的"飞毛腿"，他厉害吧！

评点：文章通过具体事例描写了一个小能人"飞毛腿"李雲凯的形象，文中对人物的外貌、心理、动作描写非常传神。

小作家档案

姓名：李天宇
生日：10月13日
身高：135cm
体重：30kg
兴趣：跳街舞、打羽毛球

座右铭：
玩中有趣、学中有乐。

三等奖

旺旺和花花

辽宁省锦州市解放小学　　二年级：刘杰瑞　　指导教师：张春梅

姓名：刘杰瑞
生日：10月30日
身高：138cm
体重：35kg
爱好：看书、主持
专长：演讲、电子琴

座右铭：
天道酬勤。

三等奖

旺旺和花花是一对非常要好的朋友。可是，它们却不懂谦让。

有一天，阳光明媚，主人带着旺旺和花花开开心心地去公园里玩。公园里可美了，小花红了，小草绿了，柳树长出了长长的头发。于是，主人就和旺旺、花花玩起了飞盘比赛。主人把圆圆的飞盘扔很远很远，两只小狗就像离弦的箭一样去接。可眼看快接到了，突然它们你挤一下我，我挤一下你。它们都没有留意飞盘，结果都没赢。

它们都非常沮丧。这时，主人在地上发现了一根大大的骨头。两只小狗急忙跑过去，旺旺说："这是我的！"花花说："这应该是我的！"主人生气地说："就知道吃骨头，你们这样不懂得谦让，这块骨头谁也不许吃，等下回家了你们再吃骨头吧！"两只小狗垂头丧气地回家了。

回家后，主人拿出香喷喷的骨头说："如果你们不争抢了，就吃吧！"这次，两只小狗不像以前那样了，旺旺和花花都把大骨头让给了对方，主人开心地笑了。两只小狗也快乐地拍起手来，想：这次终于改掉不谦让的坏毛病啦！

点评：作者巧设文章情节，通过两只小狗不懂得谦让引出下文，并在文章结尾处交代清楚美好的结局。

我的家乡美景

重庆市开州区东昇教育平桥金科校区　　　三年级：伍晨晨　　　指导老师：刘均

　　我的家乡在开州，那里风景优美，景色宜人，是一个美丽的好地方。有美丽的汉丰湖、月潭公园、仙女洞、文峰塔等。最美丽的要数十里竹溪了。竹溪离开州大约有十公里，是油菜花的胜地，因此有了"美丽竹溪"这样悦耳的美名！

　　冬去春来，时间过得真快，一转眼，又到了赏花日。我和妈妈兴高采烈地来到竹溪，"竹溪真是花的海洋，花的世界呀！"我感叹不已地说道。乘着红色的小火车，欣赏着满山遍野的油菜花，别提有多高兴了！只见周围黄油油的一片，不时飞来几只可

小作家档案

姓名：伍晨晨
生日：2月26日
身高：145cm
体重：32kg
兴趣：看书

座右铭：
世上无难事，
只要肯登攀。

二等奖

爱的小蜜蜂和美丽的花蝴蝶在油菜花的花蕊里采蜜，场面十分热闹！我使劲地捏了一下自己胖乎乎的脸，"好疼呀！"原来这不是一场梦，我依然"沉睡"在一个金色的、甜蜜的美梦之中！我忽然发现油菜花的花瓣儿，有的才展开两三片，像一个害羞的小姑娘。有的花瓣儿全展开了，露出嫩黄色的小莲蓬，像一只骄傲忘形的大公鸡似的。有的还是花骨朵儿，看起来饱胀得马上要破裂似的，像一个小肉包，里面肯定隐藏着一个金色的小秘密吧！

　　油菜花一朵有一朵的姿势，看看这一朵，很美；看看那一朵，也很美。如果把眼前的一丛油菜花看作一大幅活的画，那画家的本领可真了不起！

　　我忽然觉得自己仿佛就是一朵油菜花，穿着金黄的衣裳，站在阳光里。一阵微风吹来，我就翩翩起舞，金黄的衣裳随风飘动，不光是我一朵，一丛的油菜花都在舞蹈。风过了，我停止了舞蹈，静静地站在那儿。蜻蜓飞过来，告诉我清早飞行的快乐，泥土在脚下，告诉我昨夜做的好梦，蝴蝶飞过来，和我说了许多有趣的悄悄话，露珠在花瓣上滚来滚去，和我一起快乐地玩耍……

　　过了一会儿，我才记起我不是油菜花，我是在看油菜花呀！

　　这就是我的家乡美景，竹溪美丽吗？欢迎全国各地的游客来开州的竹溪欣赏风景吧！

　　评语： 本文类似于叶圣陶先生笔下的《荷花》的写法，很好地将所学的写作方法运用到自己文章中，达到了学以致用的目的，淋漓尽致地展现了家乡的美景！

神奇的实验

🖊 河南省郑州市农业路分校东方作文　　　二年级：陈宇博　　　指导老师：邰丹丹

一个风和日丽的星期天，我在东方作文里上课，后来听到老师要做实验，班里的同学们兴奋不已，我也非常好奇，老师葫芦里卖的什么药？

首先老师给我们一人发一张洁白的纸，让我们把它撕得粉身碎骨，不一会儿，这张纸已经被撕得惨不忍睹。然后再用铅笔摩擦头皮，头皮像着了火似的疼痛难忍。最后找到一个最小的纸片，再用铅笔靠近纸片，可是纸片一动不动。接下来老师让我们用塑料尺子摩擦头皮，这一次头发有的飞起来了，有的纹丝不动，还有的飞起来，又掉了下去。这是怎么回事？我非常好奇，原来塑料可以摩擦起电。

万万没想到身边的科学那么好玩，以后我要认真观察，多多去想。

评语： 全文可圈可点的佳句不少，小作者观察细致、想象丰富，很棒！

小作家档案

姓名：陈宇博
生日：8月28日
身高：141cm
体重：36kg
兴趣：踢足球、跆拳道

座右铭：
有志着，事竟成。

一等奖

找春天

🖊 山西省临汾市东方作文洪洞分校城区　　　二年级：钟文霞　　　指导老师：苗壮

春天来了！春天来了！我们几个孩子，脱掉棉袄，冲出家门去寻找春天。

春天像个害羞的小姑娘，遮遮掩掩，躲躲藏藏，我们仔细地找啊！找啊！小草从

地下探出头来，那是春天的眉毛吧！路边的野花一朵两朵，那是春天的眼睛吧！树木吐出点点嫩芽，那是春天的音符吧！解冻的小溪丁丁冬冬的，那是春天的琴声吧！春天来了！我们看到了它，听到了它，闻到了它，触到了它；它在柳枝上荡秋千，在风筝尾巴上摇啊摇啊！它在喜鹊、燕子的嘴里叫，在桃花杏花的枝头笑……

评语：读你的小佳作，简直是一种享受。小作家的想象力真是丰富啊！把小草想象成眉毛，把野花想象成眼睛……四个整齐的小句子又构成排比修辞，语言也很优美啊！如果段落划分清晰的话，则效果会更好啦！

盛大的森林运动会

陕西省榆林市东方学社　　二年级：冯亚楠　　指导老师：西贝

有一天，大老虎对温柔害羞的小兔子说："一年一度的森林运动会马上就要到了。你去通知大家，让大家好好准备准备。"小兔子高兴地说："好。"

小兔子赶紧把这件喜事告诉了大家。大家都激动地问小兔子："真的吗？"小兔子说："真的。"所有的小动物都高兴得跳了起来。

自从知道要开运动会后，小动物们都开始加强锻炼了。小狗每天坚持跑步。小青蛙也开始跟大家伙一起比跳高，还有调皮的小猴子，可爱的小猫都开始认真训练了。

运动会终于到了，大伙都到场了，熊猫大哥是裁判。第一项比赛是跑步。小兔、小猫、小狗都参加了。比赛开始了，它们一个个拔腿就跑，像离弦的箭一样向前飞奔，其它小动物们都在给它们加油。比赛结果是小狗第一，小兔第二，小猫第三。第二项是跳高，参加跳高的有小青蛙、小猴子和老虎。比赛开始了，小猴子和小青蛙精神抖擞腾空而起，脚用力一蹬就过去了。可是老虎太重了，怎么努力都没跳过去。结果小猴子第一，小青蛙第二，老虎第三。一项项比赛都在呐喊声加油声中进行着……

运动会结束了，熊猫大哥为获奖的动物们颁奖。这时动物们掌声四起。这次的运动会非常盛大，大家都非常的开心，真希望天天有运动会。

评语：小作者以丰富的想象，巧妙的构思，向我们描绘了美丽大森林中动物们举行盛大运动会的场景，让读者感受到热闹激烈的场面，犹如身临其境。全文语句通顺，条理清晰，是一篇不错的文章。

小作家档案

姓名：冯亚楠
生日：11月8日
身高：135cm
体重：26kg
兴趣：读书、唱歌、跳舞、画画

座右铭：
选择你所喜欢的，喜欢你所选择的。

三等奖

过年喽

🖊 河南南召县城关四小　　三年级：胡珀　　指导老师：王康

经过了三百六十五个日子，我终于盼到了过年。

这个年，我们所有人都到爷爷家过，爷爷家过年的气氛可真浓啊！

大门被擦得亮闪闪的，两旁换上了新的对联，中间有一个红艳艳、晶晶亮的"福"字。这都是我的几个哥哥干的。

吃完午饭，我们就去放炮。大人们放的是烟花，而我们小孩儿放的不太响，但很漂亮。就这样我们一起玩到了晚上，除夕夜

小作家档案

姓名：胡珀
生日：12月20日
身高：135cm
体重：24kg
兴趣：跳舞

座右铭：勤奋是通向天才之路。

二等奖

我们大家坐在一起吃团圆饭，可开心啦！

大年初一早上，我来到院里，我的目光一直在那些压岁钱上，我就站在那里排队。哥哥们拜完年拿着压岁钱，喜滋滋地回屋里去了。

然后是姐姐，到最后就是我来拜年啦！爸爸妈妈开玩笑说："快点来拜年，不然就不给你！"

我赶紧跑到爷爷奶奶面前，心里早已想好了台词。我对爷爷奶奶说："祝爷爷奶奶身体健康，长命百岁。"说完就去接压岁钱。拿到手后，我高兴极了，在院子里跑来跑去。

到了晚上，我们就在院子里看烟花。这些烟花是爸爸和叔叔他们放的，烟花真漂亮呀！

放完烟花，我们又去看电视，晚会上的小品逗得我们哈哈大笑。

这个年我们过得多开心啊！

评语： 有条理，有详略，生动全面地写出了过年时喜庆快乐的情景。

美丽的秋天

 湖南省邵阳市隆回唐朝校区　　二年级：文博远　　指导老师：张甜

有人喜欢温暖的春天，有人喜欢热情的夏天，有人喜欢寒冷的冬天，而我却喜欢美丽的秋天。

秋天到啦！空气中添加了一丝凉意。在我看来花木灿烂的春光非常可爱，然而瓜果遍地的秋色却更加使人欣喜。蓝蓝的天空，像是用水洗过一样干净。白云像一个个棉花糖。大雁时而在一起变成一字，时而变成一幅画。苹果树上，结出一个个水

小作家档案

姓名： 文博远
生日： 6月1日
身高： 142cm
体重： 33kg
兴趣： 画画、唱歌、下棋

座右铭：
失败是成功之母。

三等奖

果：有驰名中外的红香蕉苹果、还有大金帅苹果金光闪闪。山楂树上那一颗颗红玛瑙似的果子。还有葡萄，那种叫"水晶"的，透明得像是用水晶和玉雕刻出来的。还有那种叫"玫瑰红"的，活像一串串珍珠。秋天稻谷泛起金黄的波浪。高粱举着一面面小红旗。金黄金黄的玉米粒，像一颗颗黄色的宝石。秋天不但是个美丽的季节，秋天也是个温暖收获的季节。秋天是一个果实累累的名字。秋天是秋姑娘送给了我们的礼物。

我爱秋天这个季节。

评语：小作者立意新颖，主题突出，采用的欲扬先抑。尤其是"在我看来花木灿烂的春光非常可爱，然而瓜果遍地的秋色却更加使人欣喜。"这一句更是衬托出了小作者身上的成熟。真棒！

助人为乐的大象

🖍 辽宁省凌源市兴旺教育东方作文　　二年级：华正鑫　　指导教师：吴艳丽

一天清晨，天气晴朗，阳光明媚。在一片茂密的森林里，兔妈妈正带着兔宝宝们在采蘑菇。有一只兔宝宝看见了一只美丽的蝴蝶，便追了上去。追着追着，它发现自己和妈妈走散了，急得哭了起来。这时，一只凶猛的大老虎寻着哭声找了过来，它看见兔宝宝馋得直流口水，心想："这只兔子来的可真是时候，我的肚子正好饿了。"于是，它亮出锋利的牙齿，一步步向兔宝宝逼近，兔宝宝发现了大老虎，吓得拔腿就跑。

小作家档案

姓名：华正鑫
生日：2月27日
身高：135cm
体重：28kg
兴趣：读书

座右铭：
只有千锤百炼，才能成为好钢。

三等奖

兔宝宝跑着跑着，被一条小河拦住了去路，它想："这下可怎么办呢？"正在这时，它看见了在河边洗澡的大象伯伯，就对大象伯伯说："大象伯伯，您能帮我过河吗？有只大老虎正在追我。"大象伯伯说："当然可以。"大象伯伯说完，就站到了河中间，兔宝宝从大象的鼻子跳到背上，再顺着尾巴逃到了河对岸。这时，大老虎追了上来，它看见大象帮助小白兔过了河，气得火冒三丈，但老虎知道自己打不过大象，只好垂头丧气地走了。

兔宝宝过了河，找到了自己的妈妈，兔妈妈带着兔宝宝们一起来跟大象道谢，大象伯伯说："不用客气，我们住在同一片森林里，互相帮助是应该的。"

大象伯伯可真是一个好榜样，它助人为乐的精神值得我们学习。

评语：小作者发挥奇妙的想象，运用生动活泼的语言，对人物的动作、语言进行了细腻而准确的描述，让人读了仿佛置身其中。

一朵纸花

安徽省铜陵市淮河中路汇金写字楼校区　　二年级：梅美　　指导老师：朱惠萍

公园大门口的地上，有一朵美丽的纸花，它的颜色是紫色的花瓣，绿油油的叶子。

游人们都夸它盛开得真美丽啊！谁丢的，真可惜。紫花听见了就骄傲起来了，尾巴翘起来了，得意洋洋。

公园里的花坛里分别都有花中之王的牡丹花、粉红粉红的杜鹃花、金灿灿的迎春花，纸花就跑过去跟迎春花说："你看，游人都夸我漂亮呢！可怎么没人赞美你呀？"迎春花不高兴地说："你不要跟我比呀！有本事你去跟花王之中的牡丹比一比呀！"

突然，天空下起了大雨，花坛里的花儿们经过雨水的洗礼，黄的更黄了，紫的更

小作家档案

姓名：梅美
生日：8月18日
身高：140cm
体重：34kg
兴趣：画画、跳舞、看书

座右铭：
发奋识遍天下字，
立志读尽人间书。

二等奖

紫了，粉的更粉了，绿的更绿了，所有花都鲜艳夺目，而纸花却成了一团纸浆。

真正的美，是经得起风吹雨打的。

评语：全文条理清晰，小作者运用了拟人的修辞手法，写出了骄傲的纸花和低调的真花的一段对话，阐述了真正的美是经得起风吹雨打的。

春 风

河南省郑州市东方作文大学路校区　　　三年级：牛心妍　　　指导老师：刘晓媛

阳春三月，如果把春天比做活泼的小姑娘，那么春风就是她长长的裙摆。大自然是丰富而神奇的，绚丽多彩而奥妙无穷。今天就让我们跟随春姑娘的脚步，走进春天，亲近春风。

春风，一半有冬的严厉，一半有春的温情。

春风是温柔的。它轻轻唤醒那慵懒的柳树。沉睡了一冬的嫩芽探出头来，好奇地望望水平如镜的湖面，在阳光温柔的照射下轻轻地伸了伸懒腰。

小作家档案

姓名：牛心妍
生日：4月15日
身高：150cm
体重：35kg
兴趣：读书、绘画

座右铭：
勤能补拙。

一等奖

春风是调皮的。瞧！它猛地把小朋友的风筝吹上天去，它迫不及待地与刚冒出嫩芽的柳枝来个亲密接触，它把高粱吹弯了腰，把花儿吹散了瓣儿……

春风是温暖的。它像妈妈温暖的大手轻轻地抚摸你那顺滑的发丝和光滑的脸颊；它像爸爸宽厚的大手把那载着温情的小白纸船推向远方；它还像祖父手里的那把大扇子，扇着饭香呼唤你早点回家……

春风还是神奇的。看！它给大地和万物都带来了生机，它让桃花绽放，并把芬芳送给每一个人；它给小草涂上新绿，让它轻摇曼舞……

大自然时常变化莫测，它的奇妙让人难以预测。

评语：四季之中春最美，小作者用优美的语言向读者展现了一幅春天的画卷，小作者从独特的视角抓住了春风的特点，写出了春风的神奇之处。可以称得上是笔灵心慧，极富诗意。

春 天

 江苏省南京市东方作文诗文教育校区　　二年级：马一真　　指导老师：李春秋

冬爷爷迈着蹒跚的脚步走了，春姑娘静静静地来了。

冰雪融化了，小朋友们都脱了厚厚的棉衣，换上了薄薄的衣服。东风吹在脸上，像妈妈的手抚摩着我的脸，很暖和，舒服极了。小草顶破了土壤，露出了嫩绿的脸颊。柳树发芽了，就像春姑娘的长发在东风中飘荡。春雨沙沙的落下，像一首美好的乐曲。小燕子也从南方飞回来了，停留在树枝上叽叽喳喳的唱歌。

春天来了，春天来了，美丽的春天！

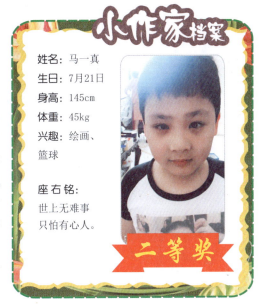

小作家档案

姓名：马一真
生日：7月21日
身高：145cm
体重：45kg
兴趣：绘画、篮球

座右铭：
世上无难事
只怕有心人。

二等奖

评语：这段话有概括的描写，有具体的描写，有动态，有静态，写出了"春天"的可爱之处。观察仔细，描写生动。还把自己的喜爱之情也写了进去。

我的梦

 重庆市开州区东昇教育平桥金科校区　　三年级：田斯钰　　指导老师：刘均

我，只是一个平凡而普通的小男孩，但我却有一个伟大的梦想，把地球变得更绿，更美。我渴望着实现这个梦想，才发现这个梦怎么也不能实现，是谁毁了我的梦呢？

是谁毁了我的梦，难道是汽车尾气吗？也许是吧！瞧，人们每天一走出家门，就会看见马路上那被堵得水泄不通的汽车，它们在马路上来来往往的行驶，可它们后面的"炮口"一次又一次地不断排出尾气，让坏境妈妈一次又一次哭泣。是的，汽车是给人们带来了不少方便，可对坏境的污染是多么大啊！

是谁毁了我的梦，难道是工业废气吗？也许是吧！看，不远处那巨大的工厂，不断发出废气，它们慢慢升上高空，越升越高，几乎升到了白云上面，它们给湛蓝的天空输入了大量变黑剂，让天空不再像以往那么碧蓝。"哎！"坏境妈妈又是一阵叹息。

是谁毁了我的梦，难道是那些不爱护环境的人们吗？也许是吧！瞧，每天那些经过小河的人们，总会把一些吃完、用完的垃圾，随手扔进小河，不久，小河就生病了，再也看不见以往那种清澈，那种明亮。河面上漂浮着无数无辜小鱼儿的尸体，它们一个个瞪着圆溜溜的眼球，似乎在说："人们啊！还我命来！"河边的小草也都枯萎了，也许是因为小河受到污染导致它们枯萎的吧！它们一个个都像泄了气的大皮球，再也不像以往那样活力十足，那样精神抖擞。你看，这一堆垃圾对小河的污染是多么大啊！

昨天晚上，我做了一个梦：梦见我的梦想快要实现了，那里天空湛蓝深远，树木郁郁葱葱的，空气清新甜润，公路上没有汽车，全是自行车和电动车，没有讨厌的工厂，没有……

啊！真希望这不是梦！

小作家档案

姓名：田斯钰
生日：3月4日
身高：130cm
体重：26kg
兴趣：喜爱一切有趣的书籍。

座右铭：
既然选择了远方，便只顾风雨兼程。

三等奖

评语：小作者以美好的"梦"的开头，接着控诉了人们对环境的破坏，最后用"梦"结尾，表达了自己对美好环境的向往，同时也呼吁人们保护环境，人人有责！

小兔子换尾巴

河南省信阳市信达教育东方作文　　二年级：彭柯人　　指导老师：贾老师

在一片郁郁葱葱的森林里，长满了许多许多强壮的大树，树下是绿油油的小草，草丛里夹杂着五彩缤纷的小花，不远处有一条清澈见底的小河，河水哗哗地流着。

一天，一只可爱的小白兔出来玩，看见了顽皮的小猴子在用它的尾巴荡秋千，小白兔看见小猴子的尾巴这么厉害，羡慕地说："小猴哥哥，咱们能换换尾巴吗？"小猴说："不行，不行，你的尾巴太短了，我要是和你换了尾巴我就不能爬树了。"小

小作家档案

姓名：彭柯人
生日：7月10日
身高：135cm
体重：24kg
兴趣：看书、画画

座右铭：
努力未必成功，但放弃必定失败。

二等奖

白兔走了。它走着走着又看见了小松鼠，小松鼠的尾巴比小猴子的美丽多了，小白兔又问小松鼠："松鼠小妹妹你可以和我换换尾巴吗？"小松鼠回答："不行，不行"小白兔垂头丧气地回家了，在回家的路上又看见了孔雀，孔雀的尾巴比小猴，小松鼠的尾巴漂亮一百倍呢。小白兔又问："孔雀姐姐，我们能换换尾巴吗？"孔雀说："不行，不行，我要是和你换了尾巴我就开不了屏了。"

小兔子就这样伤心地回到了家，它问妈妈："妈妈，为什么我们的尾巴又小又短，一点用都没有啊？"妈妈说："我们的尾巴用处可大了，不要羡慕别人，要找到自身的优点。"小白兔明白了妈妈的话，适合自己的才是最好的，从此，小白兔再也不找别的小动物换尾巴了！

评语：文章标题独特，主题明确，语言质朴通畅，感情真挚，段落层次清楚，想象力丰富。

地球是我家

山西省运城市绛县东方作文　　三年级：亓博群　　指导教师：周鑫

地球是我们的妈妈，是我们赖以生存的环境，可是人们在不知不觉中破坏环境，这不禁让我想起了发生在我身边的事情。

有一次，我和妈妈在公园玩，路过一条小河，我突然闻到了奇怪的味道，转眼我看到好几条死鱼浮在水面，我就问："妈妈怎么回事？"妈妈叹了一口气说："这是因为人们在水里面乱扔垃圾；工厂里乱排废水等一些污染性严重的垃圾，人们还乱倒污水、洗衣粉、粪便、油等，如果再这样下去的话，河里的小鱼就无法生存，地球就会越变越脏。"听了妈妈的话，我心里感到无比难过。

小作家档案

姓名：亓博群
生日：8月21日
身高：135cm
体重：34kg
兴趣：看书

座右铭：
有志者事竟成。

三等奖

想起以前，我的家乡阳光明媚，天空蓝得像是油漆刷过，空气清新，绿树成荫，公园里的花朵争奇斗艳，小河清澈见底，小河里的鱼儿自由自在地游泳，可是现在天空变得灰蒙蒙的。大地都失去了她原有的美丽景色。

所以为了保护我们美丽的家园，我们应该不乱扔垃圾，不随便杀生，少开车，多骑自行车，这样就可以减少对环境的污染，让我们从自我做起，从小做起，保护环境人人有责。

让我们共同努力，保护我们的家园吧！

评语：能按习作要求写，把小河为什么会脏的有关情况详细叙述出来，能抓住重要之点写具体，写通顺，写清楚，写得有条理，能表达出爱绿化，保护环境的感情。

家乡的特产

🖊 广东省韶关市执信小学　二年级：肖雅岑　指导老师：邓丽萍

我的家乡在江西，要说家乡的特产那可多了，有奉新米粉，军山湖大闸蟹，鄱阳湖的藜蒿炒腊肉，还有南丰的蜜橘……

其中，我最喜欢吃的是南丰蜜橘，它样子小小的，皮很薄，像一个个小轮子，又像一个个小灯笼，可爱极了，橘子的皮晒干后可以用来泡茶，茶水好喝又清甜。橘子的皮还可以用来做橘子鱼，每次回家奶奶都会做给我吃，那橘子鱼一上桌，香味扑鼻，都忍不住吃第二碗。

小作家档案

姓名：肖雅岑
生日：12月19日
身高：138cm
体重：32kg
兴趣：绘画

座右铭：
书山有路勤为径，
学海无涯苦作舟。

二等奖

南丰蜜橘是我国柑橘中的优良品种，同时也是江西省的名贵特产。历史上就以果色金黄、皮薄肉嫩、食不存渣、风味浓甜、芳香扑鼻而闻名中外。

我爱我的家乡，我爱南丰蜜橘，欢迎大家来我的家乡品尝。

评语：文章围绕"南丰蜜橘"这一中心组织材料，文中用到了好词好句，也围绕主题写。

一场别开生面的比武大赛

🖊 河南省郑州市东方作文伊河路校区　三年级：蒋旭炜　指导老师：周萍

十年一度的比武总决赛终于开始了。只见比武现场是人山人海，热闹非凡。为什么呢？原来如果比赛你成了全国第一，不仅在江湖上名声大振，还有丰厚的礼品等你来拿！

熊大是这场比赛的裁判。在激烈的比武中，各路英雄都拿出了各自的看家本领，比赛者打得是酣畅淋漓，观看者更是兴致勃勃，意犹未尽。终于轮到最后两名选手了，他们是谁呢？哦，原来是猪猪侠对战孙悟空呀！现场的气氛异常热烈，纷纷为各自喜爱的选手加油助威。猪猪侠开口说话了："大家都知道你的本领高强，还与四海龙王是好朋友。我的五灵之力也不比你差，今天就让大家看看谁才是真正的胜利者！"。

小作家档案

姓名：蒋旭炜
生日：9月2日
身高：145cm
体重：35kg
兴趣：看书、玩拼装

座右铭：
天才是百分之一的灵感加百分之九十九的汗水。

二等奖

随着熊大一声令下，比武开始了。

猪猪侠使出了他的看家本领——变身五灵卫。孙悟空一看，知道对手来了，连忙拔下一根毫毛，变出无数个自己，猪猪侠发怒了，用他的直觉找出了孙悟空的真身，就是众猴中间最高大的那个，迅速拔出剑，对着孙悟空的头就是一斩，给了孙悟空个措手不及。孙悟空恼羞成怒，驾起筋斗云，拿着金箍棒，照着猪猪侠就是一棒。猪猪侠连忙用剑挡。不料，猪猪侠被孙悟空的金箍棒打飞了出去，孙悟空大叫："吃俺老孙一棒！"猪猪侠急了，观众也急了，只听见他们大喊："加油！加油！小猪猪（猪猪侠的外号）！加油！"猪猪侠使出了他的绝招——虎啸斩！这一下，孙悟空招架不住了，被打得是落花流水，可以说是史无前例的大败！他没有想到猪猪侠一个小孩竟有这么大的本事！但他并不甘心认输，也没有灰心丧气，反而越挫越勇。他仍然顽强地打着，与猪猪侠大战了三百回合，渐渐有些体力不支了，金箍棒打出去的力量一棒比一棒小。忽然，孙悟空用他的七十二变又变出了许多的猴子，猪猪侠在大战中也因为耗费了太多的体力而有些头晕眼花，口干舌燥。一下子又有这么多的猴子在眼前晃来晃去，猪猪侠觉得天旋地转，眼冒金猴。孙悟空趁机金箍棒一挥，将猪猪侠打倒在地，使猪猪侠再无反击之力，有气无力地躺在地上，变回了原来的样子。熊大连忙叫来了医生为猪猪侠检查伤势……

熊大宣布这场比武大赛的获胜者是孙悟空！但猪猪侠并不灰心丧气，因为他明白，只要认真习武，谦虚求教，坚持不懈，迟早有一天，他会胜利的！成功从来都是给那些付出众多努力的人而准备的，而猪猪侠时刻都在努力并准备着！

评语：文章开头新颖，引人注目，段落结构条理清晰，结尾阐明了文章所要表达的道理，深话了主题，是一篇很棒的文章，让人百读不厌！

美丽的家乡

 湖南省邵阳市隆回唐朝校区　　　二年级：邹成硕　　　指导老师：张甜

　　我的家乡在隆回，有人说我们家乡夏天最美，又有人说我们家乡的冬天最美，但我觉得我们家乡一年四季都是美的。

　　春天来了。小草竹笋都探出头来。大地好像变成了绿色的世界。

　　夏天来了，天气非常炎热。但我很喜欢夏天，因为夏天可以游泳，可以大口大口的吃着西瓜。

　　到了秋天，天气似乎变冷了，麦苗、西红柿全都成熟了。

　　冬天很冷很冷，都下起了大雪，我和哥哥堆了一个大雪人。它有两只桂圆做的眼睛，一根胡萝卜做的长鼻子，还有一顶咖啡色的小绒帽，真惹人喜爱。

　　我很喜欢很喜欢这里的每一寸土地，喜欢它的一年四季。

小作家档案

姓名：邹成硕
生日：1月27日
身高：132cm
体重：26kg
兴趣：看书、机器人组装

座右铭：
本来无望的事，大胆尝试，往往能成功。

优秀奖

　　评语：小作者按照四季顺序对家乡进行细致的描写，整篇文章脉络清晰，层次分明，并且在小作者笔下，每个季节都有其特定突出的景色，很不错哦，希望小作者在今后的写作中继续努力！

我的梦

 河南省濮阳市清丰东方教育幸福路小学　　　三年级：户海程　　　指导老师：赵老师

　　啊！我真羡慕孙悟空。因为孙悟空无所不能。有时候我甚至在想，如果我会变，我一定要变成孙悟空打上天宫。

　　有一天晚上我在床上看《西游记》，不知不觉就睡着了。当我醒来时，发现自己变成了孙悟空。我高兴极了，决定先到天上玩玩儿，看看天上有什么神奇的东西。结果，天上只是一片湛蓝，除此之外，什么都没有。"哎，也没什么好玩儿的嘛。"我自言自语道，所以我就下来了。我变成了一个果子倒挂在树上想休息休息。树的主人看到果子又大又红，就摘下来准备把我吃掉。我不慌不忙地拔下一根毛放在手心上，然后吹口仙气，毛立即变成了一个果子，我变成一朵五彩祥云回家了。

想想之前我也喜欢看《三国演义》，便决定去三国时期转一转。我拔下一根猴毛，变成

小作家档案

姓名：户海程
生日：2月1日
身高：30cm
体重：25kg
兴趣：看书

座右铭：
黑发不知勤学早，
白首方悔读书迟。

三等奖

了一个穿梭门，进去后只听一声"冲啊！"就把我吓得心惊肉跳。往下一看，原来是刘备手下的诸葛亮在向曹军发出进攻的命令。这时我便飞向诸葛亮，落地之后变成了一座山堵住了军队前行的路。我心想：大家不是都说诸葛亮足智多谋吗？我倒要看看他究竟有多聪明。军队停住了，诸葛亮不假思索地说："大家不要忘了，进攻的路可不止这一条，我们从水路走。"我听了心里不住地赞叹道：诸葛亮真是厉害啊！这么短的时间就另选了一条合适的进攻路线，佩服！佩服！没等我变回原样，我就不住地往下掉。突然，我大叫一声"啊"，睁开了眼，才发现原来是一场梦啊！

评语：文章构思奇特，通过梦中变成孙悟空将《西游记》和《三国演义》两部名著串联起来，叙述自然生动，结构紧凑，衔接自然，中心突出；一些精妙词语的运用，无形中给文章增趣不少。

我飞上了天空

辽宁省锦州市实验小学　　　二年级：田益炀　　　指导教师：徐雅男

今天，我和小鸟飞上了天空，眼中的景色都发生了变化。

原本地面上高大挺拔的大树，我在上面看就像几棵小草似的。一座座高楼大厦也是如此，我在上面看就像几块小石头一样。在我面前我看见了一个金色的太阳，还有

像棉花糖似的云朵，对了，地面上高耸入云的山峰，我在上面再一看就像小土堆一样，真是太小了。我又向下望去，一条奔流不息的小河瞬间变成了镜面。我在太阳的照耀下非常的热，但我依然很开心。小鸟好像对我说："热死了，热死了，我们快走吧。"

今天我飞上了天空中，我真的是非常高兴，我在一个没有阳光的地方睡觉了。等我醒的时候才发现我在家里，原来是一场梦啊！但我真希望能飞上天空啊！可是我没有翅膀，飞不上天空的。飞上去也是做梦飞上去的，不是真的飞上去的。我真天真，我是飞不上去的，别做梦了，但我真希望每天能在梦中与小鸟和太阳玩耍！

姓名：田益炀
生日：3月9日
身高：143cm
体重：31kg
兴趣：看书、棒垒球

座右铭：
书山有路勤为径，
学海无涯苦作舟。

小作家档案

三等奖

评语：真是一个神奇的梦呀，小作者以"梦"为线索展开想象，文章中作者采用对比写法来写，并加入修辞，增加文章色彩，同时作者赋予小鸟人格化，是文章亮点所在。

我喜欢春天

内蒙古自治区赤峰市得天独厚教育校区　　二年级：周嘉煜　　指导老师：孙莹莹

我喜欢春天，因为春天是一个万物萌动的季节。春回大地，处处鸟语花香，大地一片生机盎然。

我喜欢春天，因为春天里的太阳特别明亮，特别温暖，天空特别的蓝，云彩像一朵朵洁白的棉花，美极了。

我喜欢春天，喜欢春天里的花，她们竞相开放，争奇斗艳，红的像火，黄的像金，白的像雪……

我喜欢春天，喜欢春天里的风，她像母亲的双手，温柔地抚摸着我们，吹走一身的疲惫和烦恼。

"迟日江山丽，春风花草香"，我喜欢春天，喜欢春天的阳光明媚，喜欢春天里花的海洋，喜欢春天润物无声的细雨，更喜欢她春风送爽的温柔。

春天，花、雨、风轮流登场，带给我们一场场美的盛宴，我喜欢这个生机勃勃的春天！

小作家档案

姓名：周嘉煜
生日：8月18日
身高：140cm
体重：30kg
兴趣：读书

座右铭：
书山有路勤为径，
学海无涯苦作舟。

二等奖

评语：思路新颖独特，抓住春天的特点来描写春天，给人一种焕然一新的感觉。

神秘的大森林

河南省郑州市农业路分校东方作文　二年级：葛小菲　指导老师：邰丹丹

神秘的大森林里有调皮可爱的小猴子，有温柔害羞的小兔子，还有狡猾的小狐狸。它们在举行森林运动会，调皮可爱的小猴子在准备开始运动会，温柔害羞的小兔子准备运动会最后的事情，狡猾的小狐狸是解释准备运动会最后的事情的。

运动会没有开始的时候大家都在做一做操。当调皮可爱的小猴子把枪打响的时候，大家都使劲的往前跑的时候，只有小山羊和小兔子没跑，它们在比做操，

小作家档案

姓名：葛小菲
生日：10月25日
身高：140cm
体重：22.5kg
兴趣：画画、跆拳道

座右铭：
学习是一种收获。

二等奖

小山羊和小兔子看见大家都跑在前面的时候小山羊和小兔子急急忙忙的跑了过去。小山羊和小兔子使劲往前跑，快跑到终点的时候，一号跑得最快，大家都在一号的后面，小山羊和小兔子在大家的后面，到了最后一个拐弯的时候，一号使劲的跑到了终点线，最后是一号赢了这一场比赛，小山羊和小兔子非常的害羞，小山羊和小兔子以后再也不在做操的时候比了，到了最后小山羊和小兔子非常的高兴，因为小山羊和小兔子他们以后的运动会小山羊和小兔子再也不比做操了，所以小山羊和小兔子非常的高兴，小山羊和小兔子他们说："这次的运动会太好玩了。

小山羊和小兔子每天想再一次运动会是什么时候呀！"小山羊和小兔子想再参加下一次运动会。

评语：**本文语言虽然不华丽，但却极为准确生动，情感丰富而真实，读来津津有味。**

做亮眼汤

浙江省绍兴市新昌县城东小学　　　三年级：梁嘉瑞　　　指导老师：余园园

吃亮眼汤是我们新昌人的传统，今天我就吃到了美味的亮眼汤。

做亮眼汤的主菜是荠菜，一大早我和妈妈就去菜田里找荠菜。我和妈妈来到菜田以后我就问妈妈："妈妈这么多的杂草，哪一棵是荠菜呀？"妈妈说："我来给你找一棵荠菜吧。"过了一会儿，妈妈就拿着一棵荠菜给我看，我看了看对妈妈说："我知道了，原来荠菜是这样的。"我从草丛中努力找，终于找到了一棵嫩绿的

小作家档案

姓名：梁嘉瑞
生日：1月28日
身高：142cm
体重：31kg
兴趣：下棋

座右铭：
少壮不努力，
老大徒伤悲！

二等奖

荠菜。我立刻拿起剪刀，把剪刀插进泥土里，用力一剪，用左手把荠菜往上一拿就好了。没过多久我和妈妈就满载而归。回到家后我们把荠菜洗干净，接着我们把荠菜和配菜线面、年糕、糟肉、鸭血、鸡肠切成小颗粒，万事俱备，只欠东风。

外婆开始烧火，接下来大厨登场，爸爸把鸡汤倒进锅里，然后放入准备好的各种食材，搅拌，并放入调了水的红薯粉，一边搅拌，这时奇迹发生了，原本是分开的食材放入红薯粉后凝聚在一起，最后放入调料，这样亮眼汤就烧好了。煮好的亮眼汤里面有碧绿色的荠菜，白色的线面，透明光亮的红薯粉……

我吃了一大碗亮眼汤说："亮眼汤可真好吃！我不跟你多说了，我还要吃亮眼汤呢！"听说正月十四吃亮眼汤眼睛会变亮的呢！

评语：语言描写到位！突出了制作的准备工作，同时又写出了亮眼汤的制作之法，非常不错！

我喜欢春天

山西省太原市东方星冉教育实验小学　　二年级：孟雨鑫　　　指导老师：张宵君

春天来了！春天来了，春风吹走了寒冷的冬天，它不像冬天那么寒冷，也不像夏天那么炎热。

我去了公园找春天。公园里的小溪解冻了；燕子从南方飞回来了；小路旁的树木上开出了一朵两朵金黄色的迎春花；桃花的枝头上长了很多的淡粉色的小花，它们很美丽；玉兰花、杜鹃花……也露出高兴的笑脸，柳树的枝条像小姑娘的辫子，小草从地下探出头来。

小作家档案

姓名：孟雨鑫
生日：11月17日
身高：130cm
体重：25kg
兴趣：拼装

座右铭：
天才是百分之一的灵感再加上百分之九十九的汗水。

二等奖

春天来了！我们看到了她、我们听到了她、我们闻到了她、我们触到了她。

她在柳枝上荡秋千，在风筝尾巴上摇啊摇；她在喜鹊、杜鹃嘴里叫，在桃花、杏花枝头笑。

评语：春天是多么美丽，在你的认真观察、仔细寻找后，我们发现春天确实很美。

家乡的桃子

河南省三门峡市东方作文校区　　　三年级：刁卓　　　指导老师：陈淑霞

我的家乡在河南三门峡市，是座美丽的旅游城市，有"美丽天鹅城"之美誉。这里有又脆又甜的苹果，有营养丰富的大枣，还有新鲜的木耳和香菇，但我最喜欢的是家乡香甜可口的桃子。

三月份，桃花露出了美丽的笑容！远远望去，满树桃花像是给桃树穿了一件粉红色的连衣裙。走近细看，桃花有五片花瓣，有白色的，也有粉红色的。大部分花瓣边缘是淡粉的，花瓣的中心却是深红色的。

小作家档案

姓名：刁卓
生日：4月16日
身高：147cm
体重：22kg
兴趣：弹钢琴、阅读、旅行

座右铭：
生命的意义在于奉献而不在于索取！

二等奖

白色花蕊的顶端长着黄色的小球球，凑近一闻，真香啊！微风吹过，阵阵香味吸引了勤劳的蜜蜂和五彩缤纷的蝴蝶，它们在花间跳着欢快的舞蹈。

过不了几天，花逐渐落了，桃树上长出嫩绿的叶子。接着，花萼处拱出了一个个小绿球，刚开始只有手指头肚那么大，浑身毛茸茸的，像刚出生的小宝宝身上的胎毛。慢慢的，桃宝宝顶端的花瓣都干啦，风儿吹过，可怜的花瓣只好恋恋不舍地离开桃宝宝。到了四月，这些"小绿球"像椭圆形的鹌鹑蛋一样大了，摸上去硬硬的。短短一个月后，它们就长成大大的"绿鸡蛋"。等到夏天来临，桃子就成熟啦！果园中满树的桃子，有的浑身还是绿的，有的绿中带着红，桃子顶端的尖儿更红，就像姑娘羞红了脸，笑歪了嘴。

成熟后的桃子，满身都是红的，刚摘的桃子硬硬的，但是香气袭人。如果你喜欢吃软的，那就放几天再吃。咬一口，那甜蜜的汁水顺着牙齿直到心窝，想想就流口水！桃毛可不是容易洗干净的，教你一个小妙招：如果你先用淡盐水泡一会儿，桃毛就会掉光哦！

桃子的营养价值十分丰富。它含铁多，可以补血；含钾多，可以治疗水肿；含果胶多，可以润肠通便。

我爱我的家乡，更爱家乡的桃子。

评语：小作者根据桃子生长的过程，按照时间顺序，从开花到长叶，从拇指大写到鸡蛋大，叙述过程中多处运用形象的比喻，把桃子的生长过程写得详细完整，连桃子的功效和洗掉桃毛的妙法都了如指掌，真是观察细致，是个生活的有心人呢！

有趣的现象

浙江省义乌市双宇教育东方作文　　三年级：虞谦　　指导老师：尹国英

今天老师把鸡蛋搬到课堂上，鸡蛋的形状是椭圆形的，摸去是粗糙的，还很冰。

鸡蛋竟然走进课堂，同学们在说老师是要给我们煮鸡蛋吗？而我在想老师是给我们玩鸡蛋吧！

在我的眼中鸡蛋可是很容易碎的，如果一不小心把它打破了，那还能上课吗？

当听到它是金蛋握不

小作家档案

姓名：虞谦
生日：2月12日
身高：150cm
体重：35kg
兴趣：书法、看书

座右铭：
有付出就一定有收获，没有付出就一定没有收获。

三等奖

破时，我在想这蛋是真的握不破吗？同学们也和我一样在想。

当老师说开始选挑战者的时候教室里一片沸腾，因为大家都想来试试。我也很期待。挑战开始了，老师选了一名"大力士"走上台，只见他小心地从老师手上接过鸡蛋，看了看，确信手上真正是一枚鸡蛋，胜券在握地笑了笑，老师说："开始！"挑战者使出了吃奶的劲，只见挑战者一只手攥着鸡蛋使劲攥，咬紧牙，手都发抖了，脸也憋得通红，嘴里发出哇哇的声音，结果鸡蛋还是安然无恙。大力士看着小小的鸡蛋，眉头皱成了一个结，看来他已无能为力了。

如果鸡蛋会说话，它一定会说："哈哈，知道我的厉害了吧！"

今天，在这堂课上我懂了"人不可貌相，海水不可斗量"，做人不能骄傲。

评语：小作者根据自己的亲身体验，观察点全面并且细致入微，让读者仿佛身临其境，语句优美，生动有趣，特别是动作描写非常突出。

我爱春姑娘

山西省晋中市榆次区锦纶小学　　二年级：路浩宇　　指导老师：李丽萍

春天到了，春姑娘迈着轻盈的步伐向我们走来，带给我们片片阳光、阵阵芬芳。

春姑娘走过田野……

小树茁壮地成长，五彩缤纷的花朵竞相开放了。小草悄悄地问身边的花朵："是不是春天来了呢？"蜜蜂嗡嗡地说："春天已经到了！"小草听后手拉着手使劲地往上长，柳树长出了鹅黄色的嫩芽，麦子削尖了脑袋钻出土地，小河哗啦啦地畅快地流着。小燕子穿着黑白相间的燕尾

小作家档案

姓名：路浩宇
生日：2月13日
身高：130cm
体重：20kg
兴趣：写作文
专长：围棋

座右铭：
摔倒了爬起来就好。

二等奖

服从南方飞回来了，也和小草、小花们一起来庆祝春姑娘的到来。

春姑娘走过广场……

娃娃们脱掉厚厚的棉衣，换上轻薄的春装。手里拉着五颜六色的风筝，互相追逐着，嬉笑声传遍整个广场。

春姑娘的舞裙是颜色鲜艳的，有花朵和小草、嫩柳做装饰，漂亮极了。春姑娘的舞蹈是婀娜多姿的，有蜜蜂、小鸟为她伴奏，动人极了。我爱春姑娘，更爱她迷人的笑脸！

评语：文章主题明确，用拟人的手法写出了你眼中的春天，让老师认识了许多春天里的小精灵。你作文中的词语太丰富了，看得老师眼花缭乱，很有吸引力呢！

森林运动会

河南省郑州市东方作文新密青屏校区　　二年级：阴政翰　　指导老师：于娇楠

在一个阳光明媚的日子里，小猴举办了一场森林运动会。这一天，所有动物都来了，有调皮可爱的小兔子，有凶猛的大老虎，还有狡猾的狐狸……

它们都希望自己能得第名，裁判小猴子郑重地说："比赛的第一个项目很简单，就是跳高。"

比赛开始了，按照顺序是由兔子先跳，狐狸第二个跳，最后大老虎跳。跳高最高是90厘米，兔子得意洋洋地说："简直小菜一碟，我要跳90厘米！"可能是太骄

小作家档案

姓名：阴政翰
生日：9月19日
身高：140cm
体重：40kg
兴趣：画画

座右铭：
知识在于积累，困难在于克服。

三等奖

傲了吧，兔子没有挑战成功。狐狸说："那我挑战50厘米吧。"狐狸很轻松就跨了过去。接下来，老虎也要挑战90厘米，大家都为它担心，连最会跳的兔子都失败了，老虎会成功吗？只见老虎深吸一口气，向后退了几步，跑、冲刺、跳！啊，老虎飞跃过横杆，完美落地了！

最后老虎获得了第一名，森林里的小动物都为老虎鼓掌。从此，老虎成了森林里的大明星。

评语：文中小作者发挥想象，以简洁、流畅的文笔轻松描绘出森林运动会比赛的紧张、激烈场景。文中生动的动作描写是点睛之笔。

我的小鸽子

重庆市开州区东昇教育平桥金科校区　　　三年级：廖荣鑫　　　指导老师：刘均

读幼儿园的时候，爸爸就给我买了一只活泼、机灵、可爱的小鸽子。

小鸽子全身白得如雪，一双晶莹剔透的眼睛，像两颗闪闪发光的宝石，镶嵌在头部的两侧，东瞧瞧，西望望，似乎在寻找美食一样；再是一张又红又尖的小嘴，应该是这只鸽子的武器之一；还有一双穿着红舞鞋似的小爪子，走起路来一摇一摆，真可爱。于是我给它取名"小可爱"。

小作家档案

姓名：廖荣鑫
生日：2月28日
身高：131cm
体重：29kg
兴趣：看书

座右铭：
无论什么时候，
做事情，要思考。

三等奖

"小可爱"也许是初来乍到的，对我家非常陌生，每次我给它喂食物时，它总是躲在一边，不吃。有一次，我给它喂食物时，把食物放在那，我便躲在一个地方，不让它发现，盯着它。"小可爱"见四周无人，便飞快地啄起食物来。它那觅食的样子真可爱！时间久了，"小可爱"熟悉我了，每次我喂它食物时，它都大胆地飞到我手上，没吃时，像一位斯斯文文的小姑娘，吃起来时，狼吞虎咽，像一位几天没吃饭的"小乞丐"。

"小可爱"的性格很怪，听话时，是一动不动的，调皮时，是左飞飞，右飞飞。

怎么样，你们喜欢我家的鸽子吗？

评语：文章结构清楚，段意分明，清晰地描绘出了"小可爱"的外貌特点及习性，生动具体地勾勒出了"小可爱"的可爱活泼。

我学会了骑自行车

山西省沁水县东方教育端氏校区　　三年级：豆一铭　　指导老师：张晓云

你有成功的经历吗？如果有，那么你一定能感到成功的快乐和喜悦的。我也有一次成功的经历，那就是——我在挫折中学会了骑自行车。

去年冬天，我看见很多像我一样大的孩子都骑着自行车在街上风一样地行驶，是那么快乐和放纵，像水中快乐的鱼儿在戏水，像空中自由的鸟儿在翱翔，我羡慕极了。我在心里默默考虑了很长时间。到了今年春天，天气转暖，我才下定决心要学会骑自行车。

小作家档案

姓名：豆一铭
生日：4月15日
身高：145cm
体重：31kg
兴趣：唱歌、看书、弹琴

座右铭：
天才是百分之九十九的汗水加百分之一灵感！

二等奖

那是一个星期天的下午，我推出了姐姐的旧自行车，开始了学车的历程。我先用右脚踩在踏板上，接着用力一蹬，只见车子开始缓缓地向前移动，然后左脚快速地去踩左踏板，坐上车座的那一刻，我就紧张了起来，心"砰砰"直跳，结果左脚没放准踏板，车把一晃，我摔了下来。顿时觉得膝盖剧烈疼痛，心里开始恐慌。心想：是不是自己根本学不会呀！我开始难过起来。

不行，我一定要学会，半途而废一定会被别人笑话的。这时我想起了妈妈平时的教导："失败是成功之母，你每失败一次，就离成功又近了一步。"想到这，我克服了心里的障碍，再一次站起来，扶起自行车，还是先右脚用力一蹬，左脚赶紧上去，这一次我顺利地把脚放到了左侧踏板上，目视前方，手紧紧握住车把，车子晃晃悠悠地向前行驶，"哇！我会骑自行车啦！我会骑自行车啦！"我开心得大呼小叫，然后便一圈一圈地重复练习，终于练得平稳了。这下终于学会骑自行车了。我想，只要我以后多多练习，技术一定会更好。

失败是成功之母，遇到困难我们决不能退缩，只要有颗必胜的心，就会无所不能。

评语：真是功夫不负有心人哪！小作者把学骑自行车的整个过程描写得详细具体。尤其是自己的心理及动作描写刻画得很逼真，学车的情景清晰地浮现在读者面前。结尾道理深刻。

桃花坞

浙江省义乌市双宇教育东方作文　　三年级：蔡远大　　指导老师：尹国英

金屋银屋不如我最喜欢的桃花坞。

桃花坞在义乌的乡下，每年的三月份，桃花盛开的时候，都吸引大批的游客来观赏桃花。

一个星期天，我也来到了桃花坞，远远望去，满山遍野的桃花好像一大片花的海洋，又像仙女的纱裙铺在山上，还像一大片粉红色的云彩，十分美丽。

近看，有的桃花才展开了两三片花瓣儿，有的花瓣儿全展开了，露出粉嫩粉嫩的笑脸，还有的还是花骨朵儿，看起来饱胀得马上要破裂似的，像一个小球。连桃树的枝干都被桃花染成了粉红色的了。

小作家档案

姓名：蔡远大
生日：4月6日
身高：145cm
体重：35 kg
兴趣：围棋、数学

座右铭：
书籍是人类进步的阶梯。

三等奖

美丽的桃花散发出浓浓的清香，引来了漂亮的蝴蝶，蝴蝶们一会儿飞到这朵上来，一会儿飞到那朵上去，蜜蜂也赶来了，它嗡嗡地叫着，好像在说："好香啊！"

一阵微风吹过，桃花落了下来，像下了一场粉红色的雨，我站在树下被迷住了，我觉得自己仿佛也是一朵桃花，在风中翩翩起舞。

我的家乡美吧？欢迎你来做客！

评语：小作者的文章中语言描写十分优美，并且能够按照一定的顺序进行描写，特别棒！

开心的一天

江苏省扬中市卓凡教育东方作文　　二年级：匡亚男　　指导老师：黄春红

星期天的早上，天气晴朗，我和妈妈一起去超市购物，心情非常愉快。

一进超市，我看到各种各样的商品，有玩具，有零食，有衣服，有水果……看得我眼花缭乱，目瞪口呆。

首先，我来到玩具区，有毛茸茸的毛绒玩具，有各种漂亮的娃娃，有酷炫的小汽车……然后我又来到零食区，看到了脆脆的薯片，甜丝丝的糖果，还有各种各样的点心……最后我来到水果区，有又大又圆的西瓜，有红彤彤的草莓，还有闻起来臭吃起来香的榴莲……妈妈大包小包买了很多我喜欢的。

我们来到收银台付钱，付完钱，我跟妈妈高高兴兴的回家了！

小作家档案

姓名：匡亚男
生日：12月16日
身高：130cm
体重：36kg
兴趣：唱歌、跳舞

座右铭：
没有不会做的事，只有不想做的事。

二等奖

评语：介绍了超市丰富的商品，在商品的前面也都加上形容词。

家乡的四季

山西省晋城市清华课辅中心　　三年级：靳相如　　指导老师：王波波

我的家乡在美丽的晋城，这里有生机勃勃的春天，有燕语蝉鸣的夏天，有落英缤纷的秋天，还有银装素裹的冬天！

到了春天，和煦的春风拂过晋城，整个城市便充满了生机。迎春花从沉睡的梦中醒来，金子般的花朵点缀着枝条，从远处看，就好像一条金色的鞭子，鞭策着行人开始播种。整个花簇就好像是一片金色的云朵，一阵微风吹来，金色的"波浪"在柔和的阳光下荡漾着，好看极了。在四月的晋城，我们可以去泽州公园赏郁金香，可以去

白马寺山森林公园看海棠，还可以去吴王山品紫荆花。百花争奇斗艳，真是让人眼花缭乱啊！

小作家档案

姓名：靳相如
生日：5月22日
身高：137cm
体重：25kg
兴趣：绘画、舞蹈

座右铭：
精诚所至，金石为开。

二等奖

"池塘边的榕树上，知了在声声叫着夏天。"不知不觉间，炙热的夏天就来了。晋城成了绿树的海洋：迎宾街的两旁，法国梧桐展开双臂，为人们撑起一把把绿色的遮阳伞，为人们带来凉爽。天空万里无云，偶有几只燕雀停在电线杆上，像是跳跃的音符。花儿零星地开着，在骄阳的映衬下，越发鲜艳迷人。炎炎夏日，我最喜欢去儿童公园：小朋友们在水上乐园自由地玩耍，就好像鱼儿在水中嬉戏。你看，清澈的湖水中，一艘艘游船随波逐流，好像一片一片的树叶。我和爸爸妈妈躺在小船里，以天为盖，以地为庐，偶有清风拂过，午后的燥热顿时烟消云散。

随着暑假的结束，炎热的夏天在暴风骤雨的罅隙间被我装进书包，开始迎接秋的到来。"自古逢秋悲寂寥，我言秋日胜春朝。"秋天的家乡，又变成了叶的世界：一片片树叶离开大树妈妈的怀抱乘风破浪，开启一段别样的"旅行"。天空中，无边落木飘飘悠悠，像是一只只美丽的蝴蝶。漫步在凤城路上，那爬上墙头的红叶却越发鲜艳，好似一团火苗，点燃秋的激情。两边的柳树许是承载不下凉的深沉，只一个趔趄，便轻飘飘地落了，像是下起了一阵叶雨。

冬天，鹅毛大雪从天而降。清晨，推开窗户，放眼望去，哇！一片洁白的世界！快步走在上学的路上，我伸手接住一片雪花，还没等我看清楚，它就化成了冰水。"叮铃铃……"课后的操场便是我们的世界了：同学们有的堆雪人，有的打雪仗，还有的在雪中迎风奔跑，好一派热闹的景象！

家乡的四季真美啊！我爱家乡的四季。

评语：小作者按照春、夏、秋、冬的顺序为我们展现了晋城别样的四季图景。语言优美，能够运用比喻、拟人等修辞手法将四季景物的特点生动地描写出来，妙！

春天在哪里？

河南省郑州市东方作文农业路分校　　二年级：何品梦　　　指导老师：郜丹丹

"春天在哪里呀？春天在哪里？"伴随着悠扬悦耳的歌声，我们一起去寻找春天吧！

小燕子穿着黑白相间的燕尾服从春天飞回来了，春天来了，它们一边飞一边叽叽喳喳地叫着，好像在说："我回来了，我回来了！"河边的柳树抽出了嫩芽，一阵风吹过，柳树姑娘好像在梳妆打扮，又像在跟小燕子说悄悄话，真是美极了！花儿们也竞相开放，你瞧，红的像火，白的像雪，粉的像霞，黄的赛金，深吸一口气，闻到一股淡淡的花香，令我陶醉。这么美的花引来了蝴蝶、蜜蜂在花丛中翩翩起舞，真热闹呀！外面的热闹劲儿把小草给吵醒了。它们从土里探出头来，好奇地东张西望，好像也是在欣赏着春天的美景。

小朋友们也在草地上欢快地玩耍。啊！春天真美啊！

小作家档案

姓名：何品梦
生日：2月23日
身高：137cm
体重：38kg
兴趣：看书、画画、唱歌

座右铭：
不要等待机会，而要创造机会。

一等奖

评语：小作者有顺序地描写了春天的美景，语言生动，内容丰富，结构安排合理，不失为一篇上等佳作。

小白兔换尾巴

河北省盐山县东方作文西门外小学　　二年级：李韵畅　　指导老师：贾老师

在遥远的大森林里风景优美，有高大的树木，绿油油的小草，清澈见底的小河，这里住着很多可爱的小动物，有顽皮的小猴子，美丽的花孔雀，活泼的小白兔，他们快乐地生活在一起。

有一天，小白兔独自在家看电视，电视上正在播放《动物世界》，他看到很多动

物都有一个大尾巴，他回头看看自己的短尾巴，不禁伤心起来。他自言自语地说："其他动物都有大尾巴，只有我的尾巴短短的，真难看，不行，我要去和别人换条尾巴。"

小作家档案

姓名：李韵畅
生日：12月30日
身高：150cm
体重：30kg
兴趣：跳舞、书法

座右铭：
有付出就会有回报。

二等奖

小白兔来到一棵大树下，看见一只小猴子正用尾巴卷着树枝荡秋千，小白兔好羡慕，他对小猴子说："小猴弟弟我可不可以和你换换尾巴，我的尾巴太短了。"小猴说："不行啊，要是我把尾巴换给你，我就不能爬树找食物了。"小白兔听了闷闷不乐地走了。小白兔走了不远，看到一只花孔雀正打开花尾巴在跳舞，他非常喜爱，就对孔雀说："孔雀姐姐，我可以和你换换尾巴吗？我的尾巴太难看了。"孔雀说："不行啊，我和你换了尾巴我就不能保持平衡了。"小白兔没有换到尾巴只好不开心地回家了。

回到家，妈妈看到他不高兴就问："你怎么了，垂头丧气的？"小白兔说："我的尾巴又短又难看，我想和别人换换可是都没人和我换。"妈妈听了笑着说："每种动物的尾巴都有自己的作用，适合自己的才是最好的，我们的尾巴短可以让我们跑起来更快，坏人就追不到了。"小白兔听了脸上露出了灿烂的笑容："原来我的尾巴用途这么大，我再也不找别人换尾巴了。"

评语：这个童话故事很有趣，语言的描写非常好，让人读来简单易懂，作文中小白兔通过换尾巴知道了自己的尾巴虽短，但是用途非常大，也让我们明白了无论什么东西只有适合自己的才最好。

有意义的一天

🖊 河南省长垣县东方作文　　二年级：殷令姿　　指导老师：徐小宁

小作家档案

姓名：殷令姿
生日：1月22日
身高：122cm
体重：21kg
兴趣：舞蹈、绘画

座右铭：
宝剑锋从磨砺出，梅花香自苦寒来。

三等奖

一天，春暖花开，小明和他的朋友相约一起去公园玩。公园里，绿油油的小草发芽了，粉红的桃花开放了，好像对我们张开了笑脸，小鸟也从南方飞回来了。

小明和他的朋友坐在绿油油的草地上开始野餐，小明剥开香蕉把香蕉皮随手扔在地上就大口地吃了起来，小红看见了，连忙说："小明，不能把垃圾扔在草地上，这样会污染环境的。"小明不在乎地说："那又怎么样。"小红听了小明的话很生气，小明也觉得自己做错了，就不好意思地说："对不起，小红，我马上把垃圾捡起来。"小红听了很高兴，和小明一起把垃圾捡了起来，草地又变成绿油油的一片了。

看了这个故事，小朋友，你们也要爱护环境，不能向小明学习，要做一个爱护环境的孩子，保护我们唯一的地球。

评语： 小作者通过具体事例告诉了大家保护环境的重要。

旺旺和花花

🖊 辽宁省锦州市实验小学　　二年级：张佳婧琪　　指导教师：徐雅男

一天夜晚，警察旺旺正在睡觉。

突然，旺旺的电话铃响了，"叮铃铃，叮铃铃……"旺旺拿起电话，就听见花花急忙对它说："不好了！不好了！旺旺警察，你快点来我家吧！"旺旺说："你别着急，慢慢说。"花花说："我的家进小偷了，你快点帮我抓住它。"旺旺说："没问题。"话刚说完，旺旺就出发了。

很快，旺旺就到了花花家。花花说："旺旺警察，你终于来了。"旺旺说："花花，你知道小偷在哪里吗？"花花说："就在我的化妆间。"旺旺说："你在楼下等着我，不要上来。"花花说："那你多加小心。"旺旺说："好的。"小偷偷完东西出来的时候，旺旺拿着棍子"啪"的一声把小偷打晕了。然后，旺旺把小偷带入了牢房，小偷醒了过来，发现自己已经在牢房里了。

小作家档案

姓名：张佳婧琪
生日：11月23日
身高：148cm
体重：50kg
兴趣：电脑、唱歌

座右铭：
读万卷书，
行万里路。

三等奖

花花非常感激地对旺旺说："谢谢你，旺旺。"旺旺说："不用谢，这是我应该做的。"花花说："为了感谢你，咱们击个掌吧！"旺旺说："好哇！"说完，它们俩就击了个掌。然后，它们两个开开心心地回家睡觉了。

通过这个故事，我明白了人与人之间要互相帮助。帮助别人，快乐自己！

评语：小作者想象力丰富，巧设文章情节，赋予动物人格化，并在结尾点出文章主题，本篇文章可以更好地吸引读者眼球。

我的爸爸

重庆市开州区东昇教育平桥金科校区　　　三年级：简琮涵　　　指导老师：刘均

我的爸爸有一头乌黑光亮的短发，一对浓郁的眉毛下长着一双大大的眼睛，又高又壮，他还是个资深的篮球迷呢！星期天的晚上，我和爸爸一起看电视，我们不知看什么好，突然爸爸说："我们看篮球赛吧！"我本想阻止的，可惜晚了一步，爸爸已经调到篮球赛了，我只好跟着看了，看了一会儿我不耐烦地说："爸爸你看了这么久了，给我看一下吧！"爸爸只看着电视根本不理我，我生气地说："爸爸！你到底有没有听到我说的话呀！"爸爸目不转睛地望着电视说："听到了，听到了。"我见爸爸还是专心致志看着电视，我推了推爸爸说："给我看，给我看，给我看。"爸爸一本正经地说："礼让长辈是应该的。"我顶嘴说："大的让小的也是应该的。"爸爸愣了一下，无话可说，就找理由让我去睡觉，我也没有话可说的了，就只能乖乖服从命令了！

半夜三更我睡得正香的时候，一阵声音传来："好，好，就这个角度，对，对，耶！进球了！对，对，对，再来一个球，哎，可惜了……"我一看，原来是爸爸还在看电视，我真是服了！

我有这样一个爸爸真的太让我烦恼了，虽然有自己的爱好是对的，但常常熬夜对身体不好呀！

评语：这篇习作写自己的爸爸，抓住了爸爸的爱好来写，内容简单，但条理清晰，内容真实。对爸爸的语言、动作描写很成功，结尾表达出对爸爸的关爱。

森林运动会

河南省郑州市东方作文新密青屏校区　　二年级：郑镕妍　　指导老师：于娇楠

在一个阳光明媚的早晨，森林里举办了一场快乐的森林运动会。

运动会赛场上非常热闹，小猴子、小兔子和大老虎都来参加超级长跑比赛。瞧，它们个个劲头十足，都想争夺冠军。小猴子信心满满地说："长跑对我来说小菜一碟，这不算什么！"

它们站在跑道起点，只听一声响亮的哨声响起，动物们就像箭一样飞奔而出。这次比赛真的很简单吗？你看，小猴子身形灵巧，上蹿下跳，使劲儿地跑，可是还是有点落后。它急得抓耳挠腮，抬头看着跑远的小兔和老虎，摇摇头放弃了比赛。小兔子和大老虎拼尽全力地向前跑着，你追我赶、互不相让。眼看就要到终点了，小白兔一不小心摔倒了。大老虎停下脚步，毫不犹豫地伸出双手，把小白兔扶起来，它们一起开心地跑到了终点。

友谊第一，比赛第二。如果别人有困难，我们一定要帮助他，做一个乐于助人的好孩子。

评语：文中小作者用生动细致的动作、神态描写向我们展示了一场别开生面的长跑比赛，结尾一句话点明主旨，阐释了"友谊第一，比赛第二"的生活哲理。

小作家档案

姓名：郑镕妍
生日：3月16日
身高：145cm
体重：36kg
兴趣：看书、画画

座右铭：
书山有路勤为径，
学海无涯苦作舟。

二等奖

找春天

湖南省常德市东方作文　　二年级：杨陈熙　　指导老师：胡阳

"春天在哪里呀？春天在哪里？春天在那小朋友的眼睛里……"唱着动听的歌，我迫不及待地来到公园里找春天。

你看，小草探出尖尖的嫩嫩的小脑袋，这一簇那一团的，像仙女洒下的绿宝石，镶嵌在大地上，一阵风吹来，小草随风摇摆像在欢迎春天的到来。

你瞧，花儿也在争奇斗艳地开放，有粉嘟嘟的樱花，有金灿灿的迎春花，还有红彤彤的茶花……花儿不仅颜色各异，更是姿态万千，有的含苞待放，像一支支白蜡烛，有的展开了几片花瓣，像一个小铃铛，还有的已经完全开放，露出金灿烂的花蕊，漂亮极了！

小作家档案

姓名：杨陈熙
生日：2月25日
身高：135 cm
体重：25kg
兴趣：户外活动

座右铭：
一分耕耘，
一分收获！

一等奖

池塘边的垂柳吐出了尖尖的嫩嫩的芽，像是一个个音符，唱响了春天的交响曲。一阵风吹来，垂柳像一位美丽的少女在梳着长长的头发。水里的鱼儿也在自由自在的游泳。

我找到了，找到了美丽又迷人的春天。

评语：小作者通过对小草、花儿、垂柳等的描写，又巧妙地使用比喻和拟人的修辞手法，把一幅早春图生动形象地展现在读者面前。

我喜欢小猫

山西省太原市东方星冉教育实验小学　　二年级：杨怡睿　　指导老师：张宵君

我从小到大喜欢很多小动物，比如：小狗、小鸟、小松鼠……但是还有一种小动物是我最喜欢的，它爱吃鱼，走路很轻，这只小动物就是小猫。

有两个原因让我不得不喜欢它。第一个原因是，每当我很伤心的时候，它会蹭着我的手，好像在说："不要伤心，有我在呢！"我顿时感觉心里充满了阳光。

第二个原因是，晚上当我睡觉的时候，它会睡在我的椅子上，陪我一起睡觉。天刚刚亮，它就会叫我起床，真像我的小闹钟呀！

我太喜欢这只小猫了，它真有趣呀！

小作家档案

姓名：杨怡睿
生日：9月2日
身高：128cm
体重：22kg
兴趣：看书、写作、美术

座右铭：
合理安排时间，就是在节约时间。

三等奖

评语：作文写了喜欢猫的两个原因，让我们看到了一只非常可爱的猫，首尾也相互照应。

橘　子

浙江省义乌市双宇教育东方作文　　三年级：楼俊毅　　指导老师：尹国英

秋天，凉风习习，瓜果飘香，我们走进橘子园，放眼望去，橘子园就像一片橙色的海洋。

我们来到树下，有的橘子像个淘气的孩子抓着树枝荡秋千，有的躲在绿叶里睡大觉，还有的扒开树叶看着外面这美丽的世界，更有趣的是有的三五成群地聚在一起像是在说悄悄话！

我摘下了十来个橘子，橘子的大小不一，大的像包子一样，小的像乒乓球一样小。它们的衣服黄中带绿，我迫不及待地剥开皮，没想到橘子汁一下喷溅得我直流眼泪。我睁眼一看，里面有一瓣瓣橘子像月牙儿一样，月牙儿里面有许多一粒粒橙色的"米粒"。我把它放在嘴里用牙齿咬。哇！简直太甜了！一直甜到了我的心里！

我想到，香甜的橘子离不开农民伯伯辛苦的劳动！

小作家档案

姓名：楼俊毅
生日：1月14日
身高：137cm
体重：30kg
兴趣：围棋

座右铭：
只要功夫深，
铁杵磨成针。

二等奖

评语：文章开头引人入胜，对橘子的描写比喻贴切，用词恰当，结尾恰到好处地点明中心，非常好！

猪猪侠和熊大的战斗

河南省郑州东方作文大润发校区　　三年级：关周琪　　指导老师：李园园

有一年春天白雪公主出门买点东西。

就在这时熊大看见了白雪公主，熊大心想：我要是把白雪公主捉回去这个王位不就是我的了！所以他就把白雪公主藏了起来出去了。猪猪侠在电视里听到这个消息后赶快坐汽车到熊大那里去了，猪猪侠才赶到一会儿，准备把白雪公主带回去的时候熊大回来了。看见猪猪侠和白雪公主准备跑，熊大赶快从嘴里吐出火喷猪猪侠。猪猪侠赶快把白雪公主推到一边，它也往一边闪，猪猪侠赶快说："你快跑。"白雪公主说："我不会走的，我要和你一起回家，让人们都称你为大侠。"猪猪侠听了赶快变身和熊大继续战斗。

猪猪侠用它的三角爪把熊大身上刺伤了，熊大发火了，从嘴里喷出到猪猪侠那里。猪猪侠用它的很大的力气把熊大举起来摔下去举起来又摔下去，把熊大摔死了，白雪公主也得救了。白雪公主买了很多棒棒糖送给了猪猪侠，猪猪侠高高兴兴地收下了。

小作家档案

姓名：关周琪
生日：10月8日
身高：129cm
体重：47kg
兴趣：看书、画画

座右铭：
好好学习，
天天向上。

二等奖

这个故事讲了猪猪侠很勇敢，能打死熊大。猪猪侠真伟大真厉害，这就是猪猪侠救白雪公主和熊大战斗的结果。

评语：文章想象合情合理，叙述自然生动，结构紧凑，衔接自然连贯，中心突出。

我学会了骑自行车

🖊 山西省运城市绛县阳光校区　　三年级：孙可欣　　指导老师：张文玲

"困难像弹簧，你弱它就强"。在我的成长过程中，总会有一些事情让我难忘，而我印象最深的一件事就是学骑自行车。

记得二年级的时候，每当看到比我小的孩子，都已经学会了骑自行车，妈妈也老是说我，我心里有一种说不出的滋味。于是，我下定决心，在暑假我一定要学会骑自行车，让妈妈看看。

一开始，我以为骑自行车很简单，就迫不及待地爬上了车，但由于没有经验，还没等坐稳，就连人带车一起摔倒在地。我趴在地上，像一只泄了气的皮球一样。妈妈看见了，走过来对我说："不要灰心，自行车没有一下子就学会的，你是一个坚强的孩子，不能被这一点小小的挫折所打倒。"听了妈妈的话，我又重拾了信心，从地上爬起来，扶起自行车，继续开始练习。就这样一次又一次地跌倒又爬起来，我摔了好多跤。

功夫不负有心人。一个星期过后，我终于学会了骑自行车。每天傍晚，我都会在

小区里骑上很多圈，直到大汗淋漓，我的心里既激动又自豪。

通过这件事情我明白了：做事情一定要有耐心，在哪儿摔倒就要从哪儿爬起来，不能一遇到困难就退缩。只要坚持不懈，无论做什么事都能够成功。正所谓"世上无难事，只怕有心人"。

评语：小作者通过描写自己学骑车的过程，得出了只要坚持不懈，无论做什么事都能够成功的深刻道理。文章描写具体，语言流畅自然，较为生动，让人读起来感觉特别真实。

小作家档案

姓名：孙可欣
生日：1月29日
身高：135 cm
体重：30 kg
兴趣：写作、画画、跳舞

座右铭：
每一发奋努力的背后，必有加倍的赏赐！

三等奖

伸出你的手

江苏省扬中市卓凡教育东方作文　　二年级：王悦如　　指导老师：黄春红

星期一的早上，天气晴朗，小明背着书包高高兴兴地去上学。小明在公交站台等车，不一会儿，公交车就来了，上车后，小明就开始四处找座位，还好不远处有一个空座位，他连忙跑过去开心地坐了下来。这时车停了，上来一位白发苍苍，脸上布满皱纹的老奶奶，可是车上已经没有一个座位了。老奶奶左看看右看看却没有一个人给她让座，正当老奶奶低头叹气的时候小明马上站了起来，微笑着对奶奶说："奶奶，您请坐。"老奶奶

小作家档案

姓名：王悦如
生日：2月13日
身高：135cm
体重：25kg
兴趣：跳舞、剪纸

座右铭：
摔倒了爬起来就好。

二等奖

慈祥地说："小朋友，谢谢你！你真是一个好孩子！"

虽然小明没有座位，但是帮助了别人，心里就像吃了蜜一样甜。

评语：能详细描写出小明上车时的心情和让座后的心情，以及老奶奶的外貌和心情，说明小朋友平时观察仔细。

难忘的一件事

河南省新乡市封丘县三里庄小学　　三年级：李语晨　　指导老师：张佩

在生活当中，发生过许许多多的事情，有让我们难忘的、感动的、后悔的、愧疚的……接下来的时间，我就给大家讲一讲令我难忘的一件事吧！

那天，我和妈妈去逛超市，在妈妈看衣服的时候，我看见有一个人在墙上贴小广告，我们的老师说过，乱贴小广告是不对的！于是，我气冲冲地跑过去，我根本没有看广告上的内容，就把广告给撕下来了，我扭头一看，啊！有一个身材高大的男人站在我的背后，我就像老鼠看见猫一样，差点被吓得半

小作家档案

姓名：李语晨
生日：3月5日
身高：145cm
体重：33 kg
兴趣：画画

座右铭：
世上无难事，
就怕有心人。

二等奖

死！我抬头仔细看了看他的脸，啊！原来他就是在墙上贴小广告的人呀！他气愤地看着我说："你为什么把我辛辛苦苦贴上去的广告给撕下来！"他的嘴张得特别大，仿佛要把我给吞掉似的！我说："在墙上贴广告是不对的！就算我不撕，别人也要撕的！更何况，这还是在超市里！在外面贴广告是错的，在超市或是商店里贴更是错上加错！"那个男人说："那你也不能不珍惜我的劳动成果吧？"这时，妈妈过来了，问我："发生了什么事？你怎么和这位叔叔吵架呀？"我说："他在墙上贴小广告，我撕了下来，他还说我不珍惜他的劳动成果！你说他做得对不对呀？"妈妈说："这位先生，这就是您的不对了，您是不能随便在墙上贴小广告的！"这位叔叔说："女士请您仔细看看，我贴的是公益广告！"果然，他贴的就是公益广告！这时我的脸红一

阵，白一阵，真想找个地缝钻进去！妈妈连忙给这位叔叔赔礼道歉。回到家中，妈妈又开始批评我了！我说："妈妈，我再也不会这样做了！请你原谅我吧！"妈妈无奈地说："好吧！这次就原谅你吧！下次一定要小心啊！"

通过这件事我明白了：做事前一定要小心，不能不搞清楚状况就行事，你们可千万不能像我一样啊！

评语：整件事情的原因、经过及结果叙述得十分清晰，通过语言、心理的描写，给人留下了深刻的印象。

小白兔和小灰兔

湖南省临湘市小新星教育　　三年级：苏萌　　指导老师：何琴

从前，森林里住着一只小白兔和一只小灰兔。

小白兔的性格善良、活波。小灰兔的性格骄傲自大。

一天，小白兔看见一位马爷爷的水果丰收了，收了一大车水果。看到马爷爷推着满车的水果很吃力，小白兔连忙去帮马爷爷推车，小白兔使劲推。脸涨得通红，可车子依然推不动。小白兔看见了小灰兔在路边呼呼大睡，连忙大喊："小灰兔快来帮忙啊！"小灰兔说："我堂堂大灰兔的力气可不是用来推水果车的。"小白兔听了

小作家档案

姓名：苏萌
生日：5月10日
身高：135cm
体重：29kg
兴趣：跳舞

座右铭：
千里之行始于足下，做好当下，才是最重要的。

三等奖

头也没回，使劲地往前推。不一会儿，小白兔就把一车水果推到了马爷爷家门口。马爷爷感激不尽，送了许多水果给小白兔。"谢谢你，幸亏有你帮我！这是送给你的水果！"小白兔开心地说："谢谢你！"小白兔提着水果回家，路上遇到了小灰兔，小灰兔奇怪地问："你的水果从哪来的？"小白兔说："是马爷爷送给我的，你的力气不管用在哪里，只要能帮助到别人就是值得的！"

看到小灰兔惭愧的样子，小白兔连忙将水果分一半给小灰兔。

从那以后，小白兔和小灰兔成了好朋友。

评语：童话故事是三年级小朋友最喜欢的一种习作形式。本文的小作者巧妙地运用对比及生动传神的动作、语音、神态描写将两只性格迥然不同的小兔子形象刻画得栩栩如生！

神奇的发现

吉林省长春市朝阳区安民街小学　　三年级：纪姝含　　指导教师：陈玲玲

生活中蕴藏着很多小秘密，只要你细心观察就会发现。今天我就有了一个新发现。

今天下午作文课上，老师给我们带来了一个神秘的东西，我们一起喊着："宝贝，宝贝快出来！"成功地把它请了出来。

我仔细一看，心里感到很迷惑：这两粒稀奇古怪的东西到底是什么呢？我发现它的表面像一颗正在生长的种子，它上面黑乎乎的，干瘪瘪的，如花生米一般大小，形似一颗小小的橄榄球，又像是一颗小子弹。它的表面上

小作家档案

姓名：纪姝含
生日：10月13日
身高：137cm
体重：25kg
爱好：读侦探小说
特长：跳绳、跑步

座右铭：
不为失败找理由，要为成功找方法！

二等奖

有很多的纹路，像一位满脸皱纹的老爷爷，用手摸上去凹凸不平，十分粗糙。闻上去，有一股浓浓的中药味。

老师告诉我们这个长相奇特的小东西叫做"胖大海"。"它也不算太胖啊，为什么要叫胖大海呢？"有的同学向老师提出了疑问。老师笑着对我们说："我给你们做个实验，你们就知道它为什么叫胖大海了。"

实验开始了，我们首先把它放进了一个透明的玻璃杯里，它就像一个沉睡的娃娃一样，躺在杯子底下一动不动。接着，老师开始向杯子里倒水，它就像被卷入龙卷风一样，不断在杯子里浮浮沉沉。老师倒完水后，它又重新安静了下来，仿佛又陷入了沉沉的睡眠当中。然后，我们耐心地等待了一分钟，发现胖大海开始掉皮了。一分钟，两分钟，三分钟……它就像一个不断被吹大的气球，变得越来越大，十分钟以后，它就变得全身毛茸茸的了。"原来如此，原来如此……"教室里传来了同学们恍然大悟的声音，"原来胖大海真的会变胖啊。"

实验结束后，我们每个人都尝了一下胖大海的味道，有点像茶叶的味道，还有点甜甜的，据说它还有保护咽喉的作用呢。

今天回家我要给爸爸妈妈送上一杯我亲手泡的胖大海，让他们也看看这个神奇的小家伙。

评语：小作者这篇实验类的文章有理有据，说服力强。文章将实验前同学们的好奇、实验中同学们的细心、实验后同学们的感悟写得细致入微，虽然只是一个寻常的小实验，但作者却描述得有声有色，修辞手法的运用也是恰到好处。

比本领

河南省郑州市惠济区东风路小学　三年级：王皓誉　指导老师：冯晓丹

有一天动画小镇开始热闹起来，原来是孙悟空和哈里波特在比本领。

孙悟空先翻三个跟头说："我的本领大，原来动画小镇的妖精都是我孙悟空赶走的，唐僧去西天取经，也是我的功劳，你哈里波特敢跟我比吗？"

哈里波特不服气地说："你还有脸说，你是犯了罪才被玉皇大帝制服，然后被唐僧救了去取经。再说我只要魔法棒一挥，你就不知道到哪去了。"

小作家档案

姓名：王皓誉
生日：11月5日
身高：145cm
体重：38kg
兴趣：看书
座右铭：
三人行，
必有我师焉。

三等奖

两个人争论得越来越激烈，喜羊羊见了，高声说："你们俩分别去东妖精镇和西妖精镇，看谁杀的妖精多，谁的本领大。"他们都赞同这个方法，就去了妖精镇打妖精。

开始他们两个人都可以把妖精打败，后来他们的体力越来越少，伤口越来越多，而且都不在一个地方。渐渐的，他们挺不住了。还好喜羊羊让人去救了他们，他们才死里逃生。

事后，喜羊羊对他们说："你们不要比谁本领大，而是要相互合作。这样才能打败妖精。"两个人恍然大悟。

评语：故事语言清新有趣，详略得当，引人入胜！

小鸟回家

辽宁省锦州市松山实验小学　　二年级：潘麒成　　指导教师：袁子淳

一天，天空突然响起了隆隆的雷声，然后就下起了倾盆大雨，哗啦哗啦哗啦。一只小鸟顶着雨背着书包回家。路过一条小河时，小鸟累得不行了，它一头栽在地上。小青蛙看见了就急忙说："小鸟你在这等一下，我回家去给你拿伞。"说着小青蛙连蹦带跳地去给小鸟拿伞。

当小青蛙回到原来的地方时，看见小鸟在伤心地流泪。小青蛙立刻去给小鸟打伞并说："小鸟，别哭了，这把伞以后就给你了。"小鸟才慢慢露出笑容，并说："谢谢你，小青蛙。"然后小鸟和小青蛙告别了，小鸟再次展翅高飞。飞过了热闹的街头，飞过了汽车急速行驶的公路，小鸟开开心心地回家了。

小鸟和小鸟妈妈说了这件事，鸟妈妈表扬了小青蛙。

小作家档案

姓名：潘麒成
生日：4月18日
身高：138cm
体重：42kg
兴趣：看书、航模
专长：街舞、葫芦丝、写作

座右铭：
术业有专攻，勤奋加努力！

三等奖

评语：小作者采用环境铺垫式开头，使文章变得很新颖，同时作者巧设文章情节，抓住人物的细致化描写，并采用自然式结尾。整体来看，文章结构严谨，语言精炼，值得一读！

我学会了洗袜子

陕西省西安市洪恩教育未央浐浐校区　　三年级：魏裕昇　　指导教师：李珍

记忆在脑海中汇成浩瀚的海洋，有相逢的喜悦，离别的忧愁，而令我记忆深刻的就是我学会了洗袜子。

星期天，我看到妈妈在拖地，想到她每天做家务非常辛苦，我决定帮妈妈分担家务。做什么好呢？我看到了床头脏兮兮的袜子，于是我决定帮妈妈洗袜子。我首先从卫生间接了一盆清水，小心翼翼地放在地上，我一手拿着臭烘烘的袜子，一手捏着鼻子，然后把袜子放在水里浸湿，再给袜子抹上肥皂，两手用力揉搓，可是我洗了半天，袜子上还是有污渍。这时妈妈对我说："袜子脚跟和脚尖处最脏，要多涂些肥皂。"于是我按照妈妈的指导去做，不一会泡泡越来越多，就像一个个调皮的小精灵在水中跳舞。接着我把脏水倒掉，换了一盆清水，将袜子漂洗干净，最后把袜子拧干，晾晒在阳台上，我的袜子变得又净又香。

虽然我已经筋疲力竭，但是帮助妈妈做家务，心里还是美滋滋的。通过学习洗袜子，我明白了妈妈每天做家务真是太辛苦了，所以我以后要多学习做家务活，做一个勤劳的"小蜜蜂"。

小作家档案

姓名：魏裕昇
生日：6月26日
身高：138cm
体重：35kg
兴趣：游泳、跑步

座右铭：
一年之计在于春，
一日之计在于晨。

二等奖

评语：文章结构合理，将洗袜子的过程和动作描写得较为详实，同时，也能恰当地使用连接词。文末能抒发自己的真情实感，很棒！

我喜欢的石头

 河南省三门峡市东方作文校区　　　三年级：郭欣颐　　　指导老师：陈淑霞

我有一块黑色的石头，是我和爸爸在三门峡大坝的乱石滩上捡来的。我很喜欢这块石头。

我的石头通体黑色，身上还镶着一颗颗白色小石子，像给它穿了一件波点的衣服点缀，所以我给它起了一个好笑的名字叫阿黑。阿黑的身上偶尔能看到小蓝点和小红点儿，难道是看见过广阔的海洋和高大的火山，所以才有这样的标志？我总问它，你是从哪里来的？是从火星还是地球，你有自己的伙伴吗？可是，阿黑却纹丝不动，默默地躺在那儿。我用手仔细抚摸着阿黑，觉得它的表面非常粗糙，我想它应该是石头中的男子汉吧！

阿黑在水中呈现出墨绿的颜色，仿佛是一大块翡翠，散发着大自然的味道；在阳光下，它像黑色的珍珠上镶嵌着白色的小宝石，闪闪发亮；放在手上，阿黑又像一个在树杈中间的鸟窝，窝里的白色鸟儿正在叽叽喳喳等着它们的妈妈喂食。

时间长了，我和阿黑就有了很深的感情，我还给阿黑画了一个可爱纯真的笑脸。我高兴的时候就和它一起听我喜欢听的英文歌，生气的时候，就会狠狠地把它摔在地上。咦？它居然没有碎，可真坚强呀！我赶紧把它放在我的被窝里，把它当成了宝贝，悄悄的问它："阿黑，你爱听故事吗？你有妈妈吗……"

我喜欢我的阿黑，不仅因为它样子特别，而且它还是我的好朋友，能帮我调节我的心情，陪我说很多的悄悄话！

评语：小作者把石头放在不同地方仔细观察，描写了自己所爱石头的样子，运用丰富的想象把一块不起眼的石头写得活灵活现，惟妙惟肖。"石不能言最可人"，在你的作文里，我们看到了小事物也有大作为呢！加油，宝贝，如此观察力和想象力，你的潜力好大哦！

小作家档案

姓名：郭欣颐
生日：12月11日
身高：150cm
体重：45kg
兴趣：绘画、唱歌

座右铭：
生命的意义在于奉献，而不在于索取。

二等奖

我们的家乡

湖南省邵阳市唐朝雅郡校区　三年级：雷若菲　指导老师：陈老师

我的家乡在湖南省邵阳市，那里山清水秀，有很多好看好玩的地方。但是我今天要讲的是让我们流连忘返的城南公园，我们一起去看看吧！

一下车，我就看见了巨大无比的石头上刻了"城南公园"这四个大字，我一下子就跑了进去，那里白天是老人运动的地方，有的在慢慢地打太极拳，有的在打陀螺，还有的在跳广场舞啊；晚上去，那公园就变成了一个水的世界，梦幻的世界。我只想跑进喷泉里，开展奇妙的旅程。

小作家档案

姓名：雷若菲
生日：7月28日
身高：131cm
体重：26 kg
兴趣：读书

座右铭：
书是人类进步的阶梯。

三等奖

从广场绕过去，再一直向前走，就来到了游乐场。一到游乐场，我就跑到了碰碰车那里，跑了进去后看见碰碰车碰到了一起，就会反弹倒退，我就想，如果我是一个司机，我一定会注意安全，不能做危险的事情。

我喜欢我的家乡，它给我带来了许多的欢乐，虽然城南公园不是很有名，但是那里有我很多的记忆。

评语：本文结构分明，语句流畅，排比句使用恰当，使用移步换景，描写细致入微，小作者笔下的家乡公园吸引人极了。字里行间里体现了小作者对家乡城南公园的喜爱之情。

美丽的春天

浙江省绍兴市新昌县城东小学　　三年级：陈羽璐　　指导老师：余园园

你是喜欢夏日炎炎的夏天？瓜果飘香的秋天，还是滴水成冰的冬天呢，告诉你吧，我最喜欢草长莺飞的春天了！

冬天过去了，美丽的春天悄悄地抚摸着我们的脸蛋，随风而来了。春天帮大地铺上了绿色的地毯，让柳树长出了美丽的绿色长发，看，柳树正梳着自己的长发呢！春天来了，燕子也从南方飞回来了，它那剪刀似的尾巴正在帮柳树姑娘修剪她那美丽的长发呢！

小作家档案

姓名：陈羽璐
生日：11月6日
身高：134cm
体重：29kg
兴趣：跳舞

座右铭：
花有重开日，
人无再少年！

三等奖

最美丽的，当然是公园里那蓝蓝的天空上各式各样的风筝啦！看，有长长的龙风筝，在空中舞动着；有胖胖的小金鱼风筝，在天空中自由地遨游；还有大老鹰呢！飞翔在天空中，小鸡们，小兔们，快躲好，老鹰来了……也有一些小朋友的风筝还没起飞，只见他们两人一组，一个拿着风筝线，一个在后边拿着风筝，前面的人跑起来，后面的人也跟着跑了起来，只听前面的人一边跑一边喊着："一二三，放！"后面的人立刻放手，风筝就飞向了天空……看，风筝把天空打扮得真是美极了！

啊，春天真好！我喜欢这个美好的春天！

评语：在你笔下春景真美，那抹绿色，那飞舞的音符，最是那摇曳的风筝，把春天打扮得多姿多彩！

森林运动会

河南省郑州市东方作文新密青屏校区　二年级：周煜博　指导老师：于娇楠

阳光明媚的一天，老虎，小猴，小兔子和狐狸一起兴高采烈地参加第一届森林运动会。

运动会分三个项目，分别是跑步、跳绳和跳远。比赛规则是：不准狐狸用计，不准老虎咬其他小动物，不准小猴子爬树荡着走。如果谁在三个项目中有两个第一名，谁就可以披上蓝色绶带，还可以授予它"森林运动大王"这个光荣称号。看，动物们都很期待呢！

小作家档案

姓名：周煜博
生日：8月14日
身高：135cm
体重：40kg
兴趣：打球、学习、看书

座右铭：
克服缺点，
保持优点，
坚持，坚持！

二等奖

第一场是跑步比赛。"3、2、1，开始！"兔子像子弹射出，猴子紧随其后，狐狸和老虎也不甘示弱，它们的速度真快呀！只过了30分钟，兔子就一蹦一跳地出现在终点，最后兔子以绝对优势取得了跑步比赛的胜利。

休息了一会儿，又进行了跳远比赛，这可是兔子和老虎的强项，会是谁取得胜利呢？没想到居然是老虎赢了。小猴子唉声叹气的，要是允许荡秋千，它肯定是第一！

最后举行的是跳绳比赛，20分钟后，兔子跳了2005下，猴子跳了2003下，老虎跳了1050下，就没有力气啦，狐狸只跳了1000下。兔子这次可是险胜。

最终兔子披上了蓝色绶带，成为森林运动大王。森林里的动物们都为它鼓掌欢呼。

评语：文中小作者完整、细致地讲述一场运动会的过程，构思清晰，故事情节设计合理，动作神态等细节描写十分到位。

美丽的冬天

辽宁省锦州市福伦小学　　三年级：刘禹辰　　指导教师：杜玲

有人喜欢万物复苏的春天，有人喜欢烈日炎炎的夏天，还有人喜欢果实累累的秋天，但我最喜欢大雪纷飞的冬天。

冬天是美丽的。下了一场雪，世界变得白茫茫。大地变成了白色的海洋，就像铺上了一床白色的棉被。屋顶变成了白色，就像大雪给它铺上了一层厚厚的外衣，山上的树木也变成了白色，就好像长了胡子一样……冬天，小河结了冰，小鱼在河底自由自在地游着。

雪停了，屋子里面的孩子们飞快地跑了出来。他们有的在打雪仗，有的在堆雪人，还有的在滑雪……大家玩得开心极了！他们在厚厚的雪地里跑来跑去。如果太阳升上了天空，雪就化成了水，水变成了冰。人们赶忙从家里带来了工具，准备除雪。天黑了，人们累得筋疲力尽的回家了。冬天，给孩子们带来了乐趣，却给大人们带来了困难。

有的人喜欢雪，有的人不喜欢，大家的想法各不相同。我喜欢美丽的冬天，小朋友，你们喜欢吗？

评语：小作者用自己的眼睛观察着冬天，通过比喻、排比等修辞手法将冬天的乐趣展现出来。

小作家档案

姓名：刘禹辰
生日：11月9日
身高：135cm
体重：26kg
兴趣：画画、读书

座右铭：
不向前走，
不知路远，
不努力学习，
不知道真理。

二等奖

我的同学

重庆市开州区东昇教育平桥金科校区　　三年级：段欣怡　　指导老师：刘均

我的同学长着一头乌黑发亮的头发，一张樱桃小嘴，一笑就会露出两个小酒窝，可讨人喜欢了，她还乐于助人。

有一次，我们在上体育课，太阳高照，老师让我们跑步，跑了一会我的头有点儿不舒服，我把手搭在她肩上，她好像察觉到了什么，她轻轻的问我："怎么啦？"我说："我的头有点不舒服。"她摸了摸我的头，"你可能中暑了。"她说。我靠着她那又黑又瘦的身体来到树荫下，她用手给我擦汗，坐着，坐着，我就睡着了。当我醒来时发现自己正坐在教室里，张休雅见我醒来了，跑过来问："段欣怡好些没有，有没有什么地方不舒服？""好些了，只是有点口渴。"我回答道，张休雅马上说："我去给你倒水。"我听了心里感动极了，我小心翼翼地接过水，我喝完了水，又看了看张休雅，我那不听话的泪水又掉下来了。

她就是我的同学——张休雅，她对我就像亲人对我一样，当我遇到困难时，是她帮助了我，当我不开心时，是她让我忘记烦恼，使我开心。怎么样？我这位同学不错吧！

评语：本文通过人物的语言描写、动作描写凸显了一位乐于助人的好同学。描写细致，表达了真情实感。

小作家档案

姓名：段欣怡
生日：9月10日
身高：135cm
体重：31kg
兴趣：美术

座右铭：
哪怕我是一颗小星星，我也要让它闪亮发光。

三等奖

这就是我

山西省沁水县东方教育端氏校区　　　三年级：郭雨阳　　　指导老师：郭珍

大家好，我的名字叫郭雨阳，今年9岁，是端氏镇寄宿小学三年级的一名学生。

我身材不高也不低，不胖也不瘦，一头乌黑发亮的长发，整齐地束在脑后，显得十分精神。圆圆的脸蛋像熟透的苹果红扑扑的，柳叶似的眉毛下镶嵌着一双水汪汪的大眼睛。小巧的鼻子微微翘起，一张能说会道的小嘴笑起来总会露出洁白的牙齿。我的兴趣广泛，爱画画，爱跳舞，但我最喜欢的还是唱歌了。长大后我希望自己能当一名优秀的歌唱家，把自己喜欢的歌唱给

小作家档案

姓名：郭雨阳
生日：5月25日
身高：140cm
体重：35kg
兴趣：画画、看书

座右铭：
莫找借口失败，
要找理由成功。

二等奖

大家听。瞧，那个一直在唱歌的人就是我，他们都说我唱歌唱入迷了，每天都在唱歌，上学路上唱，课间十分钟唱，就连做梦说的梦话都是唱歌，人送外号"百灵鸟"。

每周的音乐课是我最喜欢的时间了。记得一次老师教了一首歌，大家都没有学会，但是我没有放弃，一回家立刻让妈妈帮我在手机上找到歌曲，反复地听，一有空就不停地练习，终于学会了，还受到了老师的表扬。

你们喜欢唱歌吗？想听我唱歌吗？欢迎来三年级2班找我哦！

评语：这是一篇写人的文章，开头的外貌描写使得我们对人物有了一个大概的印象，后作者写出了自己爱唱歌的特点，并通过具体的事例展开叙述，使人物形象更加突出。全文结构紧凑，描写细腻，是篇不错的文章。

家乡的月亮湾公园

河南省新蔡县东方作文　　三年级：陈烁　　指导老师：王瑞

小作家档案

姓名：陈烁
生日：5月4日
身高：144cm
体重：38kg
兴趣：跳舞

座右铭：
凡事从自身找原因，就有出路，凡事从他人找原因，只有苦恼。

二等奖

我喜欢杭州的西湖，我喜欢海南的天涯海角，我喜欢上海的东方明珠，但我更喜欢家乡的月亮湾公园。

春天，公园里百花齐放，争奇斗艳。梨花、桃花、杏花你不让我，我不让你，都开满了花赶趟儿。鸟声婉转。瞧！花的颜色五彩缤纷，红的似火，白的如雪，粉的如霞、黄的赛金……它们不仅颜色各异，而且姿态万千。有的彬彬有礼，有的羞羞答答，有的三五成群，有的一枝独秀，有的昂首怒放，有的倒挂枝头。公园里树木葱葱郁郁，鸟儿在枝头婉转歌唱，池塘边柳树依依，以水面为镜，在风中梳妆呢！

夏天，池塘里的荷花开了，有的才展开两三片花瓣，有的花瓣已经完全绽放，有的还是含苞待放的花骨朵，饱胀得看起来马上要破裂似的，荷叶像一把把小伞，翠绿欲滴。一到晚上七八点钟，公园里就变成了光的世界，灯的海洋，乘凉的人们在公园里说说笑笑，十分祥和。

秋天，公园里银杏树上的叶子变黄了，枫树的叶子变红了，秋风吹来，它们在风中摆动着小手掌，有的在风中飘落下来，像彩蝶一样翩翩起舞。淡黄的桂花挂满枝头，芬芳扑鼻，美丽的菊花在秋风中欣然怒放，有红的、黄的、紫的……美不胜收。

冬天，公园的松柏依旧是那么苍翠，像一位位士兵守卫着美丽的月亮湾公园，如果下雪，公园里像铺上一层洁白的棉被，不怕冷的小朋友们在公园的雪地上打雪仗、堆雪人，公园里回荡着孩子们银铃般的笑声……

多么迷人的月亮湾公园啊！我爱月亮湾公园。

评语：本文以四季为顺序来描写月亮湾公园，条理清晰。抓住每个季节特有的景物进行描写，语言生动。寓情于景，字里行间充满对公园的喜爱之情。

我最喜欢卷毛狗

辽宁省锦州市国和小学　　三年级：金秋旺　　指导教师：张春梅

我家有一只卷毛狗，它的名字叫皮皮。它全身是卷，好像刚从理发店里走出来似的。它水汪汪的大眼睛下面长着一张小巧玲珑的小嘴，可爱极了！

它喜欢晒太阳，每天阳光充足的时候，它都会慢悠悠地走向阳台，一下子坐到椅子上，闭上眼睛，一边睡觉，一边享受着那温暖的日光浴。

它吃东西非常有趣。每当我给它一些食物时，它先用那灵敏的鼻子去闻一闻。如果非常好吃，它就会狼吞虎咽地吃起来。如果不好吃，它会一甩尾巴走开了。它最喜欢吃的就是肉骨头了，每当我给它香喷喷的肉骨头的时候，它总是头也不抬地狂吃，有时它也会把骨头藏起来。在它吃饭的时候，我就去摸摸它，可刚摸到它，它就"汪、汪、汪"地叫起来，好像在说："不许跟我抢食物。"

这么可爱的小狗，妈妈却把它放在奶奶家，说是放在我们家养不好。所以如果我想念它了，只能去奶奶家看这只可爱的小狗。

这就是我家的卷毛狗皮皮，我非常喜欢它。

小作家档案

姓名：金秋旺
生日：3月17日
身高：142cm
体重：35kg
兴趣：朗诵、主持、拉丁舞

座右铭：
努力不一定成功，但不努力一定不会成功。

二等奖

评语：小作者的作文是用自己的手来写自己的心，写自己和小狗间的喜怒哀乐乐。小作者细心的观察让作文更富有生活的乐趣。

游园记

湖北省宜都市东方作文实验小学　　三年级：张梦琦　　指导老师：汪雯兰

转眼已入深秋，凉爽的秋风吹来清新的气息。今天我和妈妈走出家门，一起去享受大自然的美丽，一起去文峰公园寻找秋姑娘的足迹。

一进公园大门，首先映入眼帘的是一座座千奇百怪的假山。有的像小鹿，有的像头牛，还有的像一位白发苍苍的老爷爷……假山里高低不平的路面走起来让人小心翼翼，小朋友们最喜欢在这里捉迷藏，有时候从这个洞口出去能爬到山顶，可有时候钻出山洞却发现无路可走，孩子们把这里当成了迷宫。

小作家档案

姓名：张梦琦
生日：8月8日
身高：140cm
体重：32kg
兴趣：看书、跳舞

座右铭：
勤奋是学习的枝叶，当然很苦，
智慧是学习的花朵，当然香郁。

三等奖

忽然一阵香味扑鼻而来，我扭头一看，一朵朵菊花争奇斗艳，开得正旺。瞧，那花儿红的似火、白的似雪、粉的似霞、黄的似金……一团团、一簇簇，傲然挺立，美极了！

继续前行，就来到了一条林荫小道。路两旁高大的银杏树整齐地排列着，瞧，树叶黄了，一片片叶子像一把把可爱的小扇子。风一吹，金黄的树叶纷纷飘落，就像翩翩起舞的蝴蝶，给我们带来了无穷的乐趣。

我们沿着林荫小道来到了湖边，只见阳光洒在碧绿的湖面上，波光粼粼，微风徐徐，明镜似的湖面上漾起了一道道波纹。柳树姐姐的长辫子垂到湖面上，风一吹，跳起了婀娜多姿的舞蹈。湖中还有各种各样形状的小船，我和妈妈迫不及待地跳上了一只小兔子形状的船，我们一边儿悠闲地划着船，一边儿陶醉在这迷人的景色中。

啊，文峰公园，你就是一幅美丽的画卷。朋友，来到宜都，千万要记得来文峰公园哦！

评语：文章内容条理清晰，采用移步换景的顺序写出了公园各处的美景，语言优美生动，很有感染力。

我最喜欢的小白兔

辽宁省锦州市国和小学　　三年级：朱子慧　　指导教师：杜玲

我家养了一只小白兔，它是我过生日时妈妈送给我的，因为它有一身像雪一样白的毛，所以我给它起名叫"白雪"。

白雪的头圆溜溜的，耳朵又高又长，时刻保持着警惕，两个眼睛红红的，像两颗红红的珠子，小嘴巴总是一张一合的。最有趣的就要数它的小尾巴了，跑起来时，总是跟得紧紧的，生怕走丢似的。

白雪是一个胆小鬼。记得有一次，我带它去公园玩，它在草坪上尽情玩耍，一会儿在草坪上打滚，一会儿在草坪上跳来跳去。突然，一片树叶落在它身上，吓得它马上变成一个球向我滚来，我笑呵呵地对它说："白雪，你不用怕，只是一片树叶落你身上了。"这个小家伙好像听明白了，不停地向我点头。这就是像胆小鬼一样的白雪。

白雪也是一个贪吃鬼。有一次，我放学回家，它看见我回来了就连忙跑过来，张开小嘴。我想：它应该饿坏了。于是我就给它两根胡萝卜，不一会儿就被它吃个精光。这就是像贪吃鬼一样的白雪。

听了我的介绍，你是否喜欢我家的小白兔白雪呢？

评语： 这篇作文将小兔子可爱形象栩栩如生地展现在我们眼前。有这样的效果，是因为作者从静态（外形样子）、动态（生活习性）两方面作了仔细观察，认真描写的结果。

小作家档案

姓名：朱子慧
生日：8月28日
身高：145cm
体重：35kg
兴趣：照相
专长：小提琴

座右铭：
为了实现梦想，我要好好学习。

二等奖

美丽的新昌

浙江省绍兴市新昌县南岩小学　　二年级：俞苏格　　指导老师：余园园

我的家乡在新昌，那里是个美丽的地方！

春天来了，春雨姑娘滋润着大地。小草从地下探出头来，春天的野花开了。小燕子又飞回来了，在柳树丛中飞来飞去，好像在给柳树剪头发呢！春天真美啊！

春天走了，夏天又来了。太阳把大地晒得像火炉一样，树木郁郁葱葱，知了在树上叫："热死了，热死了！"小朋友在有空调的房间里，一边吹着凉风，一边吃着冰镇的西瓜，可舒服了。

小作家档案

姓名：俞苏格
生日：8月30日
身高：135cm
体重：26kg
兴趣：跳舞、画画

座右铭：
长大成为一个大画家！

三等奖

夏天走了，秋天又来了。有的小朋友在画美丽秋天，橘色的橘子像一盏盏可爱的小灯笼，金黄的叶子和稻谷都是同样的颜色，红色的枫叶像蝴蝶一样在空中飞来飞去。秋天可真美啊！

秋天走了，冬天又来了。天下起了雪，小朋友们穿着厚厚的棉袄，有的小朋友在堆雪人，有的小朋友打雪仗，玩得可高兴了。冬天真好啊！

这就是我的家乡新昌，这是个四季分明的地方，我爱我的家乡！

评语： 首尾要注意分段哦！一年四季的景物的描写非常不错。

从现在开始

河南省郑州市东方作文农业路分校　　二年级：宋承阳　　指导老师：邰丹丹

森林之王狮子因年老体迈，再也保护不了子民的安全，于是狮子大王召集子民们，想要重新选大王。狮子大王和蔼可亲的说："我老了再也保护不了大家了，我要重新选大王，大家有什么本领尽管展示出来吧！大家轮流当国王看一下大家治理的成效，先从小兔子开始。"

小作家档案

姓名：宋承阳
生日：2月21日
身高：140cm
体重：34kg
兴趣：运动、阅读、音乐

座右铭：
试试就能行，
争争肯定赢。

一等奖

话音刚落，小兔子趾高气扬地走上演讲台，小兔子想：现在我是森林里的大王了，我说什么它们就要做什么。于是小兔子威风凛凛地对大家说："从现在开始你们要和我一样只允许吃青草、白菜、红萝卜，不能吃别的东西！"小兔子这个决定，苦了老虎大哥，老虎大哥埋怨道："这日子过得太苦了，我一个食肉动物，天天让我吃菜怎么受得了。"终于一个星期过去了，又该换其他动物当国王了。老虎大哥兴奋不已，心想终于可以不用吃菜了！

第二次选了大老虎。老虎大声地说："从现在开始你们要和我一样鬼鬼祟祟地做事，不能违反命令。要是谁违反了，我就把它吃了！"这次一个星期不到，为人正直的大象弟弟受不了了，期盼着快点换掉国王。

第三次选了狐狸。狐狸说："从现在开始，你们必须像我一样走路，谁违反了我就把它一家及它的朋友都吃了！"这次两天还不到，大家就叫苦连天，最终又换了国王。

这次国王换成了猴子。猴子温和地说："你们可以按照自己的生活方式生活。"国王的话音刚落，大家就立刻欢呼起来。狮子笑眯眯地看着猴子，满意地点点头。

最终猴子当选了国王。因为猴子不像兔子、老虎和狐狸，光想自己不顾他人，猴子不光想着自己还想着别人。

评语： 猴子之所以被评为国王，是因为猴子体恤民情，为人民着想，写得非常不错，人物的神态刻画很到位，完美！

好朋友

陕西省榆林市东方学社　　三年级：白雨轩　　指导老师：屈升宏

很久很久以前，有三个好朋友，他们是孙悟空，熊大和大头儿子。

一天，他们躺在草地上晒太阳。突然，"咕咕咕"的声音响了起来，熊大和孙悟空都疑惑极了。"不好意思。"大头儿子说："我饿啦。"聪明的熊大想了个好主意，他说："不如我们找食物去野餐吧！"孙悟空问："可是，我们找什么呢？"大头儿子也说："对呀，该找什么呢？"熊大说："那就去森林吧！"

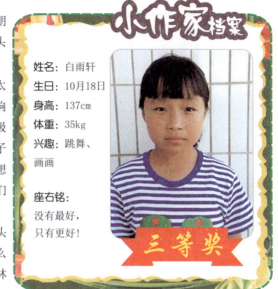

小作家档案

姓名：白雨轩
生日：10月18日
身高：137cm
体重：35kg
兴趣：跳舞、画画

座右铭：
没有最好，只有更好！

三等奖

在临走前，熊大叮嘱他们说："一定要找像小伞一样的蘑菇，而且不能找颜色鲜艳的，它在地上长。要找像小船一样的香蕉，香蕉不能找绿皮的，它在树上长着……"在一旁的大头儿子听不下去了，不耐烦地说："知道了，知道了。拜拜！"边说边拉着孙悟空跑进了森林。熊大赶紧追上去，急急忙忙地说："你们别跑呀！我还有话没说呢！"

熊大找到了像小伞一样的蘑菇，孙悟空和大头儿子找到了像小船一样的香蕉。孙悟空上去摘，大头儿子不会爬树，只好在下面用篮子接住香蕉。

他们陆续回到了会合的地方，熊大找来桌布，把吃的都放在上面。大头儿子迫不及待地说："能吃了吗？"孙悟空说："可以吃了。"大头儿子狼吞虎咽地吃着，熊大和孙悟空不停地说："慢点。"突然，意外发生了，大头儿子捂住自己的喉咙，指着喉咙说："卡……住……了。"熊大和孙悟空赶忙把他送到医院。经过诊查，医生说："要是再迟来一会儿，就可能发生窒息。"

他们听了，赶紧跑到大头儿子的病房，走到他身边。大头儿子说："好朋友，谢谢。"

评语：本文构思新巧，想象丰富，又合乎情理。内容丰富，描写具体生动而细致。语言朴实流畅，绘形状物让人历历在目。由事表情，点明寓意。

我最喜欢的春天

辽宁省锦州市解放小学　　三年级：张鑫琦　　指导老师：杜玲

小作家档案

姓名：张鑫琦
生日：12月1日
身高：140cm
体重：40kg
兴趣：读书、乒乓球
专长：街舞、架子鼓

座右铭：
成功是努力的结晶，只有努力了才会成功。

二等奖

有人喜欢烈日炎炎的夏天，有人喜欢果实累累的秋天，还有人喜欢寒风刺骨的冬天，但我却喜欢生机勃勃的春天。

听，小鸟从南方飞回来了，在天空中叽叽喳喳地唱着春之歌。雷公公敲起了鼓，敲醒了大地，敲醒了万物。春雨像春姑娘纺出的线，淅淅沥沥地落了下来，小河开心地"哗啦哗啦，哗啦哗啦"流淌着。小青蛙呱呱地叫着，小鸭子也嘎嘎地唱着歌。

看，春天五颜六色。小草从地里钻出来了，给大地铺上了绿色的地毯。柳树姐姐一边梳理着自己的头发一边向我们招手。春天来到花丛迎来了画家，用水粉给迎春花和油菜花涂上了黄色，给玫瑰涂上了红色，给桃花和杜鹃花涂上了粉红色，美丽极了。

闭上眼睛闻一闻，你能闻到花香，引来了美丽的蝴蝶跳舞，也引来了蜜蜂采蜜。再仔细地闻，你还能闻到泥土和草的芳香。

春天的生机勃勃，会催发我前进，鼓励我向上。

评语：小作者的文章语言流畅，能够抓住各种景物的特点进行描述，也使小作者的喜爱之情表露得更自然充分。

家乡的四季

山西省晋城市清华课辅中心　　　三年级：尚赵欣冉　　　指导老师：王波波

我的家乡在晋城，是一座风景优美的城市。

"一年之计在于春"。到了春天，晋城最美的地方是公园，在春天的晋城，我们可以去泽州公园看郁金香，可以去白马寺森林公园看海棠，还可以去吴王山看紫金花。这里的花争奇斗艳，真令人眼花缭乱啊！春天，小朋友们都迫不及待地去广场放风筝，风筝形态各异，有的像老鹰，有的像小鱼，还有的像蝴蝶。小朋友们玩得热火朝天，笑的像花儿一样。

小作家档案

姓名：尚赵欣冉
生日：10月14日
身高：131cm
体重：46kg
兴趣：画画

座右铭：
天才等于99%的汗水加1%的灵感。

三等奖

一到夏天，晋城就成了绿树的海洋。马路两旁的树木郁郁葱葱，像一把把张开的大伞，为路上的行人和车辆遮风挡雨，炎炎夏日，我们可以去水上乐园玩，小朋友们一个个在水中欢乐地戏水，就好像一条条活泼可爱的鱼儿。

一到秋天，晋城就成了叶的天堂。秋天的树叶有红的，有黄的，还有金色的。放眼望去，大地就好像绣了花的地毯。叶子的形状千姿百态，有的像手掌，有的像柠檬，还有的像小船。

一到冬天，晋城就成了雪的乐园。鹅毛大雪从天而降，洁白的雪花为大地裹上了厚厚的棉袄。小朋友们有的堆雪人，有的打雪仗，还有的滑雪，开心极了！

听了我的介绍，你是不是也想来我的家乡了呢？心动不如行动，赶快来吧！

评语：小作者写了家乡晋城的春、夏、秋、冬，能运用比喻、拟人的修辞方法，写四季的景物！

小兔子借尾巴

河南省濮阳市东方作文油田校区　　　二年级：刘果　　指导老师：窦秀霞

小兔子的尾巴很漂亮，毛茸茸的，雪白雪白的，可爱极了。森林里的小动物都很羡慕她。可是，小兔子却嫌自己的尾巴太短了，没什么用。

小兔子走着走着遇到了活泼的猴子弟弟，猴子弟弟正用尾巴卷着树枝荡秋千呢。看见猴子用自己的尾巴荡秋千玩得这么开心的样子，小兔子羡慕极了，于是，它回头看了看自己的尾巴短短的，一点也不好看。

小作家档案

姓名：刘果
生日：8月18日
身高：125cm
体重：20kg
兴趣：跳舞

座右铭：
一分汗水，
一分收获。

三等奖

她有礼貌地对猴子弟弟说："请问你可不可以把你的尾巴借给我用一会呢？"小猴子弟弟说："不行啊，我还要用我的尾巴摘香蕉呢。"

小白兔看见小松鼠在跳来跳去，玩得可高兴了。于是，她对小松鼠说："你能不能把你的尾巴借给我呢？"小松鼠说："不行啊，我要是借给你，那怎么能跳到另一棵树上呢？"

小白兔沮丧地回家了。妈妈问她怎么了？她说："我借不着尾巴了。"妈妈高兴地说："孩子，每个人都有自己的长处，记住适合自己的才是最好的。"

评语：作文想象力丰富，语言流畅生动，最后一段妈妈的话"孩子，每个人都有自己的长处，记住适合自己的才是最好的"深化了文章的主题，不愧是名小作家。

我爱秋天

黑龙江省鸡西市东方作文南山校区　　三年级：计文钰　　指导老师：刘茹春

有人喜欢鸟语花香的春天；有人喜欢热情如火的夏天；还有人喜欢银装素裹的冬天；而我却对五彩斑斓的秋天情有独钟。

抬头往天空一望，秋天的天空那么高，那么蓝，就像一块晶莹的蓝宝石，天空中飘着白白的云，像一块块棉花糖，天空是那么的美丽。

微风一吹梧桐叶纷纷飘落在地上，像一个个黄色的小精灵飞向地面，地上铺满了金黄色的叶子，特别好看，红彤彤的枫叶飘落到地面，像要投进大地妈妈的怀抱，火红的枫叶像给枫树穿了一件红色的外衣。菊花开得正艳：黄的赛金，白的胜雪，红的像火，粉的似霞，千姿百态的菊花美丽极了。

秋天不但是一个美丽的季节，还是一个丰收的季节，秋天一到果实成熟了，红彤彤的苹果像小朋友的笑脸、梨像黄澄澄的小葫芦。田野里的庄稼也熟了，有玉米、棉花、稻子⋯⋯真是一个丰收年。

金色的秋天给我们带来了喜悦，我爱秋天。

评语：你笔下的秋天美丽而充满了魅力，按从天空到地面的顺序介绍了秋天的景物，描写了蔚蓝的天空，随风摇曳的树叶，花园里盛开的菊花，成熟的果子和丰收的庄稼。用词准确，语句通顺流畅，字里行间充满了对秋天的喜爱之情，比喻手法的运用让文章更精彩。

小作家档案

姓名：计文钰
生日：11月15日
身高：143cm
体重：33.5 kg
兴趣：舞蹈

座右铭：
读书破万卷，
下笔如有神。

一等奖

都是香蕉皮惹的祸

山西祁县东方作文分校　　二年级：程俊铭　　指导教师：马千苑

一天早上，小东背着书包，手里拿着金黄色的香蕉，他走着走着，香蕉吃完了，然后他连身子都没转一下，就把香蕉皮扔到了马路上。不一会儿，一个小妹妹走过来正好踩上去不小心滑倒了。这时，一个大姐姐刚好经过，扶起了摔倒的小妹妹并且问道："小妹妹，你没事吧？"小妹妹说："我没事，都是香蕉皮惹的祸。"

小东一直在旁边而且听见了她们的对话，脸蛋瞬间红得像个大苹果，他立即跑过去捡起了香蕉皮并扔进了垃圾箱里。经过再三犹豫，他认为还是应该向小妹妹道歉。接着，小东不好意思地跟大姐姐说明了所有的经过，承认香蕉皮是自己扔的。并且向小妹妹说了"对不起"。

就这样，从那天以后小东再也没在公共场合乱扔过东西了，小朋友们我们都要做爱护环境的小卫士。

评语：简洁，叙事完整。

小作家档案

姓名：程俊铭
生日：12月16日
身高：119cm
体重：26kg
兴趣：画画

座右铭：
只要路是对的，
就不怕路远。

三等奖

生命的意味

河南省郑州市东方作文大学路校区　　三年级：许琪雯　　指导老师：刘建萍

奥斯特洛夫斯基说："人的生命似洪水奔流，不遇着岛屿和暗礁，难以激起美丽的浪花。"我觉得生命就像云一样变化多端，永远不知下一秒会发生什么。所以我常

常想，生命是什么？生命的意味是什么？

　　周日的下午，我和妈妈在家里打扫卫生，在厨房的橱柜下面发现了一颗长了叶子的洋葱头，妈妈说这是她过年时候买的，不小心掉到柜子下面了。我看着这个长了叶子的洋葱头，心想：这葱绿的叶子里包含着多么强的生命力啊。在没有土，没有阳光，没有水，更没有伙伴的情况下，它竟然如此顽强地生长着。这使我体会到生命的意味是什么。

小作家档案

姓名：许琪雯
生日：8月30日
身高：145cm
体重：38kg
兴趣：画画、看书

座右铭：
一个人只要活得诚实有信用，就等于有了一大笔财富。

三等奖

　　无独有偶，前几天，我在院子里摘无花果的时候，不小心把它的枝条弄断了。我随手把它插到了墙角的泥土里。过了几个星期，它居然长出茂盛的枝叶来。这使我体会到生命的意味是什么。

　　我家的阳台上有几盆被遗忘的多肉植物，它们的叶子都快枯死了，一瓣一瓣地掉落下来。我把它放到阳台的窗户外面。一场春雨过后，我发现要枯死的叶片上竟然长出了新的叶瓣儿，并生了根，深深地扎进泥土里。我体会到了生命的意味是什么。

　　橱柜下面的洋葱头、无花果的枝条、被遗忘的小多肉……这些生命是多么顽强而又美丽啊！面对恶劣的环境，它们没有放弃生的希望，努力地战胜苦难，绽放自己的光彩。这让我想到了海伦·凯勒，她毕业于哈佛大学，是美国十大英雄偶像。贝多芬耳朵聋了，却写出那么多优美的曲子。张海迪，全身致残，却当上医生给别人治病……

　　通过他们，我对生命有了新的认识。生命如此顽强，无论在什么情况下，都不放弃希望，通过自身的努力创造出一个属于自己的缤纷世界。

　　评语：植物的顽强不屈，让我们认识生命的意义，我们因而更加努力顽强拼搏！

自行车和汽车的对话

辽宁省锦州市解放小学　　　三年级：江志航　　　指导老师：杨欢

近几年，人们的生活水平都提高了，变得非常富有，汽车像战士一样奔向了公路的战场，自行车像老兵一样慢慢地下岗了。可是，就算在繁华的城市，交通经常堵塞，汽车们也给主人带来了许多的麻烦。

汽车每天都会耀武扬威地出去，这时候的自行车，却被冷落得"瑟瑟发抖"。自行车很伤心，汽车见到了自行车之后，就说："呦，这回你可不行了吧！虽然你以前是一代明星，现在你可连垃圾都不如了。我们汽车是

小作家档案

姓名：江志航
生日：8月5日
身高：137cm
体重：45kg
兴趣：看书、体育、K歌、运动

座右铭：
付出一定有回报。

二等奖

不可战胜的，我们家人里面随便找一个都会比你强，所以说你们自行车，早就已经过时了。"

自行车却不怯懦，说："虽然我们过时，但是也能用。"汽车冷笑了一声说："能用？你们的车里可以装东西吗？"自行车用弱小的声音说："不……不能。""哼，我们的车里可以装东西。这个理由就足够让你过时了，而且我们车的车速也比你快。"自行车不好意思地低下了头。这时公交车走来了，说："你们呀，别吵了。你们各有自己的长处和短处，不要拿自己的长处比别人的短处呀！"它们听了之后，羞红了脸。

于是汽车对自行车说："对不起，我不应该嘲笑你。"之后，他们两人又成为了好朋友。

评语：作文写得比较完整，如能加进一些动作、心理描写，会更生动些，你的文章会让读者读起来觉得更有趣。

橘子园

浙江省义乌市双宇教育东方作文　　　三年级：陈思敏　　　指导老师：尹国英

秋天，凉风习习，我们走进橘子园，放眼望去，成片闪闪发光的橘子，像金色的海洋。

来到树下，橘子就像一群群可爱又调皮的"小娃娃"，有的"小娃娃"抓着树叶在荡秋千，有的"小娃娃"在叶子里睡大觉，有的"小娃娃"在玩捉迷藏，还有的"小娃娃"正掀开叶子向外望，好像在看别的"小娃娃"在干什么……

我摘下几个橘子，大的橘子像一个刚出来的热包子，小的橘子像我们的小耳朵一样小。我迫不及待地剥开橘子皮，里面飘出一股酸甜的气味，我剥开橘子，橘子汁就喷到了我的脸上，逗得大家哈哈大笑。原来是我拿得太用力了，橘子一"生气"就把汁喷到了我的脸上。于是我就小心地剥开橘子皮，我发现了橘子一片一片的，还都穿着透明的防晒衣。难怪它不会被太阳晒焦呢，橘子片剥下了透明的皮，橘子就像一粒粒黄色的米粒，我尝了一口，真甜！

我吃了橘子后，想到是农民伯伯那辛苦的劳动，才造出了这美丽的果园。

评语：文章处处现精彩，到处运用修辞写出橘子的诱人，很好！

小作家档案

姓名：陈思敏
生日：6月14日
身高：135cm
体重：32kg
兴趣：画画、旅游

座右铭：
行动是成功的阶梯，行动越多，登得越高。

二等奖

狐狸上当了

🖍 河南省南召东方教育一小　　二年级：刘西勋　　指导老师：王康

大森林里，树木茂盛，树上有小鸟在唱歌，有小猴在玩耍，还有好多果子。

树下有像针一样的小草，还有很多美丽的花。

狐狸出来找吃的，忽然，它看见了一只刺猬，狐狸手舞足蹈地说："刺猬弟弟，我们两个一起玩吧。"刺猬弟弟知道狐狸没安好心，想吃掉它。

刺猬弟弟有办法："不是我们三个一起玩吗？"狐狸连忙问："还有谁？"

刺猬弟弟回答："老虎大哥还在后头呢。"狐狸听了连忙走开。

刺猬弟弟大笑起来。

刺猬弟弟笑着说："狐狸真好骗！森林真美丽，果子真好吃！"

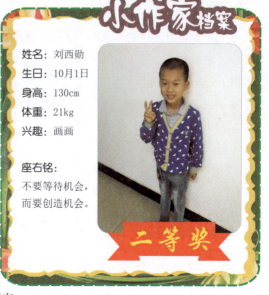

小作家档案

姓名：刘西勋
生日：10月1日
身高：130cm
体重：21kg
兴趣：画画

座右铭：
不要等待机会，
而要创造机会。

二等奖

评语：语言生动形象，充满童趣，你的笔下，小刺猬真是聪明又可爱！

我的家乡

🖍 重庆市开州区东昇教育平桥金科校区　　二年级：黄熙媛　　指导老师：彭丹

蓝天是白云的家，森林是小鸟的家，小河是鱼儿的家，海洋是贝壳的家……而人杰地灵，风光秀丽的开州就是我的家乡。

春天，家乡开州是"花的世界"。滨湖公园长满小花小草，花儿到处都是，有红的、黄的、紫的、白的……最惹人喜爱的是那一大片的桃花，远远望去桃林就像粉红

色的海洋，金色的阳光好像给桃树穿上了金装，跟一个个美丽的小姑娘一样。忽然，一阵微风吹来，桃花就像芭蕾舞演员翩翩起舞，树叶就成了伴舞，做出一个个优美的动作。

夏天，家乡开州是"树的海洋"。汉丰湖边一棵棵柳树在微风中翩翩起舞，道路两旁绿树成荫，就像一排排威武的战士守卫美丽的开州。

秋天，家乡开州是"水果的世界"。果园里紫得发亮的葡萄、金黄的鸭梨、红彤彤的苹果都成熟了，看起来就想流口水了。

冬天，家乡变成了"冰雪乐园"。外面下着鹅毛大雪，小朋友们穿着棉衣，戴着帽子在雪地上堆雪人、打雪仗、滚雪球，玩得可开心了！

我的家乡美吧？

小作家档案

姓名：黄熙媛
生日：9月17日
身高：118cm
体重：23kg
兴趣：画画、唱歌

座右铭：
失败乃成功之母。

一等奖

评语：此篇文章像一条徐徐而流的小溪，秀气，流通。文笔优美，情感诚挚精致，具有小我私家气势派头。愿你在写作路上续承采撷生活中的朵朵浪花，让本身的气势派头更趋美满！

好习惯伴我成长

河北省衡水市桃城区实验小学　　二年级：郭芮洋　　指导老师：马丽丹

星期六的早上，阳光明媚，风和日丽，小天和爸爸妈妈一起在家吃早饭。

妈妈做的饭菜丰盛极了，小天一边津津有味地吃着丰盛的饭菜，一边跟爸爸妈妈讲着春游的计划。他越说越兴奋，一说到激动处，小天不仅把脚踩到了凳子上，还把筷子插进了碗里。看到了小天的表现，妈妈很吃惊，皱着眉头语重心长地说："小天，把脚放下来，这样是不礼貌的！再说了，你吃饭的时候说话不仅会把饭菜喷出来，还会噎住自己。"

小天听了妈妈的话，认识到了自己的错误，羞愧得红了脸颊，连忙把脚放了下来，开始认真地吃饭。并且下定决心改正坏习惯，把好习惯坚持下去，让好习惯伴随着自己健康地成长！

小作家档案

姓名：郭芮洋
生日：2月18日
身高：130cm
体重：24kg
兴趣：跳舞

座右铭：
好好学习，
天天向上。

三等奖

评语：中心明确，把生活中的一件小事描写得非常的生动，引人深思。更深刻地感悟到"好习惯"在我们生活中的重要性，表达自然流畅。

我最喜欢的小动物——小鸭子

辽宁省锦州市榴花小学　　三年级：李阔　　指导老师：张春梅

"嘎嘎——"我家的小鸭子叫了起来。你们都听见了吧，它正在向我讨东西吃呢！

小鸭子非常活泼、可爱。它全身都是黄色的，所以我给它起了一个好听的名字叫"小黄"。它的头圆圆的，眼睛也圆圆的，比玻璃球正好小了一圈。它那沙粒般的小鼻子显得它更加的可爱，招人喜欢。嘴巴扁扁的，像一个小小的夹子。脚蹼红红的，它走起路来，像喝醉的将军一样，摇摇晃晃的。

小作家档案

姓名：李阔
生日：2月7日
身高：141cm
体重：38kg
兴趣：读书、
踢足球

座右铭：
世上无难事，
只要肯登攀。

二等奖

它呀！是一个贪吃鬼。每天晚上我吃饭的时候，它就跑到我的身边，仰着头嘎嘎地叫着，好像在说："小主人，你给我一点食物吃吧，可以吗？"每次听到"嘎嘎"的声音，我就会把饭粒一粒一粒地喂它。

小鸭子不但贪吃，而且贪玩。每次我埋头刻苦学习时，它就悄悄地跑到小河里去玩。一会儿捉小鱼，一会儿捉小虾，样子可真好玩。最后它不想玩的时候，就偷偷地回到家里。

我非常喜欢这只小鸭子。你呢，是不是也和我一样非常喜欢它呢？

评语： 看了小作者的文章，仿佛看见了可爱又贪吃的小鸭子，希望小作者可以越写越棒，继续努力。

小白兔采蘑菇

山东省菏泽市东方作文小博士教育　三年级：曹洪硕　指导老师：曹新蕾

一天，天气晴朗，万里无云。小白兔站在门口的栅栏前伸了个懒腰，忽然，肚子饿得咕咕叫了一声。就朝正在厨房做饭的兔妈妈大喊道："妈妈，我们一起去森林里采蘑菇吧！"兔妈妈说："好呀，家里的蘑菇正好吃完了。"说完，兔妈妈挎着篮子系上围裙带着小白兔采蘑菇去了。

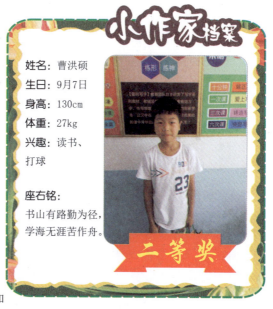

小作家档案

姓名：曹洪硕
生日：9月7日
身高：130cm
体重：27kg
兴趣：读书、打球

座右铭：
书山有路勤为径，
学海无涯苦作舟。

二等奖

走在森林的小路上，两旁的树木高大挺拔，不远处有嫩绿的小草和五颜六色的小花。一阵微风吹来，小花的香味弥漫了整个森林，吸引来了许多勤劳的小蜜蜂和翩翩起舞的蝴蝶。它们在花丛中玩乐着。小白兔一会儿追蝴蝶，一会儿捉蜻蜓，心里可高兴了。

不知不觉它们已经来到了森林深处，妈妈说这里有许多蘑菇。小白兔好奇地看看这儿，找找那儿。忽然，它无意中看见一棵大树下有许多色彩斑斓的蘑菇，看到这小白兔惊讶地睁大了眼睛，嘴巴张得大大的馋得口水都要流出来了。便情不自禁地说道："哇塞！这些蘑菇好漂亮啊！味道一定好极了，如果让妈妈看到我采了这么多漂亮的蘑菇，一定会夸奖我的！"

说着，小白兔便伸手就采，在小白兔后面正在采蘑菇的兔妈妈恰好看见了，连忙摆摆手大声阻止小白兔："不要采，这蘑菇有毒！"小白兔半信半疑地问："这么漂亮的蘑菇怎么会有毒呢？"兔妈妈着急地说："傻孩子，这些看似美丽的蘑菇，体内是含有剧毒的，吃了它我们会没命的！你还记得我们邻居兔大娘家的小女儿就是因为不小心误食了毒蘑菇，死了。"说完，兔妈妈掀起围裙擦了擦眼睛。小白兔拍了拍胸口害怕地说："好吧，不过这么漂亮的蘑菇不能吃真是太可惜了。"

事后，小白兔明白了一个道理：不要被事物的外表所迷惑了，一定要看清楚事物的本质。就像人一样，丑陋的外表下也许藏着的是一颗美丽善良的心灵。

评语：这是一篇童话故事，小作者发挥奇妙的想象，运用生动活泼的语言，对人物的神态、动作、语言进行了细腻而准确的描述。特别棒，老师给你点个赞！

与之一战

河南省郑州市东方作文文化路校区　　　三年级：田伟喆　　　指导老师：苏园园

一天，猪猪侠和孙悟空狭路相逢，想比一比谁厉害，正好海绵宝宝偶遇他俩，就毛遂自荐给他们二人当裁判。

第一回合，猪猪侠先转身一变，变成了石甲熊，用无数块石头向孙悟空猛烈打去。孙悟空左躲右闪，上蹿下跳，还是被雨点般飞来的石头打中了。可孙悟空也不是等闲之辈，他抢起金箍棒猛地向石甲熊打去，石甲熊连忙用石头盾牌抵挡，可盾牌被打得稀巴烂，石甲熊毫无招架之力，被打倒在地，现出原形。于是，海绵宝宝宣布：第一回合，1:1平局。

第二回合，孙悟空也拿出看家本领，摇身一变，变成一只威猛的大老虎，一个饿虎扑食，迅速把石甲熊打倒在地。可老虎的力气毕竟没有熊的力气大，石甲熊又对准老虎一个猛扑，想把孙悟空扑倒在地，可万万没有想到，七十二变的孙悟空，又变成一条龙，一个"降龙摆尾"，把石甲熊打回了原形。海绵宝宝看得眼花缭乱，胆战心惊。但他毕竟是裁判，立马镇定自若，大声宣布：第二回合，1:1平局。

第三回合开始，猪猪侠又从石甲熊变成了铁拳虎，用"必杀技"打向孙悟空。孙悟空毕竟瘦弱，被打得体力不支，无法再跟铁拳虎战斗。于是他招来了天兵天将，铁拳虎又用了其他元素，跟天兵天将大战三百回合，把天兵天将打得屁滚尿流。孙悟空看见这么多天兵天将都不是铁拳虎的对手，自己也被打成重伤，失去法力，就以光速逃跑啦。海绵宝宝郑重宣布：猪猪侠获胜！

猪猪侠便开心地快速飞上天了。可孙悟空呢，也怪怪地呆在天宫里，以后再也不敢和猪猪侠比武功了。你若不信，可以乘坐宇宙飞船，去天宫问问他哦。

评语：小作者想象力非常丰富，中间运用了大量的成语和动作描写，语句优美，把猪猪侠和孙悟空之间的比赛描写得十分精彩，读起来趣味十足。

美丽的家乡

浙江省绍兴市新昌县南岩小学　　二年级：潘宇泽　　指导老师：余园园

我的家乡在绍兴，绍兴是一个美丽的地方。

春天，春风姑娘吹拂着大地，春雨姑娘滋润着大地。小草从地下探出头来，好像给大地披上了一件绿色的衣裳，这时各种各样的花也开了，有红的、白的、紫的、绿的，五光十色，美丽极了。有金黄的迎春花，有粉红色的桃花，还有雪白的梨花……这时有一只只小蜜蜂在忙着采蜜，还有一只只小蝴蝶在给花儿跳舞，还给它们说着悄悄话，春天真美啊！

春天走了，夏天来了，夏天一来，整个绍兴就被太阳变成了火炉，知了叫啊叫啊，好像在说好热啊好热啊，这时小朋友们正躲在空调房里，吃着冰镇西瓜，有的小朋友还在吃棒冰。到了傍晚，小朋友们脱光衣服去游泳，到了晚上小朋友们还可以去抓萤火虫。夏天真快乐。

夏天走了，秋天来了。秋姑娘把果园画得美丽极了，把金黄色给了叶子还有稻谷，她又把红色给了枫叶，把橙色给了橙子。秋天真是丰富多彩的季节。

秋天走了，冬天来了。冬天是堆雪人、打雪仗的季节。冬天特别好玩。

我爱家乡的四季！

小作家档案

姓名：	潘宇泽
生日：	7月21日
身高：	120cm
体重：	23kg
兴趣：	画画、旅游

座右铭：
成功永远属于一直在跑的人！

三等奖

评语：春夏秋冬结构很好，春景和夏景写得特别棒！

一件难忘的事

河南省长垣县东方作文东街中心小学　　三年级：付子嘉　　辅导老师：朱岩蒙

每当我看见小鸟飞的时候，都非常羡慕。唉！我们是女娲造出来的，为什么女娲不给我们人类捏上一对翅膀呢？但，有一次，我真的"飞"了起来。

那是星期六上午，我在家里玩，突然，我在动画片里看到飞机"嗖"的一声飞上了天。我想：既然飞机能飞上天，那我也能！我围着院子里的大树转。刚开始，转了十几圈就不行了，但是，我想了想天上的飞机，只要我坚持不懈，就能飞上天。我又

小作家档案

姓名：	付子嘉
生日：	3月6日
身高：	135cm
体重：	35kg
兴趣：	画画、看书

座右铭：
世上无难事，只要肯攀登。

三等奖

加速行驶，突然，我被一块石头给绊倒了，摔了个狗啃泥！我又哭了：苍天呀！为什么要这样对我呀？我又没干什么坏事，更糟的是我的头上有一个又青又肿的包。我直接从"小美女"变成"丑八怪"了。中午，妈妈回来了，看见了我头上的大包，连忙问："怎么了？和小朋友打架了？"我把事情的来龙去脉给妈妈说了一遍。妈妈"噗嗤"一声大笑起来，我也哭笑不得。

至今想起来，也感觉自己当初的做法也怪蠢的。让我表现得像个"假小子"一样。真是非常有意思的趣事呢！

评语：文中运用了语言描写和动作描写，生动地表现出了小时候做的"蠢事"。文章结构完整，语句通顺，开门见山式的开头引出下文。吸人眼球，描写生动。

我最喜欢的撕名牌游戏

辽宁省锦州市榴花小学　　三年级：孙浩然　　指导教师：张春梅

小作家档案

姓名：孙浩然
生日：1月16日
身高：140cm
体重：43kg
兴趣：看书、下棋

座右铭：
完成工作的方法是爱惜每一分钟。

二等奖

要是有人问我："你最喜欢干什么？"我会不假思索地说："当然是玩了！""爱玩什么游戏？""当然是撕名牌了！"就让我讲讲撕名牌游戏吧！

每当我在食堂吃完丰盛的午饭后，我和同学就不约而同地跑向操场玩起撕名牌。我有三个朋友，分别是杜笑萌、张紫煊和朱子晴。"开始！"随着我一声大喊，她们像商量好了似的飞奔向女厕所，我没想到她们想让我当"流氓"。我只好无可奈何地说："停！"经过我们一番讨论，游戏规定谁也不许跑到男女厕所躲藏。"开始！"

这场比赛才刚刚开始，所以我采取一个接一个的淘汰，先抓跑得慢的。一会儿，我就抓到了朱子晴，在她"啊"的一声下，我成功把她淘汰了。这时，我心里美美地想：就剩两个人了！杜笑萌和张紫煊我追不上，于是我就在墙角等着。果然不出我所料，不一会儿，杜笑萌就跑来侦查。我一把抓过来，二话不说地把她的名牌撕掉。这就意味着总决赛的到来。我去找"实力派"张紫煊，我在半路碰见了她，我一手护着名牌，一手伸向她的后背。经过一番搏斗，我们不约而同"啊"的一声，以"打平"收尾。

撕名牌游戏，不但能让我的手脚变得灵活，而且让我们知道电视上的演员的辛苦劳动。我的游戏的花样多着呢！我以后再给你讲吧，好吗？

点评：文章以对话形式开头，新颖具有先声夺人之效。小作者将游戏中的趣事细致描写出来，贴近生活实际，读来令人倍感亲切。

橘子

浙江省义乌市双宇教育东方作文　　二年级：刘明轩　　指导老师：尹国英

秋天来了，果园里的橘子成熟了。远远望去一片片的，像绿色的海洋里藏着金蛋蛋。

我来到树下，满树的橘子像一群可爱的娃娃，有的抱着树枝荡秋千，有的躲在树叶下睡觉，还有的扒开树叶晒太阳。

我摘下几个橘子，仔细地观察，有的是青绿青绿的，有的是半绿半黄的，还有的是金黄金黄的。我随便打开一个，有十瓣小月牙像好兄弟一样围在一起，我拿出一瓣放在嘴里，用舌头一压，满嘴巴都是酸甜酸甜的。

橘子真好吃，真甜呀！

小作家档案

姓名：刘明轩
生日：5月10日
身高：137cm
体重：28kg
兴趣：乒乓球、足球、游泳

座右铭：
虚心使人进步，
骄傲使人落后。

二等奖

有趣的动画片

河南省郑州市东方作文伊河路校区　　　三年级：刘秉奕　　　指导老师：周萍

"哈哈哈，太逗了！"原来我正在看有趣的动画片。我一会儿看孙悟空、猪猪侠；一会儿看熊大、海绵宝宝。

这时我萌发了一个想象，如果把他们放在一起，会搞出什么样的火花呢？

我让猪猪侠当沙和尚，熊大当猪八戒，海绵宝宝当唐僧。他们一起去西天取经。

首先，孙悟空出来了，他先去了西牛贺州找武艺高强的大师练武，等他回来水帘洞像是被抢劫了

小作家档案

姓名：刘秉奕
生日：3月25日
身高：145cm
体重：43kg
兴趣：游泳、看漫画书

座右铭：
努力付出总有收获。

三等奖

一样，之后孙悟空降服了妖魔鬼怪，他又去龙宫那里借了一件大禹治水时的兵器，然后孙悟空上天偷吃了味道鲜美的桃子，他就可以长生不老，孙悟空被如来佛祖压到了五指山下，他让唐僧救他出来，从此拜他为师。

他们经历了无数风雨，吃了无数苦头，这时他们正走到一个村子时，猪八戒也出来了，他和孙悟空他们结伴同行，等他们要过河时，沙和尚也出来了，他们一起去西天取经，猪八戒老喊："累死了，累死了。"孙悟空也很无奈，这时沙和尚说，要不你俩腾云驾雾，把我们带到西天，孙悟空听他这么一说，立刻说沙和尚聪明伶俐，就把他们带到了西天。如来佛祖问你们咋这么快，他们哈哈大笑。最终他们成为了神仙。

等我醒来，原来才知道这是一场梦，我真想把这个故事告诉电视台，让他们录一下！！！

秋天来了

山西省沁水县东方教育端氏校区　　三年级：刘卓妍　　指导老师：郭珍

啊！秋天来了，趁你没留意，悄悄地来了。

天空显得格外的高，格外的蓝，格外的干净。朵朵白云似孩子般调皮，在天空中自由自在地奔跑着，时而亲吻和蔼的太阳公公，时而和小鸟妹妹玩起了捉迷藏，时而又跑到小溪边照起了镜子。

啊！秋天来了，乘着这凉爽的风来了。风一吹，大树便迎风起舞。那一片片小树叶像一位位伴舞者，在空中尽情舞蹈，又像不知疲倦的娃娃在嬉戏，跳累了便扑向大地妈妈的怀里。

小作家档案

姓名：刘卓妍
生日：1月3日
身高：140cm
体重：33kg
兴趣：看书、画画

座右铭：
一分耕耘，
一分收获。

二等奖

啊！秋天来了，跳着这欢快的舞蹈来了。小草们脱下了翠绿色的野战服，穿上了金黄色的晚礼服，给大地铺上了一条金色的地毯。

啊！秋天来了，踩着这金色的地毯来了。一阵秋风吹过，菊花仙子便开始了她的"征途"！她摘下了绿色的小帽子，换上了五彩的连衣裙。紫红的、淡黄的、雪白的，在秋天里，菊花仙子成了百花之王。她看到众花羡慕的样子，骄傲极了。

啊，秋天可真美呀！

我的小制作

重庆市开州区东昇教育平桥校区　　　二年级：曹峻熙　　　指导老师：彭丹

人有两个宝，双手和大脑……要想把自己变得更加聪明，就应该从小养成多动手、细心观察、认真琢磨的好习惯，培养好我们各方面的能力。

我就是一个勤于思考，聪明过人，爱动手动脑，细心观察的孩子。今天我就大显身手，给你们看看我的小制作。

首先我准备的材料有：彩色笔、胶棒、剪刀、卡纸。接着，我开始大展我的才华。我先用白色的卡纸，剪出螃蟹的身体，上部分是平直的哦，这是给螃蟹头部的装饰留

小作家档案

姓名： 曹峻熙
生日： 10月30日
身高： 130cm
体重： 25kg
兴趣： 跳街舞、踢足球

座右铭：
天才是百分之一的灵感加上百分之九十九的汗水。

三等奖

下位置；再选择剪出棒棒糖形状的卡纸，这是螃蟹的眼睛，这样的眼睛才圆又圆；眼睛剪完之后，要记得给眼睛上剪出眼白和眼珠哦，然后用胶棒粘在一起，眼睛就真正做好了；接下来就是螃蟹的蟹脚了，头部两边的先做，先在纸板上画出来，然后再剪；螃蟹两边的小腿，要注意对称剪；再用剩余的红色纸板，剪出螃蟹背上的花纹；最后将各个部分粘在一起，晾干就完成了。

看着自己亲手做的小螃蟹，我仿佛听到小螃蟹对我说："你真厉害！你真厉害！一个人就把我做出来了。我很愿意做你的伙伴。"

我喜欢我的小制作——小螃蟹。你们喜欢吗？

评语： 此文细致地介绍了制作小螃蟹的过程，全文清新流畅，让人容易读懂，很好地体现了人的两件宝的作用！

诚实最重要

🖊 山东省日照市东方作文学校　　一年级：胡函硕　　指导老师：李光美

今天小华当值日生，只见他手里拿着本子和笔站在学校门口，可神气了！

突然小华看见小龙急急忙忙跑过来，脚下如同踩了风火轮，头发向后飘着，书包也飞了起来。小龙看见值日的小华心想："我该怎么办呢？"小龙苦苦哀求："别记我的名字，要是记了我们班就得不到纪律红旗了，我下次一定会改正的，不会再迟到了。"

小华陷入了沉思中，心想："要不要记小龙的名字呢？要是记了我们班就得不到纪律红旗，如果不记我就没有尽到值日生的责任。这可怎么办？"最后小华拿起笔把小龙的名字记了下来，并对小龙说："我要尽到值日生的职责，这样大家对我才不会失望。"

虽然我们班没有得到纪律红旗，但是我们明白了，做任何事情都要诚实对待。

小作家档案

姓名：胡函硕
生日：2月10日
身高：138cm
体重：32kg
兴趣：围棋

座右铭：
哪怕我是一颗小星星，我也要让它闪光发亮！

三等奖

评语：小作者通过语言、动作描写把故事真切地呈现到读者眼前，生动活泼。

森林运动会

🖊 河南省郑州市东方作文聚源路校区　　二年级：霍雅琪　　指导老师：刘天鹏

今天，森林里要举行运动会，是小兔子和狐狸、老虎、小猴子比赛跑步。狐狸在心里暗暗地想："小兔子和小猴子输定了，我和老虎肯定赢了。"

比赛开始了，其他动物们纷纷前来观看，有的大声喊："加油！"有的拍手鼓掌，有的高兴得一蹦三尺高。小兔子快速地跑，小猴子也飞快地跑，小狐狸和老虎也不甘示弱，飞速地前进冲向终点。一开始，老虎和狐狸领先了一大半。狐狸说："他们跑过来还早着呢，等他们跑过来我们再跑吧！"就这样，他们在旁边的大树下休

息，不小心睡着了。小兔子和小猴子看见他们睡着了，心想："他们比我跑得快，我也休 息的话，我就赢不了。"所以，他们继续比赛。跑着跑着，小兔子领先了。但是他丝毫没有停，继续跑。最后，小兔子胜利了。小狐狸和老虎伤心极了。

评语：小作者基础表达很不错，语通句顺，用词准确，标点的使用也很正确。

小作家档案

姓名：霍雅琪
生日：7月7日
身高：130cm
体重：25kg
兴趣：画画、跳舞

座右铭：
旧书不厌百回读，
熟读深思子自知。

三等奖

我最喜欢的动物

辽宁省锦州市洛阳小学　　三年级：姚关美慧　　指导教师：徐雅男

有的人喜欢可爱的小猫，有的人喜欢毛茸茸的小兔，还有的人喜欢早起的大公鸡，但是我最喜欢看家的小狗。

我家有一只可爱的小狗名叫肉球。我家的小狗有两只又粗又小的耳朵，只要看到主人耳朵就会朝下，如果看到陌生人便把耳朵立起来汪汪的叫。肉球有一双黑色透亮的眼睛，像两颗黑色珍珠。肉球的鼻子可厉害了！有一次家里停电，妈妈做排骨的时候肉球还在睡觉，闻到香味连忙跑

小作家档案

姓名：姚关美慧
生日：6月3日
身高：145cm
体重：45kg
兴趣：画画

座右铭：
只要坚持努力，
就没有不可能。

二等奖

下床如闪电般飞快。肉球的毛是黑色的，黑色中间布满了白色的花纹。肉球最好玩的就是尾巴了！它的尾巴又细又长，只要在主人面前，尾巴总是摆来摆去的，但是要是在坏人面前，肉球的尾巴就会直直立起来。

有一次家里做排骨，肉球就在桌子下面转来转去，终于想出了一个好办法。它用爪子摆来摆去好像在说："小主人，给我块骨头吧！"我把一块大排骨扔进了它的食盘里，食盘里的骨头很快被吃得一干二净，我真佩服它呀！

听了我的介绍，你是不是也喜欢我家又能吃又可爱的小肉球呀！我偷偷地告诉你，我家的肉球还能带宝宝呢！我的肉球是最可爱的，你们肯定喜欢它的对吧？我爱我的小肉球。

评语：文章的开头先用"最喜欢看家的小狗"一句，直抒了作者情怀，表达了喜爱的心情。平日细心观察小狗可爱的生活习性，表现了小作者对小狗"喜欢"之深。最后作者用"我爱我的小肉球"结尾，收笔有力，感情表达真实。

母爱深似海

山西省运城市绛县阳光教育东方作文　　　三年级：马子涵　　　指导老师：马草原

小作家档案

姓名：马子涵
生日：2月10日
身高：145cm
体重：40kg
兴趣：读书、交朋友、乐器

座右铭：
不努力，
光靠聪明，
成不了大器。

一等奖

从我出生的那一刻，妈妈就把我疼得像蜜一样，含在嘴里怕化了，捧在手心里怕掉了。母爱在我心里是一生最宝贵的财富。妈妈在我身边的每一分每一秒我都会觉得珍贵无比。

在我成长的过程中，妈妈陪我度过了多少欢乐的时光，我已经数不清了；教给了我多少做人的道理，我也算不过来了，就算我犯了错误，妈妈也会耐心地教导我，包容我，妈妈的爱深深又长长。

我印象最深的是那次过生日的时候，一大早，妈妈就开始准备食材，她为我准备了超好吃的蛋糕，蛋糕是方的，上面有粉色的奶油，甜甜的巧克力，可爱的装饰的糖果，为了做几个我爱吃的菜，厨房里都是她忙碌的身影，我的心被妈妈的爱包围着，满满的、暖暖的，幸福极了！

妈妈，感谢您为我做的一切，我永远爱您！

评语：文章截取生活中的小事，以自然、朴素的语言，细腻的心理描写，刻画了母爱的无私和平凡，读起来亲切、自然，令人回味无穷。

可爱的老乌龟

浙江省绍兴市新昌县南岩小学　　二年级：宋锦烨　　指导老师：余园园

今天，余老师带了一只可爱的大乌龟，我们大家都感到非常新鲜，围着它仔细观察！

听说它有二十多岁了。它的身子有大汤盘一样大，背上有一层厚厚的铠甲，三角形的头上有两颗圆圆的眼睛，像豆子一般，鼻子圆圆的，像两个山洞，一张扁扁的嘴巴，吃起食物可快了！我们一放下一块肉，它的舌头一伸，一眨眼功夫就吃完了。

为了方便观察，我们把乌龟翻了个身，它露出像铠甲似的肚皮，我们轻轻一按，它可能是太痒了，忍不住把小便解了出来，惹得我们哈哈大笑！这真是一只淘气的乌龟。这时它缩着脖子，四条腿，好像很害羞的样子，还摇了摇像小蛇一样的尾巴，可爱极了。

乌龟真有趣啊！

评语：观察很细致，写出了乌龟可爱的模样！

小作家档案

姓名：宋锦烨
生日：1月30日
身高：132cm
体重：27kg
兴趣：跑步、游泳

座右铭：
知识是我们飞向天空的翅膀！

三等奖

未来的服装

安徽省安庆市龙狮桥中心小学　　　三年级：江宇瑄　　指导老师：姚白玲

现在，随着人们生活不断的变化，家家户户的衣服都堆积如山，连柜子都装不下去了，扔掉也觉得太可惜了，不扔掉家里都堆成了一座山。

所以，我想设计一件衣服，这件衣服里面有感应器，衣服会不断地随着身高在变化。如果下雨了，它会自动弹出一个罩子把衣服给遮住，再按一下后面的一个红色按钮，头上就会出现一把雨伞，这个雨伞你可以给它变换颜色。你只要用笔在上面写出你想要的颜色和图形，它就会按照你的要求变换，这样，你就不会被大雨给淋湿了。

小作家档案

姓名：江宇瑄
生日：3月12日
身高：140cm
体重：24kg
兴趣：跳舞、看书

座右铭：
三人行，
必有我师焉。

2017-6-19

一等奖

它还能防盗，如果小孩子被拐了，衣服上就会出现警报声，这样警察就很容易知道你在哪儿了，又可以联系你的家人，很快解救儿童。

夜晚，你如果看不见路，衣服上就会出现彩色的光芒照明，你就可以看见方向了，坏人也不敢侵犯你。

它还可以防火，你家如果出现火灾，按一下衣服后面一个蓝色的按钮，就会自动弹出一个灭火器瞬间火火，这样就不会出现死亡的悲剧。

它还可以随着季节的变动而变化，春天它可以变成裙子，夏天它就变成单衣，冬天就变成了棉袄，这样就不会花钱买很多衣服了。

它还可以根据你的心情在变化，如果小主人不高兴的时候，衣服上就会出现哭脸，高兴的时候衣服上出现粉色的爱心，一闪一闪传递着温暖。

我相信不久以后就会有这样的衣服，现在开始预订了，订购热线是……

评语：创意是此文的特点，小作者解放思维，大胆想象，设计出既科学又实用的服装，功能多，作用大。

自行车和汽车的对话

辽宁省锦州市洛阳小学　　三年级：迟雅文　　指导教师：张春梅

公路变得特别堵塞，于是骄傲的汽车开始看不惯那些自行车了。

骄傲的汽车找到了自行车，并且气冲冲地对自行车说："你有什么好的，现在科技是这么的发达，你早就应该退出了。"可是，谦虚的自行车却说："汽车，你不要再这么看不起人了，你不可以骄傲。"可是，骄傲的汽车偏不认识自己的错误。第二天，汽车找来了自己的兄弟们，说："你们看，自行车那都是以前的人骑的，现在怎么还有脸呀，真是气死我了！"不过，汽车的姐姐可不这么想，于是

小作家档案

姓名： 迟雅文
生日： 9月25日
身高： 145cm
体重： 29kg
兴趣： 看书、主持、画画

座右铭：
天才在于百分之一的灵感和百分之九十九的勤奋。

二等奖

便站出来说："弟弟，咱们也有缺点。例如：掉漆，没有油就不能跑……"可是，大家都不听。汽车又去找自行车，这回，汽车更愤怒了，它要求比赛跑步，于是它们俩就开始一场激烈的"战争"。不过，它们都有缺点，汽车需要等红绿灯，自行车则是慢，哎，这可怎么办呀？汽车走着走着不小心撞上了大树，之后仔细想了想自己的错误，于是在比赛结束之后，向自行车道了歉，最后，它们成了好朋友。

其实，它们都有错，汽车排放大量尾气，自行车，有时闯红绿灯。所以我们不要向汽车那样骄傲、狂妄自大，要像自行车一样谦虚。

评语： 小作者通过自行车和汽车的对话顺利地写下去，非常连贯，又非常生动，使文章增色不少。合理想象，文面优美。

我喜欢读书

山西省临汾市东方作文洪洞分校城区　　　三年级：陈雅慧　　　指导老师：苗壮

人的一生中，有许多爱好和兴趣，有的人喜欢读书，有的人喜欢跳舞，还有人喜欢画画……比如我，喜欢读书，为什么呢?我来给你细细讲解，你可要认真听哦。

我喜欢读书，因为读书可以增加自己的知识。比如说：前一天多看书，积累一些好词句，第二天去学校上课，老师问什么题，自己就可以立即回答老师的问题。而且，前一天把第二天要上的课预习一下，明天老师提问题时，抽到了我们，不会结巴，可立即回答老师的问题。如果不预习的话，学习就会退步。

小作家档案

姓名：陈雅慧
生日：1月15日
身高：135cm
体重：28kg
兴趣：读书
专长：跳舞
理想：当一名医生

座右铭：
读万卷书，
行万里路。

二等奖

记得有一次，我在家里没有提前预习下一课，第二天，去学校上课的时候，老师让我站起来回答问题，当时我脑子里一片空白。老师说："回答不出我的问题，证明昨天没有好好预习，以后一定要多看书，不能再偷懒了，知道吗？" 我说："知道了，老师，以后我再也不偷懒了。"我回到家里把这件事告诉了妈妈，妈妈听完后把脸一沉，说："看见没有，这就是没有提前预习的后果，以后还敢不提前预习吗？""我以后再也不敢了，妈妈。"这才是个好孩子。听完，我马上就去房间补上没预习的那一课。第三天去学校的时候，老师又让我站起来回答问题，这下我能立即回答出来了，只听老师说："不错，看来昨天做功课了，坐下吧。"当时我心里想：以后我一定要多看书，来弥补以前偷懒的坏习惯。

这就是我，一个爱读书的女孩儿。提醒你们一句：以后上课的时候一定要认真听讲，不要偷懒哦。

评语：使用排比句开头，阐释了读书的好处，首尾呼应，使文章结构也显得紧凑。插入的小故事也丰富了文章内容。是一篇不错的文章，继续努力！

我眼中的世界

浙江省义乌市双宇教育东方作文　　　二年级：毛诗涵　　　指导老师：尹国英

今天，我要带大家走进我眼中的世界。

我眼中的世界是香甜的。瞧，那黄黄的杨桃像一颗颗五角星。那红彤彤的大苹果，像一个个小朋友们的脸蛋。那又大又圆的，绿油油的大西瓜像一个个大足球。而我最爱的是香蕉。香蕉的颜色是金黄金黄的，像穿上了金色的礼服。香蕉的形状两头翘，中间凹下去，像一个个月牙。那嫩黄的果肉软软的，又香又甜。

我眼中的世界是景色优美的，天空湛蓝深远，白白的云朵像一

小作家档案

姓名：毛诗涵
生日：5月10日
身高：135cm
体重：30kg
兴趣：唱歌、跳舞

座右铭：
我读书，
我快乐。

二等奖

只只小兔子。离我家不远的小河像一条明亮的带子。河水很清，能看到水底的沙石。河里的鱼很多，我经常看到小鱼们都是成群结队地游动。看，它们一会儿游到水面上来，一会儿又游到石头缝中。河里还有小虾。你瞧，石头边那一只小虾，举起钳子开始找吃的了。这里偶尔也会有几只野鸭来做客，它们一般不会在这停留太久。

这就是我眼中的世界！

评语：孩子眼中的世界就是一幅美丽的画卷，语句活泼生动，用了较多的修辞，让人感受到了你眼中的世界多姿多彩，真棒！

幸福是什么

河南省信阳市潢川县凹凸个性教育　　三年级：刘洋　　指导老师：黄璐

你想知道幸福是什么吗？就让我跟你说说吧！

对于鱼儿来说，幸福是在海里无忧无虑地嬉戏；对于鸟儿来说，幸福是在天空中自由自在地翱翔；对于农民来说，幸福是秋天的收获；对于我来说，幸福是突如其来的感动。

记得寒假的一天，我跟朋友们约好一起去公园玩耍。不知不觉天渐渐暗了下来，太阳公公不知道什么时候也下班回家了。我的肚子咕咕地叫了起来，好像一个小闹钟一样，提醒我该吃饭了。为了使我的"闹钟"平静下来，朋友给我买了一杯奶茶。我捧起香喷喷的奶茶，往家的方向走去。

路过公园拐角的垃圾站时，我看见一位衣衫褴褛的流浪人正在垃圾桶里翻找着什么。我想他应该饿了吧！看看手中的奶茶，又望望那个流浪人，我便鼓足了勇气向他走过去，默默地把那杯奶茶放到他的身旁，转过身正准备离开的时候，我突然听见了一句"谢谢"，是那个流浪人！我转身回了一句"不用谢！"就急忙朝家跑去。他那嘶哑的嗓音久久回响在我的脑海中，每次想起这件事，我的心里就好像注入一股暖流，别提有多高兴了！

你知道幸福是什么了吗？如果你还不清楚，那从身边的小事做起，幸福就会悄悄走进你的生活。

评语：每个人对于幸福的理解都不相同，幸福于小作者而言是从身边的小事做起。小作者以设问句开头，自然流畅地引起下文对幸福的阐述。文末再次运用设问深化文章关于幸福定义的主旨，引发读者关于幸福的深思！

小作家档案

姓名：刘洋
生日：5月26日
身高：140cm
体重：42.5kg
兴趣：钓鱼、吃美食

座右铭：
宝剑锋从磨砺出，梅花香自苦寒来！

三等奖

家乡的四季

山西省晋城市清华课辅中心　　三年级：田雯昭　　指导老师：王波波

我的家乡在山西晋城。她的四季景色各不相同。

当山上的积雪融化时，当河水又流淌时，当鸟儿都飞回来时，春姑娘也来了。她手持彩笔，飘过处就变得绿意盎然，生机勃勃。到了春天，晋城最美的地方就是公园。春姑娘把金色给了迎春花，金灿灿的，像金子一样；把粉色给了桃花，粉嘟嘟的，似晚霞一般；把白色给了梨花，白皑皑的，如春雪一般，真是让人眼花缭乱啊！瞧，一到春天，小朋友都迫不及待地来到广场上放风筝。这些风筝形态各

小作家档案

姓名：	田雯昭
生日：	3月8日
身高：	132cm
体重：	25kg
兴趣：	电子琴

座右铭：
书山有路勤为径，
学海无涯苦作舟。

三等奖

异，有的像一头凶猛的老虎在森林里狂奔，有的像一位优雅的少女在天空起舞，还有的像威武的金龙在云端腾云驾雾，小朋友们喜笑颜开，脸上的笑容像花儿一样。

一眨眼，夏姑娘便急匆匆地来了。马路两旁的树木绿油油的，像一个个穿着军装的军人，威武强壮，知了在树梢歌唱，花朵在一旁伴舞，就连太阳公公也笑眯眯的。炎炎夏日，晋城成了水的世界。刚才还是晴空万里，这会儿就阴云密布，不一会儿，雷声隆隆，巴掌大的雨滴打在地上，敲着窗户，晋城便笼罩在烟雨蒙蒙的仙境中了。

秋天是晋城最美的季节。秋天的家乡，又变成了叶的海洋，有红的，有黄的，还有绿的，有的像手掌，有的像扇子，还有的像小船。地上铺满了落叶，踩上去咯吱咯吱的，舒服极了。

冬天，北风姑娘呼呼地吹着，光秃秃的树枝在凛冽的寒风中摇摇欲坠，仿佛在和冬天展开一场拉锯战。这不，风姐姐还请来了雪婆婆。鹅毛大雪从天而降，漫天飞舞，整个世界成了银装素裹的冰雪乐园。小朋友们有的堆雪人，有的打雪仗，还有的滑雪，真开心呀！

听了我的介绍，你们了解了我的家乡了吗？

评语：全文运用拟人化的写法，将四季赋予了不同的性格，并赋予童话般的想象，描写生动，给人以亲切之感。

我的宠物

重庆市开州区东昇教育平桥金科校区　　二年级：姜诗雨　　指导老师：彭丹

我家有一只宠物，你们想知道它吗？那我就来给你们介绍介绍吧！

它有着两只三角形的耳朵，一听到动静就会一动一动的，像在表演"动耳神功"。它的嘴巴可是正宗的樱桃小嘴。它"喵喵"地叫的时候，嘴巴就张得大大的，露出软软的舌头，可爱极了！它的身上穿着黄白相间的"衣服"，尾巴向上翘，跑起来一抖一抖的，很是好玩。它是一只既可爱又调皮的猫。

小作家档案

姓名：姜诗雨
生日：4月9日
身高：125cm
体重：23.5kg
兴趣：奥数、滑冰

座右铭：
只有认真学习，
不断努力，
才能战胜一切。

三等奖

一天，我放学了，我刚走到门口，小猫听见我的脚步声，它就马上跑下来迎接我。我摸摸小猫的头说："真乖，真乖，你来迎接小主人啦！"小猫很高兴仿佛在说："这是我应该做的。"

它有时候也很调皮，有一次，我正在做作业，它突然跳到我身上又跳到桌子上把我的作业本撕得粉碎。我很生气，一把抓起它正准备打，它对我喵喵地叫着，好像在说："小主人，我错了，下次再也不敢了。"看到它可怜的样子，我只好放下它，再去买一个作业本，重新把作业再抄　遍。

我真喜欢我的小猫！

评语：此文抓住动物的外形特点来写，又通过一些小事儿来体现小猫调皮的特点，读了这篇文章，确实让人感到小猫的可爱。

一件难忘的事

河南省长垣县东方作文　　三年级：程思琦　　指导老师：尚晓阳

在我成长的过程中，发生过许多事情，但其中有一件事令我久久难忘，那就是去年暑假我们全家去爬云台山。

我们来到山下，望着高高的云台山就在自己的面前，心里非常高兴，就迅速地往前走，将爸爸妈妈丢在身后。慢慢地，我感觉到上山的路越来越陡了，等爬到半山腰时，我就累得上气不接下气，两只手撑在膝盖上当"拐杖"使，连一步都走不动了。望着上山的路是那么漫长，离山顶是那么遥远，我想自己肯定是上不去了。这时，爸爸说："加油，你一定行的！"妈妈也走过来给我打气说："马上就要到山顶了，我的女儿是不会轻言放弃的。"听了爸爸妈妈的鼓励，我此时浑身充满了力量，一鼓作气，终于，在我坚持不懈的努力下爬上了山顶，望着远处美丽的风景，呼吸着新鲜的空气，感受着爸爸妈妈投来赞许的目光，我觉得爬山时的辛苦是值得的。

虽然这件事过去了很久，但我一直记忆犹新，因为从这次爬山中我懂得了一个道理：无论做什么事，不管有多困难，只要坚持到底，就一定会成功。

小作家档案

姓名：程思琦
生日：2月4日
身高：140cm
体重：43kg
兴趣：画画、运动

座右铭：
自信的生命最美丽！

二等奖

评语：小作者通过一次爬山的经历，详细地刻画了人物的语言、动作、神态以及自己的心理描写，从而明白了一个人生哲理。

聪明的小羊

 辽宁省凌源市兴旺教育东方作文　　二年级：潘品硕　　指导教师：牛丹

一天早上，天气晴朗，瓦蓝的天空飘着几朵白云，一只可爱的小羊正在山上吃草。突然，一只凶狠的大灰狼从草丛里跳了出来，张着血盆大口，不怀好意地说："哈哈！好肥的羊！好肥的羊！快让本大王吃了你吧！"小羊听了，吓得直发抖，小羊在心里默默地安慰自己："别着急，一定会有办法的！"

小羊眼珠机灵一转，就想到了一个好办法，只见它突然一边用手捂着自己的肚子，一边躺在地上打起滚来，嘴里还叫嚷着："好疼呀！好疼呀！我快要疼死了！"大灰狼问小羊："你怎么啦？"小羊对大灰狼说："这山上有许多有毒的青草，我一不留神就吃了一些，现在我已经中毒了，如果你吃了我，你也会中毒死掉的。"大灰狼听了小羊的话，心想："保命要紧，我还是别吃它了。"于是，大灰狼灰溜溜地走了。

就这样，聪明的小羊得救了。

这个故事告诉我们：遇到危险要沉着，只有认真思考才能想出解决问题的办法。

评语：这是一篇小故事，小作者发挥了奇妙的想象，运用生动活泼的语言，对人物的神态、动作、语言进行了细腻而准确的描述。

小作家档案

姓名：潘品硕
生日：11月3日
身高：145cm
体重：33kg
兴趣：看书、折纸、拼装、美食

座右铭：
只有登上山顶，才能看到那边的风光。

二等奖

还我们一片蓝天

河南省郑州市东方作文大学路校区　　　三年级：苑程皓　　　指导老师：刘建平

小作家档案

姓名：苑程皓
生日：3月5日
身高：140cm
体重：55kg
兴趣：唱歌、钓鱼

座右铭：
希望，只有和勤奋做伴，才能如虎添翼！

三等奖

　　湛蓝的天空是白云的家，森林是小鸟的家，小河是小鱼的家，海洋是贝壳的家。我们都有一个共同的家——地球。这里曾经风景如画：有湛蓝深远的天空，有清澈见底的小河，有郁郁葱葱的森林……可是，不知道从什么时候，它却变了。

　　现在，抬头望望天空，到处都是一片灰蒙蒙的，地球仿佛被披上了一层灰色的轻纱。再看看那些高楼大厦，也是若隐若现。雾霾就像一只巨大的妖王，正在肆无忌惮地破坏着环境。

　　雾霾的"左护法"就是工业废气。它们就像是越狱的犯人，从一个个粗大的烟囱里冒出来，在天空中张牙舞爪，洋洋得意，好像在宣布："哈哈！这将是人类的末日了！"雾霾的"右护法"便是汽车尾气也不甘示弱。人们就算是戴上口罩，它也能钻到人们的身体里，就像是一个无孔不入的幽灵。天空中的小鸟哭着说："我的妈妈呢？我原来的世界不是这样的。"

　　小河也没有逃过被污染的厄运。小河本来是清澈见底的，但是污水染过后就把它变成了五颜六色的。有的黑色的像是蛇，红色废水像血，还有绿色的水，这些都是工业废水污染导致的。有时候一些"小妖"也来捣乱，它们就是一些五颜六色的塑料袋。你瞧，它们正躺在河面上懒洋洋地晒着太阳，身上散发出刺鼻的恶臭。河里的小鱼好像在说："我们怎么了？我们的家怎么变成了这样啊？"我突然间想作一首诗："日出垃圾红胜火，春来污水绿如蓝。"

　　我希望未来的地球天空应该是湛蓝的，云是洁白的。小鸟在天空中叽叽喳喳、自由自在地飞翔。小鱼在干净的水里游来游去、逍遥自得。希望大家都能尽量少开车，多绿色出行，多骑自行车或者步行，这样既能保护环境，又能锻炼身体。我们平时出门购物前也要尽可能准备购物袋，减少"白色垃圾"对我们环境的污染……

　　让我们共同努力保护好我们的家园——地球，让我们地球变得越来越美丽。

游览玄武湖

江苏省南京市东方作文诗文教育校区　　二年级：李天泽　　指导老师：王琼

今年清明假期，我和妈妈去玄武湖游玩，欣赏它那如画般的美丽景色。

我们刚进入大门，看到的景象是人山人海。我们继续行走，看到很多座石桥。石桥的桥面是用木板做的。石桥不大，大概四到五米吧！石桥虽小却牢固得很。它也成为游玩的必经之路。

我们过了石桥，继续走着，后面的景色更美了。路两边茂盛的树叶，形成了浓密的树荫。旁边的草更加旺盛。一棵棵柳树形成了独特的风景区，柔软的枝条随风飞舞，美丽极了！

小作家档案

姓名：李天泽
生日：11月7日
身高：133cm
体重：26kg
兴趣：看书、书法

座右铭：
世上无难事，
只要肯攀登！

二等奖

我们来到划船的地方。我们租了一条船。妈妈来划桨，我来拍照。岸边柳树依依，小草翠绿。湖水就不用说了，更是波光粼粼，在阳光的照射下，碧蓝碧蓝的。我用手捧起一些湖水泼在脸上，凉丝丝的，舒服极了！令人心旷神怡。船桨轻轻地划着荡漾的碧波，我不禁唱了起来：让我们荡起双桨，小船儿推开波浪……

玄武湖可真美啊！

评语：这篇写景的文章小作者以精炼的语言，向我们介绍了玄武湖美丽的景色。文章层次分明，结构完整，引用歌词，使文章富有韵律之美。不足之处：语言平淡，描写不具体。

我最喜欢小狗

辽宁省锦州市洛阳小学　　三年级：边湘涵　　指导教师：杜玲

我家养了一只可爱的小狗，这只小狗是我过生日妈妈送给我的，我给它取了一个名字叫"汪奇"。

汪奇的身上覆盖着许许多多的毛，这些毛有的黄有的黑，但表面上却光滑无比，摸起来非常柔软。它的耳朵尖尖的，是个三角形，平时总喜欢竖着。脸上有一双萌萌的大眼睛，非常迷人，还有一个小巧玲珑的鼻子。它的屁股后面有一条粗长的尾巴，就像一根木棍，平时总是一晃一晃的。

小作家档案

姓名：边湘涵
生日：1月11日
身高：139cm
体重：29kg
兴趣：看书、唱歌、跳舞、跑步

座右铭：
读书破万卷，下笔如有神。

二等奖

开饭了，这家伙一闻到饭香，就高兴地活蹦乱跳。我在吃饭的时候，汪奇就躲在桌子底下，伸着它那长长的舌头，用脸上那萌萌的大眼睛来向我们乞食。每次我都会被它那萌萌的眼睛给诱惑。它还会用爪子挠挠我，抓我的裤管，无奈之下给它一块大骨头，它像个训练有素的运动员敏捷地捉住这块骨头，并用前爪压住，津津有味地啃起来，好像有人跟它抢一样，不一会，就啃掉一大半。就这样，它每吃完一块，我就给它一块，它却好像永远吃不饱一样。最后，它开心了，我自己却没吃饱。

汪奇给我带来了无限乐趣！

评语：小作者运用了比喻等修辞手法，生动有趣地体现了小狗的外形和性格特点。读了这篇文章，确实让人感到小狗的可爱。

老鼠的火车

山西省运城市绛县东方作文　　　三年级：张狄宁　　　指导教师：周鑫

小作家档案

姓名：张狄宁
生日：2月27日
身高：150cm
体重：27.5kg

座右铭：
没有任何借口可言，做好了，才叫做。

三等奖

在一个寂静的夜晚，人们都已经缓缓进入了梦乡。有一只大老鼠出洞开始寻寻觅觅，结果他找到一只又长又臭的袜子，他把臭袜子拖到了所有小老鼠的面前。

大老鼠和小老鼠们高兴极啦，他们有玩的啦，他们齐刷刷地坐到袜子上，大老鼠问："坐好了吗？火车要出发了。"小老鼠们异口同声说："坐好啦！"这只大老鼠使劲向前拖。小老鼠有的在火车上睡着啦，有的在火车上打打闹闹，过了一会，大老鼠实在拖不动了就停了下来，这些小老鼠看着大老鼠累得满头大汗，剩下的小老鼠把大老鼠拖到了火车上，然后小老鼠们开着火车走了。

他们玩得不亦乐乎，一晚上都在"嘿咻嘿咻"的往前拖。

"咯咯咯，"大公鸡叫出了太阳公公。小主人伸了个懒腰起床了，小主人找不着自己的袜子啦，原来呀，他的袜子早已成了老鼠的火车。

评语：小作者有丰富的想象力，作文中以袜子为主线去行文，有趣，而且非常有条理，三年级小朋友很有创新能力，如果没有异想天开，童年也不会色彩斑斓了。

开心逛超市

广东省韶关市建国小学　　　二年级：陈泽宁　　　指导老师：马慧

今天周末，我和妈妈去逛超市！

我一进了超市就拉着妈妈去玩具区，那里有神气的变形金刚，有毛茸茸的玩具熊，还有好玩的木偶，更有我最喜欢的遥控飞机……妈妈见我对遥控飞机那么爱不释手，就给我买了一个大大的金黄色的遥控飞机，我和妈妈去到了水果区，那里有臭臭的榴莲，水灵灵的葡萄，还有那又圆又大的西瓜。我和妈妈都爱吃西瓜，所以，我抱一个小西瓜，妈妈抱个大西瓜。我们又来到了蔬菜区，那里有大大的卷心菜，弯弯的铁椒，绿油油的生菜……妈妈买了一根大苦瓜，说是小朋友不能挑食，要做个清炒苦瓜……最后我们来到了收银台，付了钱，拿了小票，就开心的回家了。

小作家档案

姓名：陈泽宁
生日：4月8日
身高：136cm
体重：25kg
兴趣：看书、打羽毛球

座右铭：
坚持就是胜利。

三等奖

评语：事例叙述得生动具体，人物的言行符合各自身份特点。可见你是个生活的有心人，文章来源于生活，语言虽然不怎样优美，但却真实有趣，写得入情入理。

聪明的猪猪侠

河南省郑州市东方作文新密青屏校区　　三年级：韩宇恒　　指导老师：张晓培

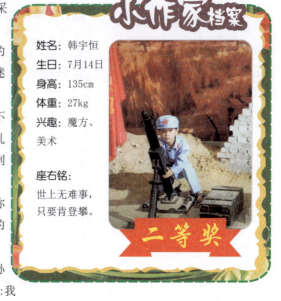

小作家档案

姓名：韩宇恒
生日：7月14日
身高：135cm
体重：27kg
兴趣：魔方、美术

座右铭：
世上无难事，
只要肯登攀。

二等奖

有一天，猪猪侠在森林里采蘑菇。森林里的大树高大挺拔，小溪在欢快地奔跑，就连地上的小草和小蘑菇也和猪猪侠捉迷藏。

猪猪侠东瞅瞅西望望，好不容易采了一篮子蘑菇。它欢蹦乱跳地走在回家的路上，正好碰到了孙悟空，孙悟空看见猪猪侠，就在它前面炫耀："猪猪侠，你有我厉害吗？我可是大闹天宫的齐天大圣啊！"

猪猪侠忍不住了，真想和孙悟空比试比试。不过它转念一想：我比不过他，但可以智取啊！猪猪侠笑呵呵地说："悟空大哥，你这么厉害，能帮我唱首歌吗？"孙悟空抓了抓后脑勺说："这有什么难？你在这儿等我一会儿，我去去就来。"

说完，它一个跟头翻到了学校里。小朋友正在唱歌，唱的是"一闪一闪亮晶晶，满天都是小星星"。孙悟空侧着耳朵听了一段说："这个简单。"它也跟老师一起唱，不过它唱的是："笨呀，笨呀，真笨呀！"孙悟空也觉得好笑，心想："这可能就是说我的兄弟猪八戒吧，它就是又笨又傻。"

孙悟空又翻了跟头回去，猪猪侠说："你会吗？"孙悟空不慌不忙地唱着："笨呀，笨呀，真笨呀！"猪猪侠听了，笑得前合后仰。猪猪侠又给孙悟空唱了一遍："一闪一闪亮晶晶，满天都是小星星。"

孙悟空听了赶快逃走了。猪侠侠提着一篮蘑菇兴高采烈地回家去了，它的心里像吃了蜜一样甜。

评语： 小作者走进童话的世界，以诙谐有趣的语言，编写了一个曲折生动的故事，开头与结尾巧妙呼应，还自然地告诉大家高傲自大是不可取的。

我喜欢寒冷的严冬

安徽省六安市东方作文　　三年级：王广卫　　指导教师：辛乃军

有些人喜欢暖洋洋的春天，有些人喜欢炎热酷暑的夏天，有些人喜欢凉爽的秋天，而我，却喜欢寒冷的严冬。

冬天，下起了鹅毛般的大雪，大地铺上了层"棉被"，房顶上，树杈上，都落了一层雪。

冬天，窗户上结出了一朵朵冰花。有的像猴子，有的像老虎，还有的像狮子。真的像一幅美丽的"森林画"。

雪停了，我穿上棉衣迅速的跑到楼下玩雪。玩的东西可多了，如：打雪仗、堆雪人、滚雪球和滑雪。最好玩的可就要数我们男生爱玩的打雪仗了。

我们分成两队，一个是红队，一个是蓝队，每队两个人，谁被雪球砸中就算输，就会被退出局。

游戏开始了，只见对方早已准备好"雪炮"向我们射来，我们来个"猴子捞月"，躲过了这一炮。我们趁对方不注意，发射了一枚冰雪炮弹，对方还没来得及反应，就被砸中了。几个回合过后，最终我们赢了。

冬天，梅花开了，梅花粉红粉红的，像一个个成熟的桃子挂在枝头上，还会时不时地飘来一阵阵的花香。

冬天，许多树的树叶都落了，但松柏依然挺拔，苍翠。河面上也结上了一层薄薄的冰，犹如一面硕大的镜子。

我喜欢冬天，冬天给我们带来了"人间天堂"般的景色。

我喜欢冬天，冬天给我们带来了无尽的欢乐。

啊！我喜欢这寒冷的严冬，但我更喜欢这冬天的美景！

评语： 小作者对冬天的景物特点和人物活动观察较为仔细，描写细腻，修辞手法运用较好，语言生动活泼，字里行间流露出清新的生活气息和儿童情趣，表达了自己对冬天的喜爱和赞美之情。

小作家档案

姓名：王广卫
生日：7月30日
身高：143cm
体重：35kg
兴趣：画画、看书、运动

座右铭：
超越梦想，
超越自我。

三等奖

我的自画像

陕西省西安市洪恩教育未央浐沱校区　　三年级：燕禹昊　　指导教师：李珍

我们生活的世界就像一片大海，每个人都是无可替代的小鱼儿。下面我来介绍自己吧！我叫燕禹昊，今年十岁了，我有着细细的眉毛，一双水汪汪的眼睛下面是高高的鼻子，我还有一张能说会道的嘴巴呢！

我是一个乐于助人的小男孩。有一次，我在去超市的路上，看见了一位大姐姐在乞讨，前面的牌子上写着：因为母亲得了重病，家里凑不齐医药费，希望好心人能帮助她。我请求妈妈把我一部分的压岁钱给姐姐，大姐姐连忙说："谢谢你，小朋友，好人有好报。"我以后要更加热心地帮助别人。

小作家档案

姓名：燕禹昊
生日：9月5日
身高：134cm
体重：26kg
兴趣：游泳、跆拳道

座右铭：
是金子总会发光。

三等奖

我的爱好是游泳，每年夏天，我都会和爸爸妈妈去游泳，我还会各种游泳姿势呢，比如：仰泳，狗刨式……游泳不但可以强身健体，而且给我带来了许多乐趣。

这就是我，一个活泼可爱的小男孩，你们愿意和我做朋友吗？

评语：文章介绍了自己的外貌，性格，爱好，比较全面。相信大家都愿意和你这样助人为乐的人成为朋友的！

小猴子的生日宴会

山西省运城市绛县阳光教育东方作文　三年级：李佳梦　指导老师：马草原

小猴子的生日快到了，他早早的就把邀请卡发给了小动物们，很快兔子，狮子，老虎，乌龟，孔雀等就收到了小猴子的邀请卡，大家也很高兴能参加小猴子的生日宴会。

宴会前，小猴子准备了水果蛋糕、气球、瓜子还有美味的糖果。等小动物们都到齐了，小猴子推出了生日蛋糕，大家一起给小猴唱《生日快乐歌》，唱完歌，要开始吃蛋糕了，大家纷纷把准备好的礼物送给小猴子。小兔子准备了几个胡萝卜，狮子送给猴子的是一件新衣服，老虎送给猴子的是一张木床，乌龟送的是一条围巾。只有孔雀看上去有点难为情，原来他把礼物落在了家里。虽然小猴一直在说没关系，可是孔雀依旧很不好意思，就连吃蛋糕，孔雀都不好意思去。

于是小猴子端了一盘水果蛋糕过来给孔雀，孔雀说："小猴子，不好意思，我把礼物落在家里了，我可以给你跳一个孔雀舞吗？"大家纷纷鼓掌欢迎，孔雀跳完后，大家再次把掌声送给了他。

小猴子说："今天的生日我过得真开心呀！"

评语：文章的选材很有意义，以一个简单的过生日为故事的背景，通过合理的想象，折射出生活中一些过生日送礼物的现象，告诉大家真正宝贵的礼物是友情，拥有友情才是最开心的事情！

小作家档案

姓名：李佳梦

生日：7月22日

身高：130cm

体重：30kg

兴趣：跳舞、阅读

座右铭：快乐之道不仅在于做自己喜欢的事，还在于做自己该做的事。

二等奖

我喜欢春天

内蒙古自治区赤峰市得天独厚教育校区　　三年级：刘也宁　　指导老师：陆凤骄

四季中你最喜欢哪个季节？是烈日炎炎的夏天？是果实累累的秋天？还是白雪皑皑的秋天？我唯独最喜欢春天里那独特的迷人景色！

咦？这是什么声音？原来是小燕子穿着燕尾服北归了，边飞边叽叽喳喳的叫着，好像在说："春天来了，春天来了！这里的春天好美呀。"

听！这是春雨的演唱会，沙沙沙沙沙沙，这是多么美妙的声音啊！你看小提琴手蛐蛐正在为她伴奏，这时让我不由得想起一首诗《春夜喜雨》："好雨知时节，当春乃发生，随风潜入夜，润物细无声"。

小作家档案

姓名：刘也宁
生日：5月3日
身高：127cm
体重：25kg
兴趣：唱歌、画画、看书、跳舞

座右铭：
在学习中取得知识，在战斗中取得勇敢。

三等奖

再看小草偷偷的探出了脑袋，我挨着你，你挨着我，给大地带来了生机。小花也不甘落后，你瞧大片的迎春花舞动着金黄的枝丫，花园里姹紫嫣红的花儿们红如火、粉似霞、黄赛金、白如雪，好一片美丽的景色。

柳树摇摆着她的长辫子，仿佛在风中翩翩起舞。

我爱美丽的春天，春姑娘依旧这么美丽，让我思念不已！

评语：想象奇妙，既源于生活，不失生活的真实，又高于生活，开阔读者的视野，充满了艺术魅力。

春天来了

河北省新乐市东方作文　　三年级: 李思凝　　指导老师: 郝淑红

春姑娘来到了人间。春姑娘不是空手而至，她还给我们带来了礼物呢！

小燕子飞回来了。它穿着一身乌黑的燕尾服，叽叽喳喳的叫着，好像在说："春天来了！"春雨哗哗的下着，像春姑娘纺出的细线，轻轻的落到了大地妈妈的怀抱。河面上的冰融化了，小河哗啦啦的唱着歌。小河里的小鱼、小虾、小青蛙都醒了，为春天增添更多的生机。小朋友们脱掉了笨重的冬衣，换上了轻便的春装，到公园里去玩。在公园里，有的放风筝，有的捉蝴蝶，还有的在野餐……

小草偷偷的探出头来，好奇的望着大地。一下子，大地穿上了绿色的大衣。柳树姐姐随风摇摆，好像在梳理长发。迎春花变黄了，金灿灿的；海棠花变红了，红艳艳的；桃花变粉了，粉嫩嫩的；梨花变白了，白茫茫的。

在草地上，开满了美丽的鲜花，引来了蝴蝶和蜜蜂。下过雨后，青草发出淡淡的清香，泥土也非常清香，闻一闻，让人浑身舒畅。

春天真美，我喜欢春天。

评语：作者抓住春天的草树花等不同的特点，从视觉、听觉、嗅觉等方面刻画出春天生机盎然的景象，反映出自己由衷的喜悦之情。

小作家档案

姓名：李思凝
生日：9月6日
身高：135cm
体重：25kg
兴趣：阅读、手工、旅游

座右铭：
宝剑锋从磨砺出，梅花香自苦寒来。

二等奖

保护环境大作战

河南省郑州市东方作文农业路校区　　三年级：杨林东　　指导老师：易芳

小作家档案

姓名：杨林东
生日：9月6日
身高：132cm
体重：26kg
兴趣：乒乓球、围棋

座右铭：
懂得自己无知，说明已有收获。

三等奖

现在我们的家乡受到严重的破坏，河水已经被污染，人们把垃圾到处乱扔。地球已经面目全非了。我们和熊大、大头儿子、猪猪侠一起来组织了保卫环境大作战！

上周日，我和熊大、大头儿子、猪猪侠一起去郊游，发现小河的身体已经变成了黑色，发出阵阵臭味！草坪上到处都是垃圾。我提议说："让我们一起来保护它们吧！"大家异口同声地说："好！"我想了想，怎么保护呢？不如大家一起比赛捡垃圾吧！于是对大家说："今天我们来玩一个有趣的小游戏，就是看谁捡的垃圾最多，谁就是最后的赢家。让我们一起行动起来吧！人人出一份力，我们的家乡将更美丽。"大家都欣然同意。这次的任务是每人一块草坪，谁先将草坪上的垃圾清理完谁就完成第一项任务。"开始！"我一声令下它们几个奔向草坪，到达草坪之后，它们都拼命地捡垃圾。猪猪侠立马变身，它好像分了身，大家都看不清它。熊大也不甘示弱，它累得直喘气。大头儿子真是太慢了，捡一个垃圾扔一个，眼看猪猪侠和熊大就要赢得比赛，大头儿了还不急不忙。最后，猪猪侠赢得了比赛的胜利，熊大和大头儿子都自言自语地说："赢了比赛有什么了不起的？"我说："赢了比赛不重要，重要的是大家一起保护环境该多好呀！"大头儿子也惭愧地低下了头。

大家要保护自己的家园，不要乱扔垃圾，这样，才能让我们的家园变得更美丽。我爱我们的家园！

评语：小作者想象力丰富，将卡通人物巧妙地安排在一起，故事情节一波三折，非常有趣。体现了环保的主题，很贴合实际生活。

我最喜欢仙人掌

辽宁省锦州市实验小学　　三年级：关格格　　指导老师：李丽君

如果你要问我喜欢什么，当然是仙人掌了！要想知道我为什么喜欢它，就往下看看吧。

我最喜欢仙人掌，它绿油油的，长着许多尖尖的小刺，小小的根扎在土里，看起来像一个挺得笔直的将军。

它长得不但苗壮，而且还有顽强的生命力。一次，我和妈妈去郊外玩，还住了几天。回家后，我担心地跑到阳台上去看仙人掌，我看见了整整一个星期不浇水的仙人掌还笔直地站在那儿，一点枯萎的样子都没有。我很好奇，我决定试一试多长时间不浇水它不会枯萎。转眼间，三个月过去了，我心想：三个月，一定会枯萎吧！我又跑到阳台上一看。天哪！仙人掌竟然开花了。这是怎么回事呀？

我上网一看，原来是这样：仙人掌的生命力很顽强，有的六年不浇水都可以苗壮地成长。我恍然大悟，啊！仙人掌的生命力也太强大了吧！

这就是我最喜欢的仙人掌，听了我的介绍，你是不是也很喜欢仙人掌了呢？

评语： 小作者生动形象地介绍了仙人掌的特点，给读者留下了深刻的印象，让人读后就一下子喜欢上了仙人掌。

小作家档案

姓名：关格格
生日：12月26日
身高：131cm
体重：23kg
兴趣：跳舞、读书
专长：画画

座右铭：
自古成功在尝试。

二等奖

我爱秋天

山西省沁水县东方教育端氏校区　　三年级：王若瑜　　指导老师：郭珍

如果有人问我"一年四季你最喜欢哪个季节？"我会毫不犹豫地回答"秋天"。

秋天的天空高而深远，宛如一块散发着蓝色光芒的水晶，还飘着朵朵白云，时而像一只可爱的兔子在吃萝卜，时而像一只机灵的小狗在玩耍，时而像一只调皮的猴子在爬树……

公园里菊花朵朵，竞相开放，散发出阵阵芳香，令人心旷神怡。它们的颜色可真美，黄的赛金，白的胜雪，红的似火，粉的似霞……那婀娜多姿的形态更令人拍手叫好，你瞧，那一朵鸳鸯菊，黄色和红色，平分秋色，仿佛一位高贵典雅的公主；再看那一朵朵菊花犹如绚丽多彩的烟花，美得那么娇艳，让人忍不住想要伸手摸摸她……秋天真美啊。

秋天是一个丰收的季节，果园里各种果实都成熟了，梨树挂起了金色的小灯笼，苹果露出了红红的脸颊，像紫色宝石的葡萄一串串的挂在葡萄架下，看着就想马上摘下一颗来……田野里金灿灿的稻子跳起了华尔兹，逗得挺拔的高粱笑红了脸，憨厚的玉米大叔乐破了肚皮……好一派生机勃勃的景象。

秋天不仅带给人们美的享受，还带来了丰收的喜悦，我爱你—— 秋天。

小作家档案

姓名：王若瑜
生日：12月25日
身高：140cm
体重：33kg
兴趣：古筝、画画

座右铭：
路是自己走出来的，机会是自己创造出来的。

二等奖

评语：这是一篇描写秋天的文章，通过对秋天的天空、田野、果园的生动描写，抒发了自己对秋天的喜爱，语言生动形象且内容丰富，对果园里果子的诱人描写，让人垂涎三尺。

我的家乡

重庆市开州区东昇教育平桥金科校区　　二年级：李欣颖　　指导老师：彭丹

我的家乡在美丽的开州，那里群山环绕、四季如画，有许多迷人的景色：汉丰湖、文峰塔、南山公园……我最喜欢的是汉丰湖。

今天，我给大家介绍一下汉丰湖吧！汉丰湖里的水是那样的绿，绿得像是被周围的绿树、草坪染过似的；汉丰湖的水是那样的清，清得能看见湖底赤褐色的石头和沙粒。春天湖边开着五颜六色的鲜花，有红的、白的、紫的、黄的，像一个个害羞的小姑娘。如果夏天你来到这里，荷花一定会张开她那灿烂的笑脸来迎接你。荷花五颜六色，有红的，有紫红的，有淡黄的……让人赞叹不已。一群群可爱的小鱼在清澈的湖水里游来游去，嘴里还吹出一个个小泡泡呢。迎着阳光看去，泡泡有红的、黄的、紫的、绿的、粉的、橙的……应有尽有，五光十色，漂亮极了！小鱼一边吐泡泡，还一边做着各种动作，逗的人们哈哈大笑。夜幕降临的时候，整个汉丰湖就变成灯的海洋，光的世界。吸引了许许多多的人们来湖边散步。

这就是我的家乡，你们喜欢我的家乡吗？如果喜欢，那就来玩吧！

评语： 小作者写作思绪清新，形貌生动，文笔优美，牢牢围绕汉丰湖的优美景致展现了家乡的美！

小作家档案

姓名：李欣颖
生日：8月15日
身高：135cm
体重：23kg
兴趣：读书、画画

座右铭：
相信自己，
一定能够成功。

三等奖

母爱深深

湖北省宜都市东方作文实验小学　　　三年级：张悦兴　　　指导老师：汪雯兰

母亲，生下了我们，并且养育了我们。母亲，为了我们的成长呕心沥血，无怨无悔，她的爱崇高、无私、伟大。

每当夏天穿裙子的时候，就能看见我腿上的一道小伤疤，我就会想起七岁那年发生的一次意外。一天放学，我和小伙伴儿结伴回家。走着走着看见前面有一条大沟。顽皮的我又忍不住想在小伙伴们面前逞逞能，于是，我神气十足地说："你们敢跳过去吗？不敢就看我的，我就要跳了。"我躬着腰准备起跳，同学们异口同声地说："小心！"同学们的话还没说完，只听"啪"的一声，我重重地摔进了沟里。我正准备站起来，可是一动腿就火辣辣地疼。我用手一摸，腿受伤了，鲜血直流。我吓得哇哇大哭起来。妈妈听到我的哭声，赶紧跑了过来，看见我满腿是血，吓呆了，赶紧抱着我往医院跑去。来到医院，医生说："这么大的口子，得缝针。"我一听说要缝针，好害怕，赶紧躲进妈妈的怀里。在医生和妈妈的劝说下，我终于鼓起了勇气走进了手术室。我咬紧牙关，忍受着痛苦，让医生为我缝针。不一会儿，针终于缝完了。出来的时候我看见妈妈的眼圈是红红的，我终于明白了"伤在儿身，痛在娘心"的含义。

母爱似海，博大无边，伴我成长。我爱我的妈妈！

小作家档案

姓名：张悦兴
生日：11月21日
身高：135cm
体重：25kg
兴趣：跳舞、读书

座右铭：
生命不是要超越别人而是要超越自己。

三等奖

评语： 全文感情自然真实，语言细腻、流畅，表达了自己对母亲深深的感恩。

春姑娘来了

河南省南乐县东方作文第一实验小学　　二年级：师晔帆　　指导老师：李晓莲

四季中你最喜欢哪个季节呢？是烈日炎炎的夏天，是果实累累的秋天，还是白雪皑皑的冬天？我最喜欢春天那迷人的景色。

我们来到了南乐西湖公园，那里鸟语花香。我看到天空中有许多小燕子，它们身穿黑色的燕尾服，匆匆忙忙地飞来，叽叽喳喳地叫着："小花小草们快出来吧，春天来了！春天来了！"柳树姐姐也不甘示弱，它摇着绿色的长辫子，好像在说："春天真美啊！可是春天只有绿色也太单调了吧！"

小作家档案

姓名：师晔帆
生日：10月1日
身高：135cm
体重：30kg
兴趣：看书、画画

座右铭：
努力成就未来，未来，我来。

二等奖

花朵们也来欢迎春天，金灿灿的迎春花最先开放，紧接着，油菜花挥舞着金色的小手，火红的海棠，粉嘟嘟的桃花也挂满了枝头。

当我们站在万花丛前，那一丝丝花香迎面而来，使我们心旷神怡。你看，它们还吸引了蜜蜂和蝴蝶在花丛中翩翩起舞。当春雨过后那泥土的气息夹杂着淡淡的青草香，更加让人心情舒畅！

春姑娘依旧那么美，让我留恋不已！不能辜负这美丽的春光！

评语：小作者有一双善于发现美的眼睛，把春天写得生机勃勃、富有诗意，真了不起。

美丽的花博园

河南省鄢陵县东方作文新世纪教育　三年级：谷宜轩　指导老师：杜金凤

　　我的家乡有一个美丽的地方，叫花博园。那里一年四季都会给你带来欢乐，来鄢陵的人们都要到花博园走一趟。

　　春天的花博园是孩子的乐园，姿态万千的鲜花自是不必说了。孩子们最喜欢在湖边逗小蝌蚪玩，滑滑的小蝌蚪在手指缝里穿梭的感觉，比玩任何玩具都奇妙。

　　夏天，有许多人聚在这里乘凉，因为这里树木茂盛。密密层层的枝叶像一把大伞遮住了火辣辣的太阳。有的小朋友在树下睡着了，流着口水，特别可爱。还有的跑到荷花池边去欣赏美丽洁白的荷花，嘴里不停地数着一朵两朵……他还以为能数尽荷花呐！

　　秋天，花博园最美了！因为一年一度的花木博览会开始了，杜鹃、玫瑰、一品红，真是黄的赛金，粉的如霞，红的似火，白的胜雪，让人看得眼花缭乱。

　　冬天，雪花飘落，大地全披上了银装。寒冷的天气挡不住人们踏雪赏梅的兴致。"鄢陵腊梅甲天下"名不虚传，古桩腊梅更是千姿百态，让人流连忘返。

　　听了我的介绍，你是不是对花博园有了更深的了解呢？如果你有兴趣，请你来花博园参观一下吧！

　　评语：本文思路特别清晰，按时间顺序介绍了家乡的四季美景。详略得当，细节突出！

小作家档案

姓名：谷宜轩
生日：9月14日
身高：135cm
体重：26kg
兴趣：骑自行车

座右铭：
日日行，
不怕千万里；
常常做，
不怕千万事。

三等奖

我最喜欢的小动物

辽宁省锦州市保二小学　　三年级：赵子尧　　指导老师：张春梅

我家有一只非常可爱的小动物，你想知道它是谁吗？它就是小狗。

小狗是黑色的，它的眼睛像玻璃球一样大，眼睛下面有一个光滑的小鼻子，是用来闻人身上的气味的。它的鼻子下面有一个小小的嘴巴。

每一次我把门打开的时候，它就跑到我的面前，用它的小嘴巴来咬我的腿，好像在说："小主人，你可终于回来了，要是再不回来我就饿死了。"于是，我就在它的小碗里放了一块肉，它四五

小作家档案

姓名：赵子尧
生日：12月7日
身高：150cm
体重：27.5kg
兴趣：钓鱼、
读书、二胡
专长：二胡

座右铭：
知识就是力量！

三等奖

下就把肉给吞到了肚子里。它舔了舔嘴巴，然后汪汪地叫了起来，好像在说："谢谢你，我的小主人。"就这样我和它的感情也越来越好，我们也成为了好朋友。可我有不小心的时候。有一次，我没看见它在我的前面，我一不小心踩到了它的腿。我立刻放下了手中的东西，跟它说："对不起，对不起，我不是故意的，我下次一定小心。"它叫了一声，似乎原谅了我。

这就是我家的小狗，怎么样，是不是很可爱呢？

评语：小作者首先简单地介绍了小狗的外形特点，引起了读者的兴趣，然后又详细地描写了小狗的生活习性。从字里行间流露出小作者对它的喜爱。

我眼中的世界

浙江省义乌市双宇教育东方作文　　二年级：杨湛　　指导老师：尹国英

我们的世界是无边无际的，拥有许许多多的动物，景色也是多姿多彩的。

我眼中的世界景色非常优美。天空像无边无际的大海，各种各样的白云，像栩栩如生的小动物。大地穿上了小草辛辛苦苦做的绿衣服。树木枝繁叶茂，像大地妈妈的一只只手臂。鸟儿在树上叽叽喳喳地叫着，像是在比谁的歌声更好听。小河里的水轻轻地流淌着，像祖国妈妈的血管。小鱼儿成群结队地，像在排队。小虾儿则躲在石头缝里挥舞着大钳子，好像在说不要到我的地盘里来。野鸭的毛灰灰的，嘴巴扁扁的，身子瘦瘦的，它们在水上嬉戏打闹。

我眼中的世界是瓜果飘香的。有红彤彤的苹果，像太阳一样。有一大串一大串的葡萄，挂在树上像一大串宝石。有弯弯的香蕉，像商店里卖的一把把镰刀。还有又大又圆的西瓜，像一个个圆圆的大气球。

我眼中的世界是有趣的。有时候到了夏天，我就会去抓鱼。我一下了扑上去，鱼儿就一个一个都落荒而逃，非常有趣。

这就是我们多姿多彩的世界，不错吧？

小作家档案

姓名：杨湛
生日：9月25日
身高：135cm
体重：36kg
兴趣：旅游

座右铭：
世上无难事，
只怕有心人。

三等奖

评语：小作者的文章首尾呼应，文中一个个画面都非常生动有趣，层次分明，语言优美。小作者眼中的世界真美！

护蛋行动

湖北省宜都市东方作文实验小学　　三年级：邹卓青　　指导老师：汪雯兰

今天，作文课快结束的时候，老师对我们说："从明天开始，每人保护一个生鸡蛋，一星期寸步不离，完好无损就算成功。"老师的话音刚落，同学们就纷纷议论起来，"为什么要这样做？""这样与我们的生活、学习有什么关系？"……

晚上回到家，我从冰箱里精挑细选了一个生鸡蛋，准备为我的"小宝贝"做一个"家"。怎样让我的"小宝贝"住得更舒服呢？让它没那么容易碰伤？我找到一个比鸡蛋稍微大一点点的盒子，在四周围铺上厚厚的棉花，再把鸡蛋小心翼翼地放进去，大功告成！我给它取了个名字叫"高富蛋"。

活泼好动的我，度过了有史以来最安静的几天。我每天都十分小心地保护着我的"高富蛋"。最尴尬的要数上厕所了，真让我不知所措。如果蹲下去，鸡蛋很容易压破，可不蹲，憋着又难受，最后我只好双手托着蛋上厕所了，真是苦不堪言啊！在我的悉心保护下，我的蛋宝贝终于安全地度过了三天。就在第四天，我带着我的"高富蛋"去上厕所，刚起身，就和一个同学撞了个满怀，我赶紧伸手去口袋里摸我的蛋，惨了，我的"高富蛋"夭折了！我坐在地上，伤心地哭了起来。

一个小小的鸡蛋，要保护它不受伤害，都这么艰难，父母把我们抚养到这么大，经历了多少苦啊！我们以后一定要好好学习，才能报答父母的养育之恩。"谁言寸草心，报得三春晖！"

评语：作者通过自己保护鸡蛋时的经历和感觉，联想到了父母守护自己的艰辛。非常有意义的一件事情，非常精彩的一篇习作。

小作家档案

姓名：邹卓青
生日：2月12日
身高：135cm
体重：30kg
兴趣：唱歌、打羽毛球

座右铭：
天行健，君子以自强不息。

三等奖

骑自行车

江苏省扬中市卓凡教育东方作文　三年级：郭星彤　指导老师：杨阳

小作家档案

姓名：郭星彤
生日：1月16日
身高：150cm
体重：35kg
兴趣：画画、游泳

座右铭：
做一个对社会有用的人。

二等奖

今天，我看见邻居家有一个小朋友在骑自行车，我立马跑回去让我爸爸给我买了一辆自行车。

当爸爸把自行车买回来时，我开心极了！我一脚跨在了车子上，坐在车垫子上，双手抓紧龙头，一只脚踩在踏板上另一只脚却怎么也不敢离开地面。突然，我觉得心里忐忑不安，手紧紧地抓着把手，心里越来越害怕，大喊妈妈过来帮我扶着。在妈妈的帮助下我终于提心吊胆地骑了一段路，心里开始暗自窃喜，可不知什么时候妈妈却慢慢地放开了手，可是我丝毫不知，还依旧得意洋洋地骑着，一不小心"砰"的一下撞到了树上，手擦破了。这使我生气极了，连忙摔了车，哭着跑回了家。

这天晚上，妈妈过来跟我说："宝贝，别生气。虽然这辆自行车，在早上撞树上了，可是它又不是故意的。你现在才刚刚开始学习骑它，对自行车还不是太了解。只要你刻苦学习、训练以后就不会摔倒了，不信你再试试看。"听完妈妈的话，我放下心来。第二天，我再次到后院骑车，这时我心想：这次不管摔多少次我都不会放弃，就算骑不好，我也会继续学习骑自行车。

过了几天我果然越骑越好了，我觉得真开心，因为坚持就是胜利！

评语：学习任何一样东西都不可能一帆风顺，我们要不怕困难，才能学会。正如小作者一样，虽然一开始放弃，但在妈妈的劝说下，又鼓起勇气，坚持学，最终学会了骑自行车，也明白了坚持就是胜利的道理。

146

美丽的风景

山西省运城市盐湖区同乐教育东方作文部　　　三年级：刘奥杰　　　指导教师：杨艳芬

我喜欢金碧辉煌的天安门，我喜欢狂野无垠的戈壁，我喜欢风景如画的江南，但是我最喜欢的还是我的家乡——山西运城。

在黄河之畔，有一个风景优美、历史悠久、热闹非凡的地方，那就是我的家乡——运城。

接下来我就向大家介绍介绍我们的家乡吧！首先，我要向大家介绍的是我们运城的地标性建筑——南风广场。

咱们先来说说南风广场的由来吧：几千年来，运城市区南侧的盐池养育了黄河中游的文明，是

小作家档案

姓名：刘奥杰
生日：8月5日
身高：135cm
体重：25kg
兴趣：画画

座右铭：
选择你所喜欢的，喜欢你所选择的。

三等奖

尧、舜、禹先后建都之地，最早被称为"中国"。"三王"之一虞舜帝面对莽莽盐池，曾情不自禁地唱道："南风之熏兮，可以解吾民之愠兮；南风之时兮，可以阜吾民之财兮！"这就是《南风歌》。它寄语上天，祈愿百姓获得健康与财富，南风广场正是取其寓意而得名。其名还有另外一意就是，弘扬我市龙头企业南风集团的企业形象。

南风广场的最南边有八根亭亭玉立的汉白玉柱子，柱子上雕塑着八条龙，每一条龙都栩栩如生，神态各异。高的可以直通天空，那白色像是被天空中的朵朵白云染成的。柱子很粗，粗得要三个小孩手拉手才能围住一根柱子。

我们从南门口进去，就能看到一只"火凤凰"，它是南风广场的标志，远看就像一把熊熊燃烧的大火，又像哪吒的混天绫，真是会让人产生无数的遐想。南风广场上有一大片一大片绿油油的草坪，草坪的中间是十二生肖的雕塑。

再往前走就是文化长廊，长廊里刻着女娲补天、后羿射日、嫦娥奔月等雕塑。

我们运城不止有南风广场，还有关公故居——关帝庙、文化底蕴深厚的鹳雀楼、西厢记里的普救寺等等。

运城不只有美景，还有美食和各种各样的水果。

再让我尝一尝我们家乡的水果吧。就先说西瓜吧，这里的夏宝西瓜皮薄汁多，要是你轻轻咬上一口，汁水都能顺着你的嘴边流下来，想想都爽极了。

这就是我的家乡 —— 山西运城，下次一定要记得过来做客！

评语： 小作者观察有序，抓住景物的描写顺序，采用灵活多变的写作手法，把自己眼中家乡的美景呈现在读者的面前。

文明小卫士

河南省郑州市东方作文农业路校区　　二年级：孙进涛　　指导老师：邰丹丹

在一个骄阳似火的上午，太阳烘烤着大地，你瞧，周围的花草树木都晒蔫了，小明兴高采烈地在操场上打篮球。

不一会，小明汗流浃背，突然，小明眼前一亮，发现不远处有一个水龙头，小明欣喜若狂，飞快地跑到水龙头旁边，只见他一只手扶着水池，另一只手拧开水龙头，身子向前倾着，歪着头张大嘴巴大口大口地去喝生水，有一个大姐姐正好路过，大姐姐看到这一幕，惊得目瞪口呆，心里想："生水怎么能喝呢？会生病的。"她三步并作两步地跑到小男孩的面前，摆着双手，焦急地说："不能喝生水。"小男孩停止了喝水，他转过身，眉头紧皱，疑惑不解地问："为什么不能喝生水？"大姐姐耐心地解释："生水里有细菌和寄生虫，喝了会肚子痛的。"

听了大姐姐的话，他惭愧地低下了头，并对大姐姐说了声"谢谢"。还为刚才的不礼貌道了歉。

从此以后，小明明白了不能喝生水，并且还把这个道理告诉给了他身边的同学和朋友，让他们不要再犯同样的错误。

小作家档案

姓名：孙进涛
生日：12.10
身高：130cm
体重：29kg
兴趣：画画、写作

座右铭：
书籍是巨大的力量。

一等奖

评语： 小作者抓住人物的动作、心理、语言，进行细致的刻画，非常好！

树叶旅行记

安徽省铜陵市淮河中路汇金写字楼校区　　　三年级：常可馨　　　指导老师：朱惠萍

在一片茂盛的树林里，有许许多多的参天大树，大树上面长满许多的小树叶，它们都依偎在妈妈的怀抱里过着幸福的生活。它们一个个都长得非常漂亮，面色水润、青翠欲滴。

有一天，它们看到小鹿在飞快地奔跑着，看到小蜜蜂在花丛中欢快地飞舞着，就对妈妈说："妈妈、妈妈，我们想飞到各种各样的世界里去旅行。"

于是，雷公公来了，用力震动着大树；风婆婆来了，鼓起腮帮

小作家档案

姓名：常可馨
生日：9月11日
身高：133cm
体重：26.5kg
兴趣：英语、电脑

座右铭：
书山有路勤为径，学海无涯苦作舟。

三等奖

用力一吹，许许多多树叶都吹掉了下来，勇敢地去各种各样的世界里旅行去了。只有一片最小的树叶大声喊着："妈妈、妈妈我好怕！"妈妈温柔地说："孩子，你们都长大，应该去闯自己的世界去了。"大地妈妈看到了小树叶，亲切地说："小树叶，别怕，有大地妈妈的温暖来保护你。"然后，小树叶就慢慢地落到了大地妈妈的温暖的怀抱里。

有一天，小河边有二只小蚂蚁要过河，可是它们过不去，怎么办呢？这时它们看到河边漂着两片小树叶，于是它们分别跳到了一片小树叶上，慢慢地向对岸漂了过去。忽然下起了大雨，只见"小船"开始晃动。随着雨越下越大，"小船"晃动的更加厉害，眼看就要沉没了，这时一只灵活的小蚂蚁跳到另一只蚂蚁身旁，稳住了"小船"，并顶起了自己的那一片小树叶，当着雨伞，遮风挡雨，最终两只蚂蚁一起安全地到达了对岸。

许许多多的树叶一起来到一眼望不到边的田野上，来到风吹草低见牛羊的草原上，来到硕果累累的果园里，来到波光粼粼的小河边……它们快乐地旅行着。

评语：小作者幻想一片小树叶，在追求自我的过程中，懂得了生活的意义和价值。文章想象力丰富，构思新颖，字里行间充满了童真童趣，是一篇难得的想象作文。

我当一次"活雷锋"

河北省盐山县东方作文 新华小学　　二年级：刘家硕　　指导老师：贾老师

星期天上午，阳光明媚，天空飘着几朵洁白的云朵。我和爸爸去奶奶家玩。

在公交车上，我东瞅瞅，西瞅瞅，好不容易发现还有一个空位。我连忙坐了过去，这时一位老奶奶上来，我听到了一阵咳嗽声，我看见这位站着的老奶奶。她白发苍苍，脸上布满了皱纹。车上已经没有座位了，老奶奶似乎也在焦急地找座位，我急忙站起来对老奶奶说："老奶奶您请坐。"老奶奶客气地对我说："谢谢你小男孩，你真是个懂事的好孩子。"我说："不客气，尊老爱幼是中华民族的传统美德。好人好事更是我应该做的。老人听了脸上露出欣慰的笑容。我虽然没座位了，但是我依然很开心。爸爸也为我的举动开心地笑了。车上的叔叔阿姨也都为我竖起了大拇指。此时我感到无比的快乐。真是送人玫瑰，手有余香啊。

我们一定要帮助别人，把雷锋叔叔的精神传扬下去，虽然雷锋叔叔已经不在了，但是他的精神永驻我们心中。让我们身边的每一个人，都是活雷锋，都充满正能量。

评语：文章题目新颖，感情真挚。"虽然雷锋叔叔已经不在了，但是他的精神永驻我们心中，"此句画龙点睛，统领全文，并且充满正能量。文章语言流畅，让人心灵触动，有很好的教育意义，让我不由得想到"如果人人都能献出一点爱，世界将会变成更美好的人间"。本文稍微有点不足之处，内容有些简短，望加以注意。

小作家档案

姓名：刘家硕
生日：10月24日
身高：142cm
体重：40kg
兴趣：象棋、篮球

座右铭：
我能行，
我最棒。

二等奖

好玩的瞎猫捉老鼠

浙江省绍兴市新昌县南岩小学　　二年级：陈佳煜　　指导老师：余园园

"哈哈，你捉不到我……"你知道我在干什么？告诉你们吧，我们在玩瞎猫捉老鼠的游戏。

第一轮游戏开始了，希希当瞎猫，其他的人当老鼠。老师拿来了红领巾把希希的眼睛蒙上问："你看得见吗？"希希说："我看去一片火红。"

小老鼠们东躲西藏，有的藏在桌子底下，有的藏在门后面，还有的藏在瞎猫的后面，还有胆大的老鼠还去弄希希。瞎猫气得火冒三丈，可也无可奈何，

小作家档案

姓名：陈佳煜
生日：12月29日
身高：135cm
体重：25kg
兴趣：运动

座右铭：
少说些漂亮话，多做些日常平凡的事情！

二等奖

听到了小老鼠的嬉笑声，瞎猫顺着声音往前走，可是一不小心摔倒了，乐得小老鼠们哈哈大笑，正当小老鼠们取笑瞎猫时，瞎猫伸手一抓，抓住了一只倒霉的小老鼠，哈哈哈！这下轮到瞎猫笑了，被抓的小老鼠真后悔啊！

今天的游戏真好玩，以后我还要和同学一起玩这个游戏。

评语：这一轮的游戏写得非常有趣，用"有的……有的……还有的……"写出了小老鼠的动态，意外发生也非常有趣！

我敬佩的人

河南省三门峡市东方作文校区　　　三年级：康奥鑫　　　指导老师：陈淑霞

有人敬佩收送垃圾的爷爷，有人敬佩博学多识的爸爸，还有人敬佩勤快温柔的妈妈，而我却敬佩风雨中坚守工作岗位的交通警察叔叔。

风雨中，警察叔叔们在马路上为过往汽车和行人指挥交通。浑身上下都湿透了，衣服紧紧地贴在警察叔叔的身上，可他们好像一点儿也不觉得冷。烈日炎炎的夏天，太阳火辣辣的洒向大地，警察叔叔头顶火辣辣的太阳，尽管被烈日烤得头晕眼花，他们还是一丝不苟地坚守在自己的

小作家档案

姓名：康奥鑫
生日：2月18日
身高：150cm
体重：40kg
兴趣：画画、阅读

座右铭：
书山有路勤为径，
学海无涯苦作舟！

三等奖

工作岗位上。他们像一座雕塑一样，不论严寒还是酷暑，不论风雨雷电还是烈日炎炎，你总能在马路中间看到他们戴着白手套，挥动着胳膊，转动着身子，"滴滴"地吹着哨子。

在一个寒冷刺骨的冬天，我去新华书店买书。因为我家离书店很近，妈妈让我一个人去。我边走边想：这么冷的天，外面一定没有一个行人。我一出门，一阵寒风扑来，一直灌到脖子里，我不禁打了个寒颤。赶快用羽绒服的帽子把头包得严严实实，家里和外面简直两重天啊。快到路口时，我看见一个熟悉的身影站在凛冽的大风中，穿着一身蓝色棉制服，戴着白手套，他不时把哨子放在嘴里吹一下，嘴唇都被冻紫了，可是他没有戴口罩。他一会儿转身，一会儿伸手示意，一会儿吹响哨子……车终于正常通行了，他赶紧双手合十，放在面前，用嘴吹着热气来取暖。原来，警察叔叔虽然戴着手套，可他一直站在外面，手一定是冰凉的！

一年四季，每时每刻，警察叔叔生怕道路上出现交通事故，所以总是默默无闻地坚守在平凡的工作岗位上。如果哪里出现交通事故，他们总是第一个到达事故现场，有序地指挥交通，确保道路能在第一时间畅通。

交通警察叔叔就是这样一个全心全意为人民服务的人，是值得我敬佩的人！

最喜欢的小鸭子

辽宁省锦州市国和小学　　　三年级：康晨　　　指导教师：杜玲

我非常喜欢小鸭子，就让姐姐买了一只。

它的毛是黄色的，像一位穿着黄色衣服的绅士，非常好看。它的眼睛是黑色的，像两颗黑色玻璃球，它的鼻子在嘴的上面，只能容纳一根小牙签。它的嘴很小，扁扁的，虽然它的嘴很小，但是它可以吞下一条小鱼呢！它的脖子很细，像一根小棒子，翅膀很扁，但它不能飞行，脚丫也是扁扁的，走路一摇一摆，像一只小企鹅。

小作家档案

姓名：康晨
生日：10月14日
身高：146cm
体重：45kg
兴趣：看书、旅游
专长：跑步

座右铭：
想要飞得高就要把地平线忘掉。

三等奖

小鸭子每天都在水里游啊游，有的时候也会在陆地上休息。每当它游在水里都要去捕几条鱼来吃。小鱼探出头来，吐了一串小泡泡，尽管它很机灵，也逃不过小鸭子锐利的眼光。小鸭子往上一扑，就会回到陆地上吃鱼。

每当我给它洗澡，它就不情愿地摇头摆尾，好像在说："小主人，明天洗吧，求你了！"我给它洗澡时，就会把它放在一个装满水的小盆子里，小鸭子便欢快地游了起来，好像在说："好凉爽！"这时候我拿起香皂在它身上揉了好几遍，小鸭子好像在说："好疼呀！"这时我给它冲一冲，才放它离开。

它每次睡觉的时候，我都会去衣柜里拿一张小毯子，放在地上。这时小鸭子在小毯子上面跳来跳去，好像在说："好好玩呀！我很喜欢！"临睡前我会给它拿一些吃的和喝的，小鸭子就睡觉了。

前几天，我的小鸭子死了。我把它埋在了一块大石头下，里面放着那张小毯子，和它以前爱吃的东西，我很伤心也很怀念它。

这就是我非常喜欢的小鸭子，你喜欢吗？你的家里有小鸭子吗？如果有，它是什么样子呢？

评语：描写小鸭子的样子侧重于静态描写，描写小鸭子活动情况，侧重于动态描写。按照从静态到动态有条理，有层次地观察和描写，小作者把小鸭子写得清楚、细致、感人。

我的母爱

山西省太原市东方星冉教育后小河小学　　三年级：闫轩玮　　指导老师：闫爱兰

在这个世界上，每个人都经历过许多的爱。爱是一个力大无穷的力量，能打动任何人的心。爱有许多种，有父母的爱、老师的爱，只要人人献出一点爱，这个世界会变得更美好。

妈妈的爱像一股清泉，滋润我的心田。妈妈有一幕让我至今难忘。在夜幕降临时，我趁着深夜跑到爸爸妈妈床边，我竟然没看见妈妈去哪了。爸爸说："我也不知道。"我焦急得把这个事传给了姐姐、二姐。我们四人怀着焦急万分的心情找妈妈，突然发现了一封

小作家档案

姓名：闫轩伟
生日：9月26日
身高：136cm
体重：36kg
兴趣：围棋

座右铭：
世上无难事，
只要肯登攀。

一等奖

信，见上面写道："妈妈出去讲课去了，明天就回来，一定！"我看完信心里踏实了，但我的眼泪却情不自禁地掉落下来，夜深了妈妈还在工作。然后，对家人说："妈妈出去了，明天就回来。"我又发现了一张课程表，原来，明天就要开始新的一

学期了，妈妈特意为我准备的，我十分高兴，我安稳地睡着了。

清晨，太阳高照，我坐车上学，下午，我总算放学了，我迫不及待地跑回家。我走回家，一看，啊！妈妈回来了，我喜上眉梢，高兴万分。妈妈多辛苦啊！

妈妈犹如我的一把伞，为我遮风挡雨。真是父爱比山还要高，母爱比海还要深啊！

评语： 文章开头新颖，事例中突出妈妈的辛苦，内容丰富，结构严谨，感情真挚。

机灵的小兔子

河南省郑州市东方作文农业路校区　　　二年级：张稷正　　　指导老师：邰丹丹

我喜欢可爱的小狗，我喜欢机灵的小猫，我还喜欢漂亮的百灵鸟，但我最喜欢毛茸茸的小白兔。

小白兔全身雪白雪白的，远远望去，像一朵漂亮的棉花糖，我的口水顿时直流三千尺，忍不住想去咬一口。它的耳朵长长的，好像在随时机警着周围的一举一动。红宝石般的眼睛看起来闪闪发光，十分可爱。小白兔吃起东西来嘴巴一耸一耸的。它的四肢短小有力，走起路来一蹦一跳的，尾巴像一个圆溜溜的小皮球，不仔细看，你还就看不出来呢！

小作家档案

姓名： 张稷正
生日： 1月31日
身高： 135cm
体重： 40kg
兴趣： 拼装、运动

座右铭：
努力学习，
勇于拼搏！

三等奖

每当我喂它吃东西的时候，小白兔就上蹿下跳的，好像在说："快给我，快给我。"终于我把食物给它吃，小白兔这时就大口大口地吃了起来，一边吃一边嘴巴里还发出"啧啧"的声音，好像在说："真好吃！"

小白兔真可爱，我想对它说："小白兔，你要永远陪在我的身边。"

评语：小作者笔下的小兔子，活泼可爱，似乎这只小兔子就在我们面前一样！真棒！

找秋天

安徽省阜阳市英杰才艺培训东方作文　　二年级：李肖贝如　　指导教师：刘剑

有的人喜欢夏天，有的人喜欢冬天，还有的人喜欢春天，而我最喜欢秋天。

秋天在哪里？秋天在田野里，高粱涨红了脸，稻子笑弯了腰。秋天在哪里？秋天在果园里，苹果像小朋友红红的脸颊，还像红红的灯笼。秋天在哪里？秋天在公园里，树叶落下来，好像给大地妈妈铺上了一层金黄的地毯。秋天在哪里？秋天在天空中，大雁排成人字止在往南方飞去呢！

小朋友们，你喜欢秋天吗？我想你们一定和我一样，非常喜欢秋天。因为，秋天是一个丰收的季节。

小作家档案

姓名：李肖贝如
生日：3月5日
身高：145cm
体重：45kg
兴趣：唱歌、跳舞

座右铭：读万卷书，行万里路！

三等奖

评语：本文修辞手法运用恰当，语言优美，通过你的描写，让我们很容易地找到了秋天，字里行间流露出你对秋天的热爱之情！

可怕的地球

山东省东营东方作文分校　　三年级：周钰哲　　指导老师：董冬梅

小作家档案

姓名：周钰哲
生日：6月1日
身高：152cm
体重：55kg
兴趣：读书、写作、足球

座右铭：
聪明在于学习，天才在于积累。

一等奖

一天晚上，我正在看《地球环保我最行》，这是一个让我们爱护地球，绿色出行环保节约的电视节目。看着看着，我忍不住打起盹来，视线渐渐模糊。

突然，我听到一个熟悉的声音："快醒醒，快醒醒。"我慢慢地睁开眼睛，原来是妈妈在叫我。咦？这是妈妈吗？只见她满头白发，满脸皱纹。"妈妈，你怎么突然变老了？爸爸呢？"妈妈说："现在都是2047年了，我能不老吗。爸爸已经在胜利宇航公司准备飞船了，快点起来收拾东西，我们准备移居到别的星球上去了。"什么？我迷迷糊糊地跟着妈妈开始了大逃亡。路上，妈妈告诉我，因为人们破坏环境，乱砍树木，工厂排放污水，汽车排放尾气……地球发怒了！

在逃亡的路上，我没看到一株小草，一棵小树，一只小鸟，到处都是狂奔的人群，灰色的天空，拉掉的汽车。突然，我感觉呼吸困难，一下子摔倒在了地上，妈妈说："坏了，忘给你带氧气瓶了，快醒醒……"我觉得自己快要憋死了。

"快醒醒！"耳边传来妈妈的呼唤。我突然睁开了眼，看到妈妈还是那么年轻，爸爸还是一如既往地玩着他的手游《世界末日》。吓死宝宝了，原来是一场梦。

如果人们继续破坏我们的地球，我的梦可能就会真实地发生。请爱护我们共同的家园——地球！

评语：文章通过一个梦，表达了我们要爱护家园的迫切心情，引发读者的思考。小作者想象力超级丰富，文章前后文衔接紧凑，环环相扣，步步惊魂，让读者禁不住一口气读完。另外，语言风趣幽默。非常棒的一篇文章。

我的守护神

辽宁省沈阳市东方作文浑南校区　　　三年级：李俊霖　　　指导老师：丁鸣雷

是谁在朦胧的月色下悄悄地为我盖上被子？是谁在我生病时彻夜未眠？是谁在人生的道路上为我指引方向？她为我付出却从不求回报；为我上刀山下火海也心甘情愿；她为我取得的一点点成绩而满脸都是欣慰的笑容；她在我遇到困难时为我加油打气，给予我力量。她就是我的妈妈——我的守护神，永远守护着我。

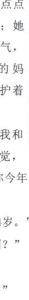

小作家档案

姓名：李俊霖
生日：2月25日
身高：141cm
体重：31kg
兴趣：阅读、唱歌

座右铭：
读一书，
增一智。

一等奖

那是一个难忘的夜晚，我和妈妈像往常一样上床准备睡觉，我拉着妈妈的手问："妈妈你今年几岁了？"

妈妈笑着说："我今年34岁。"

"那我16岁时，你多大啊？"

"44岁。"

"那我56岁时你几岁啊？"

妈妈没有回答我，这时我发现妈妈的眼睛有点红，好像要哭了。我赶忙问："妈妈，你怎么了？你怎么不回答我呢？"

妈妈哽咽着说道："那个时候妈妈就不能守护你了，我会在遥远的天堂看着你。"

"那你去天堂干什么啊？我要想你了怎么办啊？我能给你打电话吗？"

"天堂没有电话，但妈妈会在梦中看到你。"

这时我搂着妈妈的脖子坚定地说："不行！我希望妈妈能天天陪着我，我愿意拿出我所有的压岁钱和遥控汽车与天堂交换妈妈！"

妈妈紧紧地搂着我说："谢谢儿子，妈妈也希望一直能陪伴你身边。"

从那时候起我才知道人是会死的，妈妈不会一直守护着我。我应该更珍惜和妈妈生活的每一天，让妈妈高兴。我最大的心愿就是希望妈妈长生不老。

评语：老师带着泪读完这篇文章，小作者用真挚的情感，打动着每一位读者。虽然孩子的语言还很青涩，没有华丽的辞藻，但是却在自然流露中，震撼着我们的心灵。"爱"就应该如此！

小兔历险记

江苏省扬中市卓凡教育东方作文　　　三年级：李东阳　　　指导老师：杨阳

小作家档案

姓名：李东阳
生日：12月13日
身高：145cm
体重：45kg
兴趣：跆拳道、乐高机器人

座右铭：
行动是成功的阶梯，行动越多，登得越高。

三等奖

在烈日炎炎的夏天的早上，一直睡大觉的小白兔起床了，妈妈说："儿子，你知道今天是什么日子吗？今天是你的生日，宝贝，今天我们去采蘑菇吃吧！"小兔子立刻坐起来，穿好衣服，提起篮子，跟随着围裙妈妈，向着森林出发了。

一路上，小兔子看见了一派生机勃勃的景象。高大挺拔的树木，郁郁葱葱，鸟儿在树上引吭高歌。绿地毯上长满了一朵朵五彩缤纷的花儿，引来了一群翩翩起舞的蝴蝶和小蜜蜂。小兔子看见了这么美的景色，像火箭一样冲了过去，一会儿在草地上打滚，一会儿摘摘花，一会儿捉蝴蝶。兔妈妈见了连忙说："儿子，你别玩了，我们不是说好一起去采蘑菇的吗？"小兔子恋恋不舍地跟着妈妈走了。

到了森林，他们开始采蘑菇了。突然，小兔子看见了色彩斑斓的菌菇，有红白相间的，有绿的，有红的……小兔子连忙跑了过去，弯下腰准备采，妈妈见了着急地跑过去，拼命摇手："儿子，千万别采！"小兔子好奇地问："为什么不能采呢？"妈妈语重心长地说："儿子，我跟你讲一个故事，从前有一只大雁，他看见了美丽的蘑菇，于是他飞了过去，把那个美丽的蘑菇吃了，过了一天后，大雁妈妈和爸爸发现了他们的儿子死了。"

小兔子说："妈妈我知道错了。"于是，他们又到了另外一个地方去采蘑菇了。

这个故事告诉了我们，看东西不能光看外表，一定要看它是不是适用。

评语：图片上的内容都全部呈现，把小兔为什么采蘑菇，以及采的过程中发生了什么，都写清楚了，特别注意了动作描写。

我喜欢的大熊猫

河南省新乡市封丘三里庄小学　　　三年级：平浚含　　　指导老师：张佩

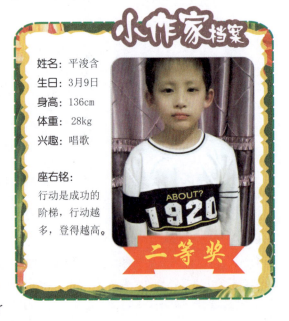

小作家档案

姓名：平浚含
生日：3月9日
身高：136cm
体重：28kg
兴趣：唱歌

座右铭：
行动是成功的阶梯，行动越多，登得越高。

二等奖

有人喜欢小狗，有人喜欢小猫，还有人喜欢小鸡，而我喜欢——国宝大熊猫。大熊猫又大又肥，头圆圆的，像一个大皮球，耳朵黑黑的，头是白色的，它那一对黑眼圈就像是戴的一副黑眼镜。它的四肢是黑色的，强壮而有力。它那胖胖的身体后面长了一个黑黑的短短的尾巴。它的牙特别锋利，一下子就能把一根竹竿咬断。

熊猫吃食的时候特别有趣，只要它一见到食物就会立刻向食物冲过去，大口大口地吃了起来，吃完了以后它就会在地上打几个滚儿，显得非常可爱。它没事的时候，偶尔也会爬爬树。它爬树的时候动作很缓慢，那是因为它那笨重的身体。大熊猫走起路来也特别有趣，一会儿东看看，一会儿西看看，一会儿左看看，一会儿右看看，显得特别有精神。

大熊猫小时候更可爱，毛茸茸的，就像一个小毛球，小时候的熊猫只要一看见陌生人，就会不停地乱动，就像是在喊："妈妈！妈妈！"它们小时候不仅可爱而且非常活泼，总爱打打闹闹的。有时它们也会咬来咬去的，其实那是它们正在打架呢。

小朋友们，你们喜欢大熊猫吗？

评语：本文用生动的语言叙述出了熊猫的特点，语言生动有趣，结尾用问句式更能吸引读者的眼球。

刺猬和狐狸

湖南省临湘市小新星教育　　三年级：姚子悦　　指导老师：何琴

在一个阳光明媚，树木茂盛的森林里发生了一件事情。

有一天，刺猬出去散步。小刺猬一边散步一边说："啊！今天的天气真好啊！"忽然，在小路的地上看到了一些果子，心里就想："那些果子真漂亮啊！要不我带一些回去。"刺猬连忙跑到果子旁边躺下来打了个滚儿，果子就全部被小刺猬扎在身上了。小刺猬高兴地站起来，回家去了。

在回家的路上，小刺猬遇到了狐狸，兴高采烈地跟狐狸打了个招呼："狐狸，早上好！"狐狸看了

小作家档案

姓名：姚子悦
生日：12月27日
身高：140cm
体重：29kg
兴趣：跳舞

座右铭：
谦虚是学习的朋友。

三等奖

看刺猬也说："早上好！"狐狸又看了看刺猬，心想："今天的运气真好，刚好肚子饿了，要不，吃了它，填饱肚子！可是，它身上长满了刺，想吃它，不是件容易的事儿啊！要不，先假装跟它做个朋友。"狐狸拿了把刀说："呀！小刺猬，你今天打扮得真漂亮啊！就是你身上的刺使你不漂亮，如果你把身上的刺去了，就更漂亮了。"刺猬听了这话心里想："如果我把身上的刺去掉了，那我不就没了保护自己的武器，没了搜寻食物的本领了吗？"聪明的小刺猬一下子就明白了："不行，我才不会上你的当呢！你是想把我的刺去掉，然后再吃了我！""我好心好意关心你，你居然不领我的情，哼！"狐狸恼怒地走了。

这个故事告诉我们一个道理：人人都要有一颗善良的心灵。

评语：小作者运用环境描写开头，点明故事发生的时间、地点，通过生动、传神的语言、动作描写推动故事情节的发展，衬托人物思想品质，结尾用简洁的语言点明文章的主旨。文章结构紧凑，叙事具体，描写生动，不愧为小学中年级学生习作中的佳作！

美丽的春天

吉林省长春市二实验　　三年级：隋佳芮　　指导教师：陈玲玲

春天，四月的春天，是花儿吐艳、柳枝婀娜，碧水传情，山峦叠翠，处处芳菲浸染的时节！

春天像是一幅画，更像画家的笔，画出在果园里嬉戏打闹的小果子，果园里像是过春节似的！果子挂在碧绿的大树上，就像树上挂着红红的灯笼，是那么明亮！

轻轻地闭上双眼，闻着鲜花的香气。鲜花妈妈快乐的看着每一朵粉嫩嫩的鲜花宝宝，露出了甜美的微笑。是你们为春天带来了芳香，是你们为我们带来了视觉上的盛宴！

小作家档案

姓名：隋佳芮
生日：2月15日
身高：145cm
体重：33kg
爱好：写作、动漫、唱歌、马术

座右铭：
少壮不努力，
老大徒伤悲。

一等奖

你猜，树上那唱着欢快歌曲的是什么？啊！是你！小麻雀！小麻雀们又在捉迷藏了！它们一会儿躲在草丛里不见了踪影，一会儿啾啾欢叫一飞冲天！真有趣啊！这让我想起了我快乐的童年。

记得那年春天我和爸爸妈妈离开了喧闹嘈杂的城市，来到了美丽的净月潭森林公园。脚下便是大片嫩绿嫩绿的草地，连空气也是那么的清新。远处的柳枝，也被春风吹得柔柔的，仿佛一个美丽温婉的少女在微风中翩翩起舞。迎春花和桃花都已经盛

放，用阳光般灿烂的花朵告诉人们春天来临了。我们全家就这样在草地上信步走着、欣赏着，爸爸妈妈都被这生机勃勃的景色所陶醉，而我一会儿蹦蹦跳跳，一会儿欢呼雀跃，拿着从家里带来的风筝在广袤的草地上奔跑，此时我感觉我是那么的快乐，那么的幸福⋯⋯

春天带给我快乐，春天带给我美好，我爱这美丽的春天。

评语：小作者笔下的春天丰富而又美丽：红的花，绿的草，蓝的天⋯⋯传神地写出了"我和爸爸妈妈"快乐游玩的情景，语言生动，描写具体，运用了形象的比喻写出了"春天"的美。你能把看到的、听到的、闻到的、感受到的一切关于春天的美好的东西写到习作里去，使习作和春天一样生动而美好！读着你的习作，让我们看到一颗多么可爱多么晶莹无暇的童心呀。

大头儿子受伤了

河南省郑州市东方作文东风路校区　　　三年级：王新博　　　指导老师：冯晓丹

一天，大头儿子在森林里玩耍。他玩着玩着，突然被一块小石头绊倒了。他在地上哇哇大哭，一直在叫爸爸。天黑了，爸爸也没有来。熊大在林子里采摘水果。它采着采着，突然停了下来。原来是听见有人在大哭。它想，这大半夜的，是谁在哭呀？于是，熊大随着声音来到了大头儿子的面前，对他说："你为什么哭啊？"

大头儿子答非所问："救命啊！狗熊会说话了！"

小作家档案

姓名：王新博
生日：8月8日
身高：145cm
体重：28kg
兴趣：物理、化学

座右铭：
一分辛劳，
一分收获。

三等奖

163

熊大又问："你什么名字？"

他说："我叫大头儿子。"

熊大正要问他住在哪，孙悟空就落在熊大的旁边，拿着金箍棒指着熊大，对它说："别想吃掉大头儿子！"熊大吓了一大跳，对孙悟空说："停！你误会了，我正在采果子的时候，听见有人在哭，我就随着声音找到了他，然后我想送他回家，你就来了。"

孙悟空听了，想了想，它这才知道刚才错怪熊大了。

熊大和孙悟空把大头儿子送回了家，就各回各家了。大头儿子回到了温暖的家，熊大回到了它心爱的树洞，孙悟空回到了那五彩斑斓的花果山。

评语：文章情节环环相扣，吸引读者，对于人物描写笔墨突出！

我最喜欢的小狗

辽宁省锦州市吉庆小学　三年级：李玥竹　指导老师：杜玲

我家的小狗涛涛，它非常美丽。它长着炯炯有神的大眼睛，黑黑的小鼻子，小小的嘴巴和健壮的四肢。

我家的小狗很淘气。我上学的时候家里没有人，小狗涛涛觉得有点孤单，就想在家自己玩玩。它一会儿在这儿跳跳，一会儿在那儿蹦蹦，把家里弄得乱七八糟。妈妈回来一看，说："涛涛你怎么把家里弄成这样啊！"小狗涛涛低下了头。我对妈妈说："别说涛涛了，它也是我们不在家太孤单了，所以才把家里弄成这样的。"妈妈说：

小作家档案

姓名：李玥竹
生日：8月7日
身高：140cm
体重：28kg
兴趣：画画、看书
专长：绘画

座右铭：
世上无难事，
只要肯登攀。

三等奖

"原来是这样啊!那我以后一定多陪陪它。"小狗听了,欢快地叫起来。

我们家的小狗还很机灵。每当吃晚饭的时候,它都扑向我,对我汪汪地叫着。我没办法了,只好先把骨头放到它的盘子里,涛涛就低着头大口大口地吃骨头。骨头吃完了,它汪汪地叫好像在对我说:"谢谢你,小主人。"

我们家小狗很招人喜欢。如果你摸它,它会用小脑袋拱你呢!

我家小狗可爱吧!欢迎你们到我家做客,我等着你们的到来。

点评:小作者通过两件事,写出了小狗的淘气与机灵。段落清晰明了,语言虽然并不华丽,但却极为准确生动,情感丰富而真实,读来津津有味!

观察日记

山西省沁水县东方教育端氏校区　　　三年级:吴子涵　　　指导老师:郭珍

都说胖大海很神奇,可是为什么呢?通过我的仔细观察我终于明白了真正的原因。

今天作文课上,老师带来了一个神奇的宝贝,我原以为是一颗珍贵的宝石,打开后却是几个干巴巴黑乎乎的东西,顿时感到非常失望。

可老师说它和孙悟空一样有神奇的变身法,我不由得感到好奇,拿起来仔仔细细看了看,它们只有拇指大小,两头尖尖中间胖,活像一枚缩小版的橄榄球,摸上去表面有些粗糙,能不能吃呢?我

小作家档案

姓名:吴子涵
生日:5月3日
身高:143cm
体重:27kg
兴趣:跳舞、看书

座右铭:
生活就像海洋,只有意志坚强的人才能到达彼岸

二等奖

悄悄拿到鼻子前一嗅,一股淡淡的中药味扑鼻而来。难道是药材?我心中暗暗猜测。

老师把它放到了杯子里,只见它安静地躺在杯底,就像睡着了一样,接下来老师倒入了沸水,原本安静的种子在水流的作用下左冲右撞,像醉酒的人摇摇晃晃地在街道上行走,最后似落叶漂浮在了水面上。

过了一会，只见它的表皮裂开了，表皮下毛茸茸的东西害羞地探出了头，又过了一会，慢慢变大了，竟然在我们的注视下脱去了自己的"衣服"，此时的它比原来大了10倍左右，像一团杂乱的线团，又像一朵盛开的鲜花，真是个神奇的宝贝。

这时老师才告诉我们它叫胖大海，我终于恍然大悟，原来胖大海遇到水会变大，因此而得名。

评语：这是一篇观察日记，小作者通过描写胖大海的外形突出了胖大海的特点，又对胖大海的变身法作了详细的描写。"像一个杂乱的线团，又像一朵盛开的鲜花"等比喻为文章增色不少。

贪玩的孙小圣

浙江省义乌市双宇教育东方作文　　二年级：巫童欣　　指导老师：尹国英

小作家档案

姓名：巫童欣
生日：1月18日
身高：135cm
体重：30kg
兴趣：弹古筝

座右铭：
书山有路勤为径，
学海无涯苦作舟。

三等奖

有一天，天气晴朗，阳光明媚，孙小圣和小熊嘟嘟去公园里玩。

公园里风景优美，树木葱葱郁郁，像一位位士兵守护着公园的角角落落。绿油油的草丛里夹杂着一朵朵小花，那花朵有红的，紫的，黄的……瞧那湖中的荷叶又大又圆，荷叶上还有露珠。露珠像猴子一样活跃地跳着，有清澈的水流撞在岩石上，发出铃铛摇动般的脆响，叮咚，叮咚……大自然乐器奏出的音乐在幽静的公园里回旋飘荡。

小猴孙小圣，跳到湖中的一块石头上，那块石头长满了青苔，小熊看到小猴金鸡

独立站在那块石头上，还不停地向他做鬼脸，小熊生怕他掉进了湖里，急忙喊他下来。

孙小圣和小熊嘟嘟又来到附近的亭子里。小圣说：小熊，你觉不觉得这几根柱子像如来佛祖的手掌呀？小熊说像！小猴一个纵身又爬到了柱子上，尾巴紧紧地勾住柱子。腿紧紧地抱住了柱子。拿起笔在另一根柱子上写下了"孙小圣到此一游"这几个大字。小熊嘟嘟看到了，生气地把小圣喊下来，他一手叉着腰，一手指着小猴子的鼻子说："公共场所，你怎么能这样做呢！"小猴被训得眼泪都流出来了。孙小圣低着头说："我错了，不应该乱涂乱画，我要知错就改。"

小熊笑了，马上去找抹布。小猴去打水，他们在柱子上边洗边擦，最后把柱子擦得干干净净的。

通过这个故事我明白了：一个人做错了事情，只要肯接受意见，认真改正，还不算晚。

评语：文章写得真棒！叙述的故事情节清晰完整，人物的动作神情描写细致，心理描写和语言描写可以再突出一些。通过事件获得知识和道理是文章的主旨。

家乡的伏羲公园

河北省新乐市东方作文　　三年级: 崔曦兮　　指导老师: 郝淑红

我的家乡虽然没有气势雄伟的山川，没有秀丽清澈的湖水，没有曲径通幽的园林，但它却是我心中最美的地方。接下来，就让我来介绍一下我们家乡的美丽风景——伏羲公园。

沿着弯弯曲曲的小路，走进美丽的伏羲公园。小坡上长满了碧绿的、一簇簇的小草，像一把小伞。放眼望去，就像一朵朵可爱的小蘑菇。守在山上的松柏也翠绿翠绿的，让小山更富有生命力了。坐卧在山下的凉亭，古色古香，能让你

小作家档案

姓名: 崔曦兮
生日: 8月8日
身高: 136cm
体重: 23kg
兴趣: 读书、画画

座右铭:
真正聪明的人是知道努力的人。

三等奖

更好地欣赏景色。

　　走啊走，来到池塘边上，一棵棵柳树挺立着腰肢，像士兵一样。当风吹来时，它又变了个样，像一个小姑娘，随风舞蹈。再看它的柳枝，已经长出来了嫩绿的柳叶，像小姑娘的眉毛。看池塘上，柳树在照镜子，不觉把池水也染得青翠碧绿的。池塘好大，池塘里的荷叶挨挨挤挤，大大的头顶像碧绿的圆盘，连在一起，无边无际。荷花在荷叶间冒出来。有白的，红的，粉的，浅紫色的，美丽极了！

　　来到正中间，有一个文化长廊。文化长廊的一边是一幅幅栩栩如生的壁画，另一边则记载着新乐的历史文化。走完文化长廊，会让你更加了解新乐的历史文化。

　　公园北侧的喷泉广场上更是热闹非凡。水柱像一条条银龙从地上冲出，它们你追我赶，谁也不让谁。小朋友们兴奋地在水柱间穿来穿去，开心极了。广场上水花四溅，形成了一道珍珠帘幕，像是为广场披上了洁白的轻纱，看上去分外迷人。

　　噢，我爱美丽的伏羲公园，更爱我历史悠久的家乡——新乐！

　　评语：本文用优美、生动的语言写出了伏羲公园的景象，尤其对池塘、文化长廊、喷泉的描写，有声有色，让人身临其境，表达了作者对公园的喜爱与赞美。

小兔子换尾巴

安徽省肥西县大拇指文化艺术培训学校　　二年级：叶浩轩　　指导老师：李雪梅

小作家档案

姓名：叶浩轩
生日：7月9日
身高：128cm
体重：27kg
兴趣：读书、
画画、下棋

座右铭：
认认真真学习，
快快乐乐玩耍！

二等奖

　　在美丽的森林里，阳光明媚、万里无云、树木茂盛。小草探出尖尖的脑袋向大地爷爷点头。花儿们你看着我，我看着你，好像在问好呢！不远处，有一条清澈的小溪，叮叮咚咚响成一片，美丽极了！小动物们都在森林里的草地上玩耍，瞧！小兔子也来啦！

　　小兔子正嫌弃自己的尾巴短，想去和别人换尾巴。它走着走着，看见了尾巴长长的小猴

子，正用自己长长的尾巴挂在树枝上荡秋千呢！小兔子想：如果我有这样的尾巴该多好啊！于是，小兔子说："猴子哥哥，你能不能把尾巴换给我呀？"猴子说："不行呀，我要用尾巴爬树呀！"小兔子失望地走了。它来到松鼠家门口，只见小松鼠正在树枝上跳来跳去玩，松鼠那大大的尾巴就像降落伞一样，小兔子太喜欢那只大尾巴了。于是兔子对松鼠说："松鼠弟弟，你可不可以和我换一下尾巴呀？"松鼠说："不行呀，我要用尾巴掌握平衡的。"小兔子难过地离开了。它又来到了棵大树边，看见了孔雀姐姐那美丽的尾巴，立刻说："孔雀姐姐，你把尾巴换给我，好吗？"孔雀说："不行呀，我要用尾巴飞翔呢！"

　　小兔子沮丧地回家了，到了家，妈妈见它不开心，问它发生什么了，小兔子把自己换尾巴的经过告诉了妈妈。兔妈妈说："每个动物的尾巴都有自己的用处，适合自己的才是最好的。"小兔子听了，心里明白了：原来自己的短尾巴才是最适合自己的！

　　评语：小作者想象丰富，运用语言和心理描写写出了小兔子的换尾巴的过程。

绘风筝，寄快乐

🖍 河南省宝丰凹凸个性教育东方作文　　三年级：陈明岗　　指导老师：张老师

　　"儿童散学归来早，忙趁东风放纸鸢。"星期日下午，老师带着"凹凸曼"们在广场绘风筝、放风筝，我们一个个高兴得手舞足蹈。

　　一开始，我就去领了一个没有颜色的风筝，它的图案是一个海绵宝宝，这让我想起了动画片《海绵宝宝》中的故事。

　　开始绘制图画了，同学们手忙脚乱地干了起来。有的嚷着找不到笔，有的说打

小作家档案

姓名：陈明岗
生日：9月4日
身高：153cm
体重：37kg
兴趣：看书

座右铭：
黑发不知勤学早，
白首方悔读书迟。

二等奖

不开水粉盖，还有的直接用手指头代替笔涂了起来。我生怕落后，也连忙把水粉打开，开始了绘画。我用黄色把海绵宝宝的身子、头和手涂上，像是迎春花的颜色一样。领子涂上了红色，像是鲜艳的红领巾，在太阳光的照耀下，显得特别鲜艳。因为没有褐色，所以我把它的裤子涂上了蓝色，涂上后，我觉得像蓝天的一部分一样。看着自己的作品，我心里暗喜："太漂亮了！"别人拿什么我也不换，因为它是我汗水的结晶。

完成了绘制，我就看看同学们，他们有的在埋头苦干，有的望着自己的作品在沉思，还有的已经绘制完了，和我一样在左顾右盼。其中让我印象深刻的是杨牧尘同学的风筝，因为风太大了，把她的水全部吹洒了，撒在了她的风筝上，风筝的图案成了花脸猫，我开始哈哈大笑起来。

开始放风筝了，同学们就像小鸟一样在广场上飞奔起来。风很给力，我的风筝轻易而举的飞上了空中。这时候，满天都是我们的风筝，这得到了周围观众的不停赞叹。看着大海一样的蓝天，风筝就像一条条小鱼一样在海洋里自由自在地翱翔，我心情愉悦。

今天我不但亲手绘制了独一无二的风筝，还无比开心。期待着下一次的户外课。

评语：详细地写出了绘制风筝的过程，并合理地运用了比喻修辞，一篇生动、形象的文章展现在读者面前。并从字里行间可以看出，活动带给你的快乐。

我最喜欢的游戏——打沙包

 辽宁省锦州市吉庆小学　　三年级：王冠一　　　指导老师：张春梅

有的同学喜欢跑步，有的同学喜欢跳绳，而我喜欢打沙包。

一天中午，阳光明媚，我和几个同学来到宝石广场打沙包。规则是：两个人来打，其他同学站在中间躲，如果中间同学接到了沙包，则队员加一条命。

游戏规则说完，大家便开始玩了。先是奥博和刘旭泽负责打沙包，同学们纷纷地躲开，我正好接到了沙包，我们组多了一条命。接下来其他同学们想尽办法想把沙包接住，可是曹析格偏偏在这个时候，被沙包打中了，我们全体成员都失败了，打沙包的人获得了胜利。

这次，我和郭嘉航负责打沙包了。我们两个偷偷商量一下战术，我来做个假动作。我往右边扔，他们就往左边躲，计划成功了。他们没有注意到我再次往左边扔，一下子就打到了两个，王冠达和赫连方飞因为被我打到，所以他们全部都败了，我们开心地转起圈来。这次到了王冠达和赫连方飞负责打沙包了，他们俩高兴得不得了！一直把沙包扔向我和郭嘉航，想要一雪前耻。谁知我们俩没有被他们打到，反而曹析格被打中了，最后我们还是全败了，他们开心得蹦了起来！

这个就是我最喜欢玩的游戏——打沙包。怎么样，有趣吧！

评语：全文语言朴实，结构自然，首尾呼应，写出了打沙包带给自己的乐趣。

小作家档案

姓名：王冠一
生日：1月5日
身高：152cm
体重：42kg
兴趣：朗读、旅游
专长：琵琶

座右铭：
知识改变生活。

三等奖

我喜欢有味道的春天

山西省晋中市榆次区锦纶小学　　　二年级：王奕博　　　指导老师：李丽萍

今天我早早地就起了床，向窗户望去，太阳透过纱帘，我好像闻到了太阳暖暖的味道。我赶紧穿上衣服，跑到窗边，一片生机盎然，原来——春天来了！

这时，我突然想到老师在课堂上说到的关于春天的词语：春色满园、春暖花开、春光明媚、莺歌燕舞……

我马上开启了寻春的旅行：来到楼下，我被这甜甜的味道牵着鼻子走。循着味道，走到了花

小作家档案

姓名：王奕博
生日：7月14日
身高：130cm
体重：25kg
兴趣：写作文
专长：架子鼓

座右铭：
一直奔跑着。

三等奖

坛边，里面有各色鲜花，蝴蝶花、牵牛花、星星花，还有一些说不出名字的小野花，五颜六色的，漂亮极了！

再转身，被清新的味道引到了柳树姑娘的身旁，她的身上抽着鹅黄色的嫩芽，我将鼻子放在一个嫩芽下面，有树汁的味道，还有生命的味道。她的头发随风飘摆，柔软极了！

嗯？这是什么味道？甜丝丝的糖果味，再向旁边看去，一群和我同样大小的小朋友，手里拿着个蓬松松的棉花糖，你追我赶，他们把厚厚的冬装脱掉了，感觉跑得更轻快了，我也忍不住追着他们跑起来了，看着天空蓝盈盈的，春天可真好呀！而且，春天的味道也好好闻呀！

我喜欢这有味道的春天！

评语：文章以"春天的味道"为线索引领全文，结构清晰，主题明确，词汇量大，语句通顺。但老师最为欣赏的是你写春天新颖的角度，不只写了花香，还写了柳树、太阳、小朋友手里棉花糖的味道，让老师觉得你笔下的春天不仅美，而且甜，读来能感觉到你对春天的静静享受及观察的细致入微。

白雪公主

河南省郑州市东方作文聚源路校区　　三年级：李昊琳　　指导老师：刘天鹏

在一座美丽的城堡里，住着一位国王，王后生了一位小公主，她的身体白白嫩嫩，摸上去光滑极了。后来，小公主长大了，王后给她起名"白雪公主"。

白雪公主一天比一天美丽，但是，白雪公主的王后因病去世了，她都是跟着奶妈长大的。白雪公主去森林里采了一朵玫瑰花，她多么想让王后留下呀！这时一位像海绵一样的宝宝出现了，海绵宝宝黄黄的身体，一双

小作家档案

姓名：李昊琳
生日：5月1日
身高：145cm
体重：35kg
兴趣：画画、跳舞

座右铭：
少壮不努力，
老大徒伤悲。

三等奖

炯炯有神的大眼睛朝着公主看，它心想："她好美呀！"

白雪公主把海绵宝宝带回城堡，国王看见了，决定让海绵宝宝留在城堡里，让它和白雪公主在一起。一天，白雪公主穿着平时都舍不得穿的长裙子准备上学去，在镜子面前照来照去，别人都说白雪公主的裙子真好看，小公主得意洋洋，把她要去学校认真学习的事情早已忘脑后了。到了学校，老师是一只强壮的大熊，叫熊大，它高高壮壮的大身体，就像一个大力士。白雪公主拉着海绵宝宝走进了学校里，老师熊大向她们问好，白雪公主也不答应。

因为白雪公主今天穿得太漂亮了，一路的人都夸白雪公主美丽，她很骄傲，认为自己是学校里最美丽最可爱的学生，上课也光想着自己美丽的裙子，下课她也一直在想美丽的长裙子，老师熊大上课讲了什么知识她都没有记住。

在回城堡的路上，白雪公主拉着海绵宝宝在路上走着，国王就赶来了。国王问公主课上都听了什么知识，白雪公主半天也没想出来一个新知识，国王生气极了，白雪公主承认了自己的错误，下决心要好好学习，天天向上。

后来等到别人再次说白雪公主的裙子美丽时，白雪公主就摇摇头说："我不应该骄傲，要时刻准备学习，不能做一个'少壮不努力，老大徒伤悲'的孩子。"

评语：小作者以有趣的想象，生动的语言，向我们讲述了一个有意义的小故事。且结构安排合理，值得借鉴。

参观海洋馆

山西省运城市绛县阳光教育东方作文　　　二年级：王梓茹　　　指导老师：马草原

五一长假，妈妈带我去洛阳的海洋馆游玩。还没出发我的心里已经乐开了花。一路上我们说说笑笑，就连路上的小鸟都像在为我们伴唱一样。

到了海洋馆，我们先买了票，然后就迫不及待地奔向海洋馆。一进门，我就被各种各样的小鱼吸引住了，它们穿着五颜六色的衣服在鱼缸里游来游去。突然，一只鳄龟向我游来，它的壳上有许多尖刺，样子看起来很凶猛，真把我吓了一跳！最漂亮的要数娃娃鱼，它穿着红白相间的纱裙游过来，好像一位公主在向我问好。

最有趣的就是小海狮的表演，它一会儿表演水中顶球，一会儿表演水里捡木棒，一会儿表演钻铁圈，饲养员叔叔还奖励了它小鱼，看到它精彩的表演，观众们情不自禁地鼓起掌来，为它喝彩。表演完毕，我还和小海狮拍了一张照片，小海狮的头轻轻地靠着我，我忍不住摸了摸它的皮毛，滑滑的，水水的，感觉可真舒服呀！妈妈赶紧按下拍摄键，帮我记下了这美好的瞬间。

时间不知不觉就溜走了，回家的时间到了，我恋恋不舍地向海洋动物们挥手告别……

评语：文章开头情境描写渲染了气氛，引出下文。有详有略的介绍了海洋馆里给自己留下深刻印象的动物朋友，观察细致，比喻生动，语言通俗但不失风趣，结尾处令人感觉意犹未尽。

小作家档案

姓名：王梓茹
生日：9月5日
身高：134cm
体重：35kg
兴趣：画画、唱歌、二胡

座右铭：
不积跬步，无以至千里；不积小流，无以成江海。

三等奖

我的家乡

重庆市开州区东昇教育平桥金科校区　　二年级：李有燕　　指导老师：彭丹

我的家乡在开州，那儿一年四季都很美。

春天，百花齐放，所有的鲜花都开了。有雪白雪白的梨花，有红红的杜鹃花，还有金灿灿的油菜花……五光十色，非常美丽。

夏天，烈日炎炎，大树就像撑起一把把大伞，把太阳遮住了。蝉在树上"知了，知了"的唱歌，好像在说"夏天来了，夏天来了！"

秋天，果实累累，水果都

小作家档案

姓名：李有燕
生日：8月28日
身高：125cm
体重：25kg
兴趣：读书

座右铭：
少壮不努力，老大徒伤悲。

三等奖

露出一张张笑脸。有水灵灵的葡萄，红彤彤的苹果，还有黄澄澄的雪梨……真是一个丰收的季节。

冬天，鹅毛大雪，地上铺了一层厚厚的棉被。房子上，树上都是一片雪白，连小河里的水也结冰了。冬天真是一个冰雪乐园。

啊，我的家乡真美，我爱我的家乡。

评语：本文按照总分总的顺序，写出了家乡开州一年四季美丽的景色，表达了对家乡的热爱之情。

公园里的春天

河南省三门峡市东方作文校区　　　三年级：李炫叶　　　指导老师：陈淑霞

春天来了，温暖的阳光照耀着大地。温柔的春风来到公园里，唤醒了小鸟，吹绿了小草，吹红了小花，融化了冰面……

欢快的小鸟一会儿从窝里飞出来，一会儿又停留在树枝上，它们灵活地转动着小脑袋，嘴里一直叽叽喳喳的叫着，好像在说"春天来了，春天来了……"

春姑娘迈着轻盈的脚步向我们走来，嫩绿的小草仿佛听见了春姑娘的呼唤，偷偷地从泥土里探出了小脑袋，它们就像一个个好奇的娃娃，伸长了脖子打量着外面的世界。

小作家档案

姓名：李炫叶
生日：4月1日
身高：135cm
体重：25kg
兴趣：绘画

座右铭：
不求最好，
但求更好。

三等奖

湖水解冻了，平静得像一面大镜子，把旁边的楼群和树木都映在了水中，连太阳也完全映入湖水里，泛着耀眼的金光。湖水很绿，微风吹来，湖面上荡起一层层细小的水纹，像是妈妈皱了的绿丝巾。

月季花发出了新的嫩芽，海棠花已经长出了花蕾，那花蕾饱满红艳，圆鼓鼓的，像无数颗小樱桃。从一处腊梅经过，阵阵花香扑鼻，不禁让我想起了王安石的《梅花》："墙角数枝梅，凌寒独自开。遥知不是雪，为有暗香来。"这种香味甜甜的，幽幽的，公园里散步的人们都忍不住停下脚步深呼吸几口，有的还拿出手机拍照，好像要留住这大自然的馈赠。

你看那金灿灿的迎春花，它还没有长叶子，小小的花朵是直接长在枝干上的，像一条条金黄的长鞭子。它的枝条都是向下垂着长的，远远看去，就像一片黄色的瀑布，特别好看。

湛蓝的天空飞来几只小燕子，它们外穿黑色的燕尾服，里面有雪白的衬衣搭配，像高傲的绅士一般。它们忙碌地寻找合适的地方筑巢、搭窝，这不禁让我想起白居易的那句诗："几处早莺争暖树，谁家新燕啄春泥"。

春天的公园真美啊，我爱这美丽的春天。

评语：小作者笔下的公园，一草一木，一花一鸟，处处是美景，有种让人和你一探究竟的冲动。描写景物用了总分结构，顺序得当。文中多处引用古诗，说明你是个处处留心，博学善思的孩子，继续加油，期待你能写出更加优美的作品！

我最喜欢的游戏

辽宁省锦州市吉庆小学　　三年级：邓惠旸　　指导老师：张春梅

我的记忆，就像那一望无际的星空，每一颗都是闪闪发亮。但是，有一颗最亮的星星，它就是我记忆最深的游戏 ——"对着干"的游戏。

记得有一次上作文课，老师神秘地说："今天，我们要做一个游戏。""游戏？"大家异口同声。惊讶了好一会儿，大家才反应过来。"太好啦！还等什么？快开始吧！"我高声喊着。"别急，这个游戏名字叫'对着干'。""对着干？什么意

小作家档案

姓名：邓惠旸
生日：12月26日
身高：136cm
体重：28kg
兴趣：画画、看书、诗朗诵
专长：钢琴、舞蹈

座右铭：
书山有路勤为径，学海无涯苦作舟

三等奖

思？"别的同学问。我也猜不出老师的葫芦里卖的到底是什么药。

老师说出了游戏规则："我说出一个动作，然后你们做出和我说的相反的动作。"游戏开始了！老师第一个口令是"起立"。有位同学"唰"地起立了，他看看其他同学，都没有站起来，脸瞬间就红了，低下了头，又快速地坐下了，没有站起来的同学都被他的反应逗笑了。

老师第二个口令是"哭"，于是我们哈哈大笑，第三个口令是"笑"，我们就哇哇大哭……

这个游戏在我们欢声笑语中结束了。也许你会问我，我为什么这么喜欢"对着干"这个游戏？我会告诉你，这个游戏既可以让生活充满快乐，又练习了我们大脑的反应能力。

评语：全文节奏明快，语言清新，始终洋溢着诙谐与幽默，读起来其乐无穷。

悟空游人间

陕西省榆林市东方学社　　三年级：胡炜　　指导老师：西贝

孙悟空自从获得了斗战胜佛的称号后，天天嘻嘻哈哈无所事事。有一天他听说人间特别有趣就想去看看。于是就一个筋斗云飞过十万八千里，一下子来到了大头儿子的卧室。悟空定了三秒钟，发现有个小男孩扑闪着一双大眼睛盯着他。

"你是真的孙悟空吗？"大头儿子问。

"当然是俺老孙啦！这世界谁还敢冒充我呢！我在天上待腻了，想下来玩玩，你能给我当导游吗？"孙悟空一边挠着脖子一

小作家档案

姓名：胡炜
生日：10月21日
身高：146cm
体重：31kg
兴趣：国学、跳舞、看书

座右铭：
书籍是人类进步的阶梯。

二等奖

边说。

"当然可以啊！可是爸爸妈妈不同意怎么办？"

孙悟空跳到凳子上摆摆手说："那还不简单。"于是拔了根猴毛变出了一个大头儿子。于是他们一溜烟来到了大街上。

眼前的景象让孙悟空目瞪口呆，就像刘姥姥进了大观园，不停地上蹿下跳。大头儿子看着全身长毛，尖嘴猴腮的孙悟空不由得说道："孙悟空你本领是大，可就是长得怎么那么丑呢？"悟空听到后，忙看着四周又打量了一下自己，觉得是与周围的人不同呀！于是忙问："那你们人间有让我变帅的办法吗？"大头儿子晃了晃大脑袋说："有啊！美容院呀！我妈妈就常去一家叫白雪公主的美容院。那里的老板娘白雪公主长得可漂亮了，人也特别善良。"于是他们就撒腿来到美容院。接待他们的正是白雪公主。听着她温柔的讲解，看着她洁白的皮肤，更加坚定了悟空美容的决心。他让白雪公主用一台高级褪毛机将猴毛褪得干干净净，还做了个美容套餐。孙悟空对着镜子中的自己，左瞧瞧，右看看，十分满意。特别想回到花果山给弟兄们显摆一下。悟空和大头儿子和白雪公主告别后又一个筋斗云就回到了花果山。

刚到花果山他就看到一个小妖正欺负他的徒孙。那小妖一看是孙悟空回来了，就随手拔了一根妖毛变出了100个小妖。孙悟空心想：这种小伎俩也敢在你孙爷爷面前耍，真是不知天高地厚。他也习惯性地伸出手去但却拔了个空。趁这个机会小妖逃走了。

悟空顿时为他的盲目爱美而感到后悔，从此再也没去美容院了。

评语：这位小作者有天马行空的想象力，而且能抓住悟空顽劣不羁的天性，大胆创新又合乎情理！难得！难得！

我最想过的节日——六一儿童节

 山西省临汾市东方作文洪洞分校城区　　三年级：张芝菱　　指导老师：苗壮

我最想过的节日就是六一儿童节。知道为什么吗？就让我给大家讲一讲吧。

有一次六一儿童节的时候，家里来了很多人，他们有的给我带衣服，有的给我带零食，还有的给我带玩具，我可开心了。我问妈妈："怎么没有人给哥哥带礼物呀？"妈妈回答说："宝贝，因为哥哥长大了，他不再玩玩具、吃零食了。"当时想，还是小孩儿好！

记得我一岁的时候，那是第一次过六一儿童节，妈妈给我买了一个我没有见过的"娃娃蛋糕"，我当时不会说话，我只会说"爸爸、妈妈。"我指着蛋糕说："妈妈，妈妈"。妈妈对我说："那个是蛋糕，你看上面还有奶油和水果呢。"说着妈妈给我拿了一块。晚上，我们回到了家里，我发现家里有一大包大礼

小作家档案

姓名：张芝菱
生日：4月1日
身高：135cm
体重：24kg
兴趣：画画
专长：钢琴

座右铭：
少壮不努力，
老大徒伤悲。

三等奖

物，我把它拆开以后，原来里面是一个兔子玩偶，我当时开心极了。这时，哥哥又递过来一袋礼物，哈，原来是一袋好吃的零食。真是太开心了！

这就是我最想过的节日——六一儿童节。我盼望着今年的儿童节，希望我可以过得更快乐！

评语：小作者喜欢过六一儿童节，是因为可以收到很多礼物。把一个孩童的心理丽刻画得很详尽！表达了自己对儿童节日的期望和喜爱！

大头儿子的奇遇记

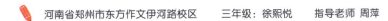

河南省郑州市东方作文伊河路校区　　　三年级：徐熙悦　　　指导老师 周萍

大头儿子每天看电视，他可是最喜欢孙悟空啦！孙悟空会七十二变，一个跟斗十万八千里呢！大头儿子每天都想着：我为什么不能和孙悟空在一起呢？让他教我七十二变，这样我就可以不用写作业、上课、打扫屋子啦！哈哈……可有一天，他的梦想实现了。

这还得从那天考试说起。那天，大头儿子考试只得了56分，还不及格呢！大头儿

子想：回家一定会挨打的，怎么办呢？哎，要是孙悟空在就好啦！刚想着，他就看见天上有个亮闪闪的东西，会不会是星星？什么呀，大白天哪儿有星星？大头儿子猜着。可是，这亮闪闪的东西越来越大，最后，竟把大头儿子带走了。大头儿子还没来得及喊一声哩！大头儿子心里害怕极了！这是谁呀？是不是要杀死我？大头儿子想到这儿，浑身都抖了起来。"喂，你抖什么呀？抖得俺老孙都抱不住你了！"一个声音传了出来。"啊！你、

小作家档案

姓名：徐熙悦
生日：1月2日
身高：142cm
体重：27kg
兴趣：看书、画画、弹钢琴

座右铭：
时间就像海绵里的水一样，只要你愿意挤，总还是有的。

二等奖

你、你是孙悟空？"大头儿子不相信。"啊，到了！猪八戒，来接客人呀！"咦？猪八戒？难道……我真的被孙悟空带走了？大头儿子激动万分。"哎！来了！为什么总叫我？而不叫沙师弟？"猪八戒叫道。大头儿子一看，呵！真是电视里的猪八戒。又忙转过头，看见了孙悟空，沙僧也闻声来了，高兴地说："哎！你就是有困难的小孩儿？""啊，是是。"大头儿子有些太激动了。接下来，他们就给他好吃的，还给了他蟠桃园里的桃让他吃！大头儿子乐得合不拢嘴。就这样，不知过了多少天，虽说日子很好，也不用上课、写作业、打扫屋子。哦对了，孙悟空还教他七十二变，不过回去就不灵了！但这不重要，重要的是 ——他想爸爸、妈妈了！他给孙悟空说了，可悟空说："回去可还要干那些烦人的事儿！七十二变也不显灵啦！"可今天，大头儿子下定了决心。悟空叹了口气说声．"回！"大头儿子就什么也不知道了。

　　"起床了！"一个声音响起，大头儿子一看，是围裙妈妈。她走出了卧室，看到了小头爸爸！大头儿子哭了。可那以后，大头儿子变认真了，门门功课90分以上，爸爸妈妈都很奇怪。

　　评语：文章题目新颖，小作者想象力丰富，捉住了主要人物的特点，把生活中的动画片融入到了生活，学以致用，非常棒！

白雪公主

河南省郑州市东方作文农业路校区　　三年级：杨光明媚　　指导老师：邵丹丹

今天我来给大家讲一讲白雪公主的故事吧！

白雪公主是一位漂亮又善良的动画人物。她长着一双水汪汪的大眼睛，像黑宝石一般，特别迷人。一头乌黑亮丽的长发，像瀑布一般，使白雪公主看起来更加漂亮。在她身上发生过这样一个故事。

有一天，世界上最恶毒的皇后问随身携带的魔镜："魔镜，魔镜，谁是世界上最美的女人？"魔镜说："这里数您最漂亮，但是白雪公主比您漂亮一千

倍。"皇后听了勃然大怒，一心想杀死公主。她叫来士兵，对他说："把白雪公主给我杀了，把她的心给我拿回来。"士兵听了都非常同情白雪公主。在他们找到白雪公主后对她说："白雪公主，皇后想要杀你，你最好跑得远一点儿，别再回来了。"公主听了这个消息之后就赶紧逃跑了。于是士兵就找来一头猪把它给杀了，心拿出来装到盒子里给了皇后，并说："这是白雪公主的心，我把它给您拿回来了。"听到这个消息后，皇后心里乐开了花。她又问魔镜："魔镜，魔镜，谁是世界上最美的女人？"魔镜说："这里数您最漂亮，可世界上的白雪公主是最漂亮的。"这时皇后听了像热锅上的蚂蚁一样团团转。突然，皇后灵机一动，脸上露出了阴险的笑容，她想到一个"天衣无缝"的计划：我要在鲜红的苹果外面，涂上我调配的毒药，只要白雪公主吃一口这个毒苹果就会立刻死去，那我就是世界上最美的女人啦。皇后很快就做出了一个毒苹果，并来到了白雪公主的身边。她摇身一变，化作一位头发花白、脸上布满皱纹的老婆婆。只见她可怜兮兮地说道："求你买下这个又大又红的苹果吧，它的味道真的好极了。"善良的白雪公主就买下了苹果并迫不及待地尝了一下，一口下去，她就立刻倒在了地上，晕了过去。

王子骑着白马过来，看到如天仙一般的公主竟然遭遇这般险境，王子小心翼翼地将她放到玻璃球里，希望白雪公主可以重生。

这就是白雪公主的故事！

我最喜欢的游戏

 辽宁省锦州市解放小学　　三年级：李一泽　　指导老师：张春梅

小作家档案

姓名：李一泽
生日：4月27日
身高：143cm
体重：30kg
兴趣：画画、看书、打篮球

座右铭：
不飞则已，
一飞冲天；
不鸣则已，
一鸣惊人！

三等奖

　　我喜欢跳大绳，我喜欢打口袋，我还喜欢踢足球，可是我最喜欢的游戏是"对着干"。

　　今天，刚上课的时候，我们就听老师说："今天我们要做一个游戏。"老师刚说完这句话，教室里炸开了锅。有的同学哈哈大笑，有的拍手叫好，有的一蹦三尺高……可是，我想：老师的葫芦里卖的是什么药？我心中有一个大大的问号。突然，我听见老师说："这个游戏的名字叫'对着干'。"

　　老师说："游戏规则就是跟老师说出的动作相反，叫'对着干'。"

　　老师说："开始！"就在这时，我聚精会神地盯着老师。老师说："起立！"有些同学快速地站起来了，乐得我们哈哈大笑。老师又说："哭！"我们就哈哈大笑。老师又说："笑！"我们就哭。老师说："坐下！"大多数的同学还坐着，只有6个人站了起来，做对了，其中就有我。我们6个人被老师叫到前面去做示范了。老师说："立正！"我们就乱动，可是有三个人没有做对只好下去了。老师又说："说话！"我们应该闭嘴，可是我和另一个男生做错了，最后一个胜利的是一个小女生。

　　这个游戏练反应速度，还练智力，我最喜欢这个游戏。

夸家乡

河南省信阳市信达教育东方作文　　二年级：王煜钦　　指导老师：贾老师

有人说家乡的春天最美，有人说家乡的夏天最美，可是我却认为家乡的一年四季都很美。

春天，我家乡的树都长出来绿色的绿叶，还有小草都悄悄地探出了小脑袋，大地变成了绿色，好像一片大大的绿地毯，小燕子从南方飞回来了，还叽叽地叫着好像在说："春天来了，春天来了！"

夏天，树的叶子更加浓密了，到处都变得美丽了，荷叶像一个大玉盘，粉红的荷花发出了阵阵清香。

小作家档案

姓名：王煜钦
生日：6月29日
身高：129cm
体重：25kg
兴趣：看书、运动

座右铭：
读万卷书，行万里路。

二等奖

秋天，树的叶子变得金黄金黄的，这些叶子在秋风的吹拂下漫天飞舞。果子都成熟了，石榴、柿子、苹果挂满了枝头，像极了大灯笼。

冬天，下雪啦。大树和房子变白了，大地好像铺上了白花花的地毯。人们都出去玩，有的打雪仗，有的堆雪人，还有的玩滑雪。欢声笑语在家乡上空回荡。

我最喜欢我的家乡了，我觉得我的家乡是全世界最美最好看的地方，欢迎到我家乡来做客。

评语： 有条理地写出了家乡的四季之美，表达了你对家乡的赞美之情。

找春天

内蒙古通辽东方作文分校　　二年级：丁祎　　指导老师：刘颖

春天在哪里？春天在哪里？

我知道春天在哪里，让我来带你们去找春天吧！

春天在我们的眼睛里：小草青青，柳枝发芽，桃花朵朵开，我们穿衣越来越少，厚厚的棉衣失踪了，沉沉的鞋子不见了，薄薄的衣裙亮起来了，走起路来更轻便了。

春天在我们的耳朵里：候鸟回归，莺歌燕舞；冰雪消融，泉水叮咚；春雨沙沙，风儿呼呼。

春天在我们的鼻子里：一场春雨过后，你会闻到各种春的味道，有花草树枝的清香，泥土的芬芳，还有暖暖的午后阳光。

春天就在我们的身边，春天就在我们的身边！让我们动起来，一起来找春天！

一日之计在于晨，一年之计在于春。春是希望的开始，我们是祖国的未来，让我们动起来，为祖国更加美好的未来好好学习，天天向上，一起来寻找属于我们自己的春天吧！

小作家档案

姓名：丁祎
生日：8月13日
身高：132cm
体重：25.4kg
兴趣：看书、游泳、冒险
座右铭：
艺术源于生活，付出才有收获，我的微笑是妈妈最大的幸福与快乐。

二等奖

评语：开头新颖，以歌词引入渲染意境。全文对春天进行了全方面的描写，语言优美，将春天的美描写得有声有色，结尾呼应开头，点名主题，自然收尾。

野餐

河南省新乡市封丘县三里庄小学　　二年级：刘汉　　指导老师：徐海霞

星期天的上午，阳光明媚。小明、小刚和小红一起去郊外野餐。

郊外的景色真美呀！他们来到树林边，小鸟在枝头快乐的歌唱。他们走着走着肚子饿了，就坐在草地上吃起东西来。小明、小刚和小红拿出各种各样食物，有的吃薯片，有的吃香蕉，还有的喝可乐，津津有味地吃着。他们一边吃一边把香蕉皮、水瓶扔到了草地上，把美丽的大森林变成了垃圾堆，他们还不知道这是错误的行为。一会儿，小红发现了，严肃地说："我们这样做是不对的，看，我们把美丽的大森林都弄脏了！"说完，他们就赶快把垃圾收了起来。草地上又变得干干净净了。

看着美丽的大森林，他们高兴极了！从中我明白了应该爱护环境，要多种树、栽花，绿化祖国，不能乱扔垃圾破坏环境！

评语：句子通顺，描述出了图片内容，还写出了自己明白的道理。

小作家档案

姓名：刘汉
生日：1月17日
身高：120cm
体重：21kg
兴趣：读书、画画

座右铭：
一分耕耘，
一分收获。

二等奖

家乡的四季

江苏省徐州市睢宁县睢城镇实验小学　　二年级：尹玥婷　　指导老师：胡文

我的家乡在姚集，家乡的一年四季都很漂亮！

春天，我的家乡成了花的世界。有金黄的迎春花，有粉红的桃花，还有雪白的梨花。它们百花齐放、争奇斗艳，美丽极了！那绿油油的小草探出了头，人们便可以滑草了。要知道，滑草可是很刺激的！眨眼间你就能从30米高的塔顶滑到草场底部，就像是一辆跑车瞬间加速一样。阳春三月，风和日丽，每到周末，广场上就会有好多人放风筝，有老鹰形状的，有燕子形状的，还有机器猫形状的，好看极了！广场上时不时的传来小朋友们欢声笑语。

夏天，我的家乡变成了树的海洋。马路两边粗壮又挺拔的白杨树，热的时候还可以到树底下乘凉呢！我们不仅可以吃到好吃的冰激凌，还可以到游泳池里游泳。

秋天，是我家乡丰收的季节。果园里有晶莹透亮的葡萄，还有籽大饱满的石榴。

冬天，我家乡变成了雪的乐园。雪花飞舞，我们可以堆雪人、打雪仗、滑冰，开心极了！

我的家乡真美啊！你们还可以到我的家乡做客哦！

评语：你的这篇作文能抓住四季的特点来写，语句优美流畅，结构清晰。很棒！

公鸡借伞

 山西省祁县东方作文分校　　　二年级：靳济辉　　　指导教师：马千苑

一天，青蛙、乌龟、鸭子和公鸡一起出去散步。刚好经过小猫家门口的时候，忽然，天色大变下起了狂风暴雨。小猫走出门说："青蛙弟弟，你用不用伞？"青蛙说："小猫姐姐，我不怕淋雨。"接着小猫又问："那么，乌龟哥哥，你怕不怕淋雨呢？"乌龟说："小猫妹妹，我有一个壳，可以钻进去。"然后小猫对着鸭子说："鸭子妹妹，你怕不怕淋湿？"鸭子说："因为我会游泳，所以也不怕淋雨。"最后小猫对公鸡说："公鸡哥哥，你怕不怕呢？"公鸡慌慌忙忙地说："我很怕淋雨，要

是雨淋到我的羽毛上，我会变成落汤鸡，可以借用一下你的伞吗？"小猫说："当然可以。"公鸡拿上伞高兴地回家了。

雨过天晴后，公鸡赶紧拿着伞朝着小猫家奔去，到了小猫家后，特别感激地说："小猫妹妹，谢谢你把伞借给我。"小猫连忙说："不用谢，不用谢，以后你遇到困难可以随时来找我帮忙。"公鸡说："太谢谢你了。"

评语：叙事完整，中心突出，四字成语运用恰当。可见小作者语文功底扎实，如果运用修辞手法会更加生动。

小作家档案

姓名：靳济辉
生日：2月3日
身高：140cm
体重：30kg
兴趣：画画

座右铭：
是金子总会发光的！

二等奖

我希望我的房间是……

🖊 河南省三门峡市东方作文校区　　三年级：马锐哲　　指导老师：陈淑霞

我希望我有一间独一无二的屋子。

我希望我的房间是一辆坦克。我一有时间就要开着它巡逻，保护祖国的山山水水。

我希望我的房间是一艘潜水艇，我开着它进入海底世界，探索海洋的奥秘，这里不仅有各种海洋生物，说不定还会发现许多宝藏呢！

我希望我的房间是一架飞机，我要开着它环游世界，去看望在德国做生意的姑姑。她看见

小作家档案

姓名：马锐哲
生日：10月28日
身高：155cm
体重：50kg
兴趣：爵士鼓、打篮球、轮滑、骑单车、游泳

座右铭：
人生经历无数风雨，终有一次会成功。

一等奖

我一定会大吃一惊。然后诧异地问："你是怎么来的呢？"我只是神秘地笑一下，不告诉她我是怎么去的，让她一直疑惑地猜下去。

我希望我的房间是一辆赛车，我要开着它参加比赛，并让它见证我是怎样成为世界冠军的，我还要开着它满世界的参加比赛，让大家都用羡慕的眼光追随我，还不住地啧啧称赞："瞧，他多威风呀！"

我特别希望我的房间是一间魔术屋。这是一张上下铺的床，枕头是面包，被子是青菜，床的上层是冰激凌，下层却是巧克力做的，想想都流口水啊！天气热的时候，我希望我的房间是冰做的，即使太阳火辣辣地照着我的屁股，我也丝毫不觉得热。天气冷的时候，我希望我的房间是一个温棚，即使外面下了厚厚的雪，我也丝毫不觉得冷。

可是，所有的幻想之后，我最最喜欢的还是我现在的房间。在这里我不仅可以读书写作业，还可以做我喜欢和不喜欢的事情。可以疯狂地把屋子弄得一片狼藉，可以在房间里歇斯底里地吼叫，还可以听妈妈不厌其烦的唠叨，听爸爸一针见血的批评。因为这里记录着我成长的足迹，等我长大了，飞远了……这该是多么美好的回忆啊！

评语："一切皆有可能"！小作者写出了自己大胆的想象，把自己的房间想象成各种物体，把现实中难以实现的各种愿望都用文字形象地表达出来，最后又回到现实中的房间。写想象又不脱离现实，让读者也想和你一起住一住你理想中的房间呢！

我最喜欢的小狗

 辽宁省锦州市解放小学　　　三年级：朱恺瑶　　　指导老师：张春梅

我姥姥家有一只可爱的金丝犬，名字叫豆豆。

它长着一身金黄的毛，像穿了一身晚礼服一样。它圆圆的脸上长着两个玻璃球一样的眼睛，闪闪发亮。在大大的眼睛下面长着一个像巧克力一样的鼻子，在鼻子下面长着一张笑眯眯的小嘴巴。如果一不小心把它伤着了，它就会露出一嘴尖尖的牙。

它最喜欢玩扔石头。有一次，我带着豆豆去公园玩，我们找了一个广阔的大草坪，可是我没有带玩的东西，怎么办呢？在这时，豆豆趴在一块石头旁边摇尾巴。我灵机一动，拿起那块石头扔了出去。只见小草在摇晃，豆豆已经没影了，等我再一看

的时候，豆豆正在我的脚下摇尾巴呢！它好像在说："你在等什么小主人，我们接着玩呀！"我们玩得非常开心，都忘了时间。我一看手表，惊讶地说："什么，都下午了！"说完我便带着豆豆急急忙忙地赶回家了。

我太喜欢和豆豆玩了，上学都忍不住想和它玩！

评语：文章段落清晰，简单明了，写出了小狗的外貌及爱玩的天性，如细节描写再表达出来，相信文章会增色不少！

小作家档案

姓名：朱恺瑶
生日：4月14日
身高：140cm
体重：45kg
兴趣：玩游戏
专长：游泳

座右铭：
知识就是力量。

三等奖

孙悟空，海绵宝宝和熊大

河南省郑州东方作文大润发校区　　　三年级：王翊凡　　　指导老师：李园园

从前，在葱绿的草原上，生活着三个霸主：孙悟空，熊大和海绵宝宝。他们互不相让，占领整个草原。

熊大：聪明伶俐，武艺高强。孙悟空：他会七十二变，想变什么就变什么。海绵宝宝：憨态可掬，质朴醇厚。当时还有一位国王，他就是大名鼎鼎的大头儿子。大头儿子宣布："明天，要召开一场智力比赛，谁赢了谁就可以成为草原上的王。"

大家都回营准备了一番，第

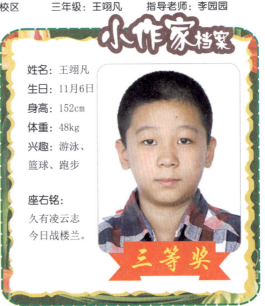

小作家档案

姓名：王翊凡
生日：11月6日
身高：152cm
体重：48kg
兴趣：游泳、篮球、跑步

座右铭：
久有凌云志
今日战楼兰。

三等奖

二天，国王挑出了三个人。分别是：孙悟空，海绵宝宝和熊大。

夜幕初垂，比赛开始了。台下有的给熊大欢呼，有的给孙悟空助威，有的给海绵宝宝加油。第一轮是语文比赛，最爱语文的熊大赢得了这场比赛。第二场数学比赛，最擅长数学的海绵宝宝拿回了分数。

最后一场英语比赛，熊大赢了，在场的观众欢呼声越来越高。

故事讲到这里，你们都应该知道谁是草原之王了吧！

评语：全文语言生动准确，情节精彩曲折，仿佛将读者带进了开心乐园，令人眉开眼笑，全文通俗易懂，趣味性强。

风景优美的地方

山东省日照市莒县第四实验小学　　　三年级：张宗皓　　　指导教师：于光燕

我去过海边风光美丽的沙滩，见过雄伟厚重的山峦，也曾置身在人山人海的都市广场，但我觉得风景最优美的地方就数我家乡的沭河公园了。

春天，沭河公园的鲜花们争先恐后地开放着，似乎迫不及待地想要看看这美丽的春天。河里的冰都融化了，河水温柔欢快地流着，叮叮咚咚的向前跳跃着，像春天里动听的琴声。小草从地面探出头来，好像春天的眉毛，嫩绿嫩绿的。地面上的石头闪闪发光，好像在春天的阳光里眨眼睛。小鸟叽叽喳喳欢快地唱着春天的歌儿。春天的沭河公园多么温柔，多么美丽啊！

小作家档案

姓名：张宗皓
生日：2月8日
身高：142cm
体重：38kg
兴趣：读书

座右铭：
所谓天才，实际是依靠学习。

一等奖

夏天，花草树木长得十分茂密，树木把阳光给遮得严严实实的，树下有一大片阴凉，那是在给农忙的人们提供休息的场所呢！旁边有一条大河，河水干干净净的，水

面静得像一面镜子。微风吹过，波光粼粼好像在水面上撒下了一层钻石。人们在那里玩耍，摇着扇子乘凉，仿佛一张美丽的图画。

秋天沭河公园的树叶从空中慢慢地落下来，像一个个小精灵在空中飘来飘去，荡在空中好像舞蹈一般；落在地上像铺了一层厚厚的绒毯。西南角有一片水果园，里面有苹果、栗子等等。秋天一到，果香四溢，整片公园都被浓浓的果香陶醉了。这里还有香甜可口的蜜桃，又酸又甜的葡萄，紫色的小葡萄像一个个紫色的宝石，悬挂在绿叶间，挨挨挤挤的，真是热闹极了！

沭河公园的冬天，很冷，很安静。树上的叶子都悄悄地落光了，好像要冬眠。河面结了一层又厚又白的冰。树和大地也裹上了银装。眨眼间，世界变成了洁白的一片。偶尔有几只不怕冷的小鸟跳出来，叫几声，似乎在提醒人们别忘了这座美丽的公园……

啊！美丽的沭河公园，真是一个风景秀丽的好地方啊！

评语：开头运用了百里挑一式，写出了对家乡的热爱。中间按四季顺序把沭河公园写得美不胜收。拟人句和比喻句结合得很好！语言流畅，详略得当！不错！

中秋节

陕西省西安市洪恩教育未央实验校区　　　三年级：张涵昱　　　指导老师：周英

每年农历的八月十五是中国的传统佳节——中秋节，它是我国的第二大传统节日，因为它在秋季八月中旬，故此被称为"中秋节"。

中秋节最重要的习俗就是赏月，每到八月十五这一天，每年中最圆的月亮就会出现。一轮金黄的明月挂在天空中，洒下皎洁的月光，那圆月性格多变，一会害羞地钻进云姐姐的怀里，一会又害羞地和星星弟弟捉迷藏，一会又乖乖的听

小作家档案

姓名：张涵昱
生日：10月30日
身高：130cm
体重：24kg
兴趣：唱歌、围棋、画画

座右铭：
亲身下河知深浅，
亲口尝梨知酸甜。

三等奖

爷爷和叔叔们讲故事。

说到月亮，关于她还有一个神话故事呢！相传后羿和嫦娥生活得非常幸福，有一天，后羿得到了两颗长生不老的仙丹，后羿的徒弟趁后羿不在家，想偷走这两颗仙丹。妻子嫦娥为了保住这两颗仙丹，一口吞下，就只见身体轻飘飘的飞向了月亮上。

中秋节除了赏月以外，最受人欢迎的另一个习俗就是吃月饼。因为饼子像月亮，所以称为月饼，吃月饼可有团圆的意思哦。每到中秋节来临的这一天，各种各样的月饼就会出现在大家的眼前，有水果月饼、豆沙月饼、蛋黄月饼等等，让人见了直流口水。

这就是我国的传统节日。

评语：本篇作文主要是描述我国的传统节日中秋节的来历和习俗，文笔流畅，内容丰富全面。

快乐串串烧

河南省南召东方教育城关一小　　三年级：李政良　　指导老师：王康

今天，我在东方教育作文班上课。老师说："为庆祝六一儿童节，我们来玩游戏。"一听老师说要带我们玩几个游戏，我高兴得心花怒放，大家也是一蹦三尺高。此刻我最想知道的是要玩什么游戏。

第一个游戏是找不同，老师在大屏幕上展示出两张图片。不一会儿，大家就像一群炸了锅的小麻雀，举手尖叫，急于说出自己找出的不同地方。第一张图片上的小动物一个有尾巴，一个没尾巴；第二张图片上一间房子的门是黄色的，另一间却是蓝色的。

第二个游戏是猜谜语。我们很快就把谜语猜完了。给我印象最深刻的是第三个游戏：抢凳子。

小作家档案

姓名：李政良
生日：11月20日
身高：140cm
体重：34kg
兴趣：看书
专长：科技拼装

座右铭：
相信自己，
战胜自己。

二等奖

我们找出12个人，放10张凳子。老师让我们围着凳子转圈圈，当老师喊"停"，每个人就以最快的速度坐下来，没有坐上凳子就被淘汰出局，最后两个人抢一张凳子决胜负。

可惜我到第五轮就输了，因为我太大意。

最后，一个男生和一个女生抢凳子，他俩都专心致志地盯着凳子，一边走一边做出随时要坐上凳子的姿势，弯着腰，伸着手，气氛十分紧张，最激动人心的时刻到了，结果女生胜利了！看来决定胜负的不是力气，而是专心程度。

我觉得今天非常开心，因为我们获得的快乐是一串串的！

评语：能够把简单的课堂，写得如此清楚热闹，令人心生羡慕。篇末照应题目，中心突出。

未来的万能"吸尘器"

🖊 湖南省邵阳市唐朝雅郡校区　　三年级：钟锦宇　　指导老师：石奇花

2030年，人类的科技已变得非常发达。瞧！人类已经发明了万能"吸尘器"啦！这种吸尘器的功能可多了。

雨天，天空电闪雷鸣，吵得人无法入睡，但此时，你若按一下吸尘器上方的红色按钮，它便会把闪电，雷鸣吸进去。停电时，你若按一下绿色按钮，它就会把打雷时储存的电量转换成普通灯的光亮，照亮整间屋子。

夏天，太阳炙烤着大地，人们热得汗流浃背。这时，它便会将闷热的空气吸走，人们便会感觉到凉爽。

小作家档案

姓名：钟锦宇
生日：12月5日
身高：129cm
体重：25kg
兴趣：看书

座右铭：
书是人类进步的阶梯。

二等奖

冬天，大雪纷飞，寒风像把刀一样刮着人的皮肤。房屋里，到处都充斥着冷空气，人们即使盖着厚厚的棉被也会冷得直打哆嗦。此时，你只要按一下吸尘器上面的黄色按钮，它就会将夏天吸收的热量转换成暖气释放出来，人们便不再害怕寒冷了。

它还能伸能缩，大小变换自如。如果哪个地方涨大水了，只要你按一下蓝色按钮，它就会张开大嘴，将洪水全部吃进肚子里，等到干旱季节再按一下蓝色按钮，它便把储存的水全部吐到稻田，滋润禾苗。

"儿子，快起床！"妈妈的喊声把我从梦中拉回了现实，我望着天花板，心想:我一定要好好读书，发明一个这样的万能"吸尘器"。

评语：小作者想象力丰富，将吸尘器的功能介绍得详细具体，梦境式的结尾更是让人眼前一亮。

我最喜欢波斯猫

 辽宁省锦州市解放小学　　三年级：郑博元　　指导老师：张春梅

我的姥姥家有一只可爱的捕鼠能手——小花猫，我非常喜欢它。

我的爸爸和妈妈说这只小猫是一只纯种的波斯猫。有一天，我拿来一条小鱼给它吃。可是，它没有吃这条鱼，而是"喵——喵——"地叫起来，好像在说："这条鱼太小了，给我换一条大鱼。"我又拿来了一条大鱼，这次，小猫还是没有吃，而且它又"喵——喵——"地叫了起来，又好像在说："我要吃饭了，你快出去。"我听见了，就马上出去了，它就偷偷吃了起来。我每次看到它吃鱼的时候，它就会立刻不吃，等我走了，它才把大鱼慢慢地吃掉，它可以说真是一只贪吃的小花猫。

小作家档案

姓名：郑博元
生日：8月31日
身高：135cm
体重：32kg
兴趣：踢足球
专长：跑步

座右铭：
抛弃时间的人，
时间也抛弃他。

三等奖

它不仅贪吃，而且还很贪玩。有一次，它在我吃饭的时候，总是对我"喵——喵——"地叫，好像在说："小主人，吃完饭陪我玩一会儿吧！"我吃完饭之后，就给它一个线团。不一会儿，它就被线缠成一个"木乃伊"，我看见了，忍不住哈哈大笑。

这就是我最喜欢的波斯猫，你们喜欢这只波斯猫吗？

评语：小作者的作文，语言流畅，生动地描写了小猫的趣事，从字里行间流露出小作者对小猫的喜爱。

汤姆的诡计

河南省郑州市东方作文新密青屏校区　　三年级：黄楚严　　指导老师：张晓培

汤姆是一只"聪明"的猫，可是你可能会问："为什么聪明两个字要打引号呢？"因为汤姆的鬼点子特别多，但是每次都抓不住杰瑞。这不，它又在想办法了。

走到大森林里，它一直在想：怎么才会抓住杰瑞呢？由于没看路，它一下子撞到了正在找食物的熊大，熊大勃然大怒："你干嘛撞我呢？俺好不容易找到了水果，都掉到别的地方了。"汤姆赶紧求饶："好汉饶命，事情是这样的……"汤姆把事情的来龙去脉告诉熊大，熊大点了点头说："俺可

小作家档案

姓名：黄楚严
生日：10月24日
身高：152cm
体重：45kg
兴趣：看书、下象棋

座右铭：
只有努力，
一切才有可能；
相信自己，
才创造奇迹。

一等奖

以帮你，不过你要把俺和熊二每天的午餐找来。"汤姆说："好，好，好，一言为定。"

晚上的时候，杰瑞和它的外甥泰菲正在喝汤姆的牛奶，熊大和汤姆在窗户外看着屋内的情况，汤姆说："你从后门进去，我在前门挖陷阱，等它们在屋里四处跑的时候，我从窗户进去，然后我们把它们赶到陷阱里，我就帮你找午餐。"熊大做了个

"ok"的手势，表示同意后，悄无声息地走向后门。

"砰"的一声，后门打开了，杰瑞和泰菲大吃一惊，四处奔跑，熊大在后面追。突然，汤姆从窗户外面跳进来，熊大和汤姆一起追，可汤姆没注意到熊大对杰瑞眨了眨眼睛，熊大装作打不过，从窗户跳了出去，汤姆吓得后退了好几步，杰瑞一步一步靠近汤姆，汤姆打开门又后退了几步，杰瑞见了，做了一个"再见"的手势。汤姆觉得有点不对，原来自己挖的陷阱自己却掉了进去。

汤姆的把戏真是损人不利于己呀！

评语：小作者丰富的想象，巧妙的构思，吸引了读者的兴趣。故事中献计献策与掉进陷阱的情节，读后让人深受教育。

纸巾历险记

浙江省义乌市保联小学　　二年级：杨铠恺　　指导老师：李敏

嘿！大家好，我是一棵小树，我生活在一个大森林里，那里有我的兄弟姐妹，还有许多动物伙伴。我们生活得很幸福，我眼中的世界是美好的，但偶尔也会有丑陋。

就说上次吧，有一个小男孩把我的树枝折断了，我发火了，但是我又不能动，我只好忍受着痛苦全身哆嗦着。

今天，我正在睡觉，突然，我听到了滋滋滋的响声。紧接着，我感到被刀刺一样的疼痛，我往下一看，竟然有人在锯我。我还没来得及反抗就被锯倒了。马上我被砍得四分五裂，疼得死去活来，然后被装上了车，运到了工厂里制作成了一包纸巾。

我被装在一个箱子里，里面阴森森的，我很害怕，想到被人撕成两半，被人随意地丢在马路上，我的心就忐忑不安起来。

小作家档案

姓名：杨铠恺
生日：3月5日
身高：135cm
体重：30kg
兴趣：阅读

座右铭：
阅读是智慧的源泉，写作是人生的乐趣！

三等奖

突然，上面亮起一丝光，而且越来越亮，我还听到一声大喊："妈妈，我们的纸来啦！"

我被拿了出来，小男孩把我折成一条小船，放到小溪里。我随着水漂了很久，看见了一条长长的瀑布。瀑布旁边有一条小溪，一只只小鸭子在小溪里快活地游来游去。溪边有一大群人，小孩子在水边嬉戏，大人忙着拍照……原来外面的世界也这么美好！

我看着看着就睡着了，我梦到一只小鸭子把我当成了小船，乘着我出发去远航……

我希望人类多些文明，少些粗鲁；多些"干净"，少些"肮脏"；多些美丽，少些丑陋；多些健康，少些疾病我看着看着就睡着了，我梦到一只小鸭子把我当成了小船，乘着我出发去远航……这样，地球才会更美丽更辉煌！

评语：小作者通过"纸巾"的游历，运用形象的拟人和比喻更加生动地刻画出对环境保护的重视和呼吁，耐人寻味，值得学习。

我的爱好

山西省太原市东方星冉教育兴华一校　　三年级：杨圣凯　　指导老师：胡德芳

说起我的爱好嘛，就像一个五颜六色的调色板，有：画画、唱歌、踢球和跑步，其中，我最喜欢的就是画画了。

在一次偶然的机会，我看到我的爸爸、妈妈、爷爷都在画画，我突然对画画产生了兴趣，就大声喊道："我也要画！"爷爷说："好！明天就带你去画画班学。"

从那以后，我一有时间就在家里画，墙上、地上到处都是我的杰作，就连纸上也画得密密

小作家档案

姓名：杨圣凯
生日：12月7日
身高：143cm
体重：30kg
兴趣：下棋、画画

座右铭：
少壮不努力，老大徒悲伤。

二等奖

麻麻，像一只只小蚂蚁一样。

有一次，就在我聚精会神地作画的时候，画画班的人来了，说："杨圣凯同学，你可以参赛了，请你选一幅你觉得好的画来参赛。"我一听到"参赛"这个词，高兴得一下子蹦了好高。我精挑细选着每一幅画，生怕有一点毛病，挑了一个小时的画，我终于挑了一幅自己觉得非常不错的画，明暗分明，线条流畅，我坚定地说："好，就它了。"

过了几天后，结果出来了，我看了一下结果，惊讶地说："金奖！"我的眼泪夺眶而出，因为我知道，自己多年的辛苦没有白费，才获得了如此高的荣誉，我的爸爸看见了说："我的好儿子，真是没辜负爸爸对你的期望。"望着爸爸那满是期待的眼神，我暗下决心：努力！加油！

我的爱好不仅给我带来了荣誉，还给我带来了许多的快乐。

评语：小作者的爱好缘于偶然机遇，兴趣的驱动下收获满满，用自己的付出告诉我们"一分耕耘，一分收获"。语言流畅，感情真挚。

这个地方好美

陕西省西安市洪恩教育未央凤景校区　　　三年级：张世超　　　指导老师：周英

我去过风景优美的兴庆宫公园，去过历史悠久的大雁塔，还去过夜景迷人的钟楼，但我最想去的还是那景色宜人的汉城湖景区。

走进汉城湖公园，来到中央广场，放眼望去，湖水清澈透亮，纹丝不动，像一面巨大的镜子，太阳光在湖面上折射出五彩缤纷的颜色，湖中野鸭子三五成群地在戏耍，它们一会儿潜入水中，一会儿飞向远方。湖中的鱼这儿一团，哪儿一群，有红色

小作家档案

姓名：张世超
生日：2月3日
身高：145cm
体重：30kg
兴趣：足球、跑步

座右铭：
一寸光阴一寸金，寸金难买寸光阴。

三等奖

的、橙色的、黄色的、黑色的，它们自由自在地游来游去。

沿着湖边往前行，道路两旁一根根亭亭玉立的竹子，像一个个美丽的礼仪小姐，在热情欢迎游客的光临。寒风吹过，竹林里传来沙沙的响声和叽叽喳喳的鸟叫声，就像是公园广播里播放的一曲曲动听的音乐。穿过竹林，两旁的南天竹呈现在眼前，它的叶子火红火红的，像大火燃烧的火焰，枝头挂满了一串串像狐狸尾巴一样的红果，沉甸甸地垂下来。

我们继续前行，到达封禅天下广场。一尊巨大的汉武帝雕像威风凛凛地映入眼帘，汉武帝一手握剑，一手挥舞着长袖指向前方，气势恢弘，好像是在号令千军万马击退来犯之敌。

汉城湖的景色真美啊！

评语：小小的一个旅游景点，在你的笔下描绘得却是优美至极，文章情景交融，叙述详细。

可爱的小白兔

河南省信阳市潢川县凹凸个性教育　　三年级：吴笑竹　　指导老师：黄璐

我养了一只小白兔，取名叫"萝莉"，因为它"叶萝莉战士"中的公主——萝莉。

萝莉有一身又软又白的绒毛，一双红宝石般的大眼睛，让人们不由自主的喜欢上它的三瓣嘴，吃饭的时候一动一动的，可可爱了。对了，还有两只长长的粉粉的大耳朵，干什么都在机灵地抖动，好像在它的脑海中，哪里都有危险似的。

萝莉很害怕人，可是它从来不惧怕我。每天我放学回家，它

小作家档案

姓名：吴笑竹
生日：1月13日
身高：140cm
体重：46kg
兴趣：画画

座右铭：
树直用处多，
人直朋友多。

三等奖

都会过来迎接我，偎在我的鞋边，我就会把书包放下，抱起它。它的一双大眼睛盯着我，好像在说："小主人，我饿了，吃饭，吃饭！"每当这时，我会把门关好，鞋放好，把萝莉放在地上，去厨房拿白菜叶子、胡萝卜或在院子里摘一些新鲜的树叶、小草给它吃，走进我的房间，萝莉已经在它的豪华大别墅里等着了，我把当天的食物放在它的窝里，它就会爬上去大吃特吃，那时它的样子，可有意思了。

萝莉最喜欢的事情第一个是睡觉，第二个是吃饭。每天，从早上我上学到中午它从碎布头做的小床上起来，中间一直在睡觉，真是一个小懒虫，同时也是一个小吃货，为什么呢？因为我每天喂它吃饭时，它就像一个"饿死鬼"似的。

我喜欢萝莉，它给我的生活带来了快乐！

评语：文章介绍了自己养的小白兔——萝莉，通过日常生活中对萝莉的观察，向我们展示了萝莉的萌态，语言平实质朴，行文流畅！

我最喜欢小白兔

辽宁省锦州市榴花小学　　　三年级：张育萌　　　指导教师：张春梅

我喜欢的小动物是小白兔，因为它长得很可爱。

它长着长长的耳朵，红色的眼睛，小小的鼻子还有一张嘴，全身是白色的。我给小白兔起名叫做"小球球"。它和我之间发生了许许多多的事。

有一次，我在补课班，英语考了86分。我很伤心，出了补课班，我还被妈妈说了一顿。我的心里更加难过了。我在回家的路上，一脸惆怅。回到家里，我到了卧室一直抱着我的被子，心里

小作家档案

姓名：张育萌
生日：5月4日
身高：138cm
体重：35kg
兴趣：画画、看书、听音乐
专长：舞蹈

座右铭：
知识就是力量。

三等奖

想：天哪，我这下完蛋了。突然，小球球看见了，跑过来蹦到了我的床上，看着我这么伤心，它好像也很伤心。到了吃饭的时间，我和小球球也没有去吃饭。它就这样一直陪在我身边，好像在不断地安慰我说："小主人，没关系，下次努力，我相信你一定可以考好的。"就这样小球球缓和了我失落的情绪，我不再伤心了。

这就是我和小球球之间发生的事情，无论我开心还是难过，都有它陪在我的身边。它不仅是我的小宠物，还是我最亲密的好朋友。

评语：文章语言清新活泼，能抓住小动物的主要特点，通过生动形象的描写，使读者仿佛亲眼所见一般。

假如我是一只鸟

湖北省宜都市东方作文实验小学　　三年级：曹静茹　　指导老师：汪雯兰

我从小就有一个愿望，那就是变成一只自由飞翔的小鸟。今天我的愿望终于实现了。

我在天空中展翅翱翔，湛蓝的天空纯洁无瑕，偶尔飘来几朵白云，互相追逐。多么美丽的景色呀，我忍不住唱起了歌儿。我飞向森林，那一片片森林犹如绿色的毯子。突然，我听到了大树爷爷的呻吟："痛死我啦！痛死我啦！谁可以替我去找啄木鸟医生啊？让它来帮我治病。"我听到后迅速飞到森林医院，找来了啄木鸟医生，帮大树爷爷治好病，爷爷为了感谢我，特地请我吃了苹果。告别了森林，我又继续往前飞。

小作家档案

姓名：曹静茹
生日：12月6日
身高：138cm
体重：35kg
兴趣：画画

座右铭：
世上无难事，
只怕有心人。

二等奖

接着我又飞到了一个叫湖北的地方，村庄里的小河变成了浅滩，只见那干渴的大地，露出了一道道深深的裂纹，像张开的大嘴，期待地仰望着蓝天，庄稼都快颗粒无收了。我赶紧请来了白云姐姐，求白云姐姐为大地下了一场雨。瞬间，倾盆大雨呼啸而下，织成了一片雨帘，农民伯伯终于把雨盼来了，地里的庄稼可以饱饱地喝上一顿了。小花、小草也喝足了水，跳起了欢快的舞蹈。河里的小鱼又活蹦乱跳了。

我不知疲倦地往前飞，夜深了，一位老师还坐在灯下给孩子们批改作业。我停在她的窗前，为她唱起了婉转动听的歌，希望能给她消除一天的疲劳。

假如我是一只鸟，我一定要到世界各地去旅行，去帮助更多的人。

评语：想象为孩子插上腾飞的翅膀，小作者怀揣着一颗善良的心，用自己的方式让世界变得更美好。

梦中的绿洲

安徽省安庆市高琦小学　　三年纪：汪子阳　　指导老师：姚白玲

看！以往那清澈的河水不见了，只是一片黑色，河面漂浮着许多垃圾，简直就成了废物站，有塑料瓶、塑料袋、面包、香蕉皮……奇臭无比。

一个个粗大的烟囱直插云霄，是释放出雾霾的"大功臣"——滚滚浓烟，它们咆哮着，狂傲地冲向云霄，好像被释放了的千年老妖，你看它们张牙舞爪，得意洋洋，仿佛在说："哈哈，这将是我的天下了！"连诗人也忍不住"赞美"它：安庆好，风景旧曾美。日出垃圾红胜火，春来污水绿如蓝……春眠垃圾晓，处处有污水，夜来浓烟雨，雾霾有多少？

小作家档案

姓名：汪子阳
生日：4月26日
身高：140cm
体重：30kg
兴趣：阅读、体育、爱科学、音乐

座右铭：
读书破万卷，下笔如有神。

一等奖

昔日欢快的小鱼也变得闷闷不乐，它们低着头，好像在偷偷地哭泣；有的在慢慢地游着，好像感到自己以后的日子障碍重重；有的一动不动，似乎也在安慰死去的同伴。

安庆石化厂里放出的雾霾也有"七重罪"：1.伤肺2.伤心脏3.伤血管4.伤皮肤5.伤脑……

我出去春游从不制造垃圾，都是把垃圾带回来扔掉，我希望其他人也这样做，关心环保，从小事做起，从身边做起……

我希望看到安庆继续美好下去，让我们每个人为环保献出一份力，让地球妈妈笑容永远绽放！

评语：小作者爱憎分明，疾恶如仇，非常痛心环境之恶劣，动植物遭摧残。他用黑色诗歌幽默调侃，呼吁人类关注环保从自身做起。

妈妈的爱

山西省运城市绛县阳光教育东方作文　　一年级：张露予　　指导老师：马草原

妈妈的头发短短的，染成了漂亮的黄色。她的皮肤白白的，眼睛黑黑的，亮亮的，像天上的星星一样。妈妈很爱笑，当我做错事情的时候，她会帮我改正。

妈妈的爱在手上，每天都会帮我梳头，还会帮我洗澡，把我打扮得像公主一样美丽！不管刮风下雨，妈妈都会按时送我上学。妈妈的爱在辛苦的工作中，她辛辛苦苦地工作，只为能给我幸福的生活。我爱我的妈妈，谢谢妈妈对我的爱。

小作家档案

姓名：张露予
生日：4月4日
身高：120cm
体重：50kg
兴趣：跳舞

座右铭：
好好学习，
天天向上。

三等奖

评语：作者很准确地抓住了妈妈的外貌特点进行介绍，比喻生动、形象，充满了爱意，从妈妈的手上、工作中，感受到妈妈的爱，真是一个懂得感恩的好孩子。

我的弟弟

重庆市开州区东昇教育平桥金科校区　　二年级：钟睿棋　　指导老师：彭丹

我的弟弟有一双乌黑乌黑的眼睛，一对大大的耳朵，一张小小的嘴巴，笑的时候会出现小酒窝，说话也很搞笑。他既可爱又调皮。

我的弟弟可调皮了，别看我弟弟长得个子小，跑起步来可快了。我弟弟很乐观，有一次我们玩捉迷藏，谁也不想当抓人的人，弟弟却挺身而出，说道："既然大家都不想当抓人的人，就让我来当。"

记得有一次，我们去骑马，车才停好，弟弟就大叫一声，我说："怎么了？"我转过头去一看，原来是一群人拉着马在车旁，刚开车门弟弟就飞跑过去到马旁边说："我要骑大马。"弟弟真可爱啊！

我的弟弟虽然调皮，但他很勇敢。记得有一次，我和妈妈带着弟弟去打预防针。其他小孩吓得哇哇大哭，就他自己一个人没哭，真勇敢！我非常喜欢我的弟弟，你们喜欢吗？

小作家档案

姓名：钟睿棋
生日：5月30日
身高：134cm
体重：32kg
兴趣：唱歌

座右铭：
做一个诚实守信的人。

三等奖

评语：此文从外貌特点以及几件小事情写出了弟弟的可爱又调皮，突出了对弟弟的喜欢！

大力士——纸

河南省三门峡市东方作文校区　　三年级：张珏文　　指导老师：陈淑霞

生活中有许多不可思议的事儿，像用橘子皮引爆气球，用橡皮筋儿打开西瓜，曼妥思糖不能与可乐同时吃等。今天我们在作文班就用一张纸托起了很多本书，你相信吗？让我们一起来看看吧。

实验前，陈老师要求不能用任何辅助工具，只能在纸上做手脚，谁能在2分钟内托

起的书最多，谁就实验成功。话音刚落，教室里就像一滴水滴到油锅里一下子热闹了起来，有的同学认为是天方夜谭，有的同学半信半疑，有的同学则胸有成竹。

实验开始了，同学们七手八脚地忙开了。我一看，同学们折的真是五花八门，有折成圆筒形的，有折成桌子形的，还有折成波浪形的。我拿着纸左瞧瞧，右看看，最后决定也折成波浪形的试试，波浪形折好了，可是没放几本书就压扁了，第一次以失败而告终。第二次我折成了圆筒形，结果没放几本书

小作家档案

姓名：张珏文
生日：3月9日
身高：144cm
体重：64kg
兴趣：阅读

座右铭：
信心来源于实力，实力来源于勤奋。

三等奖

又压扁了，还是以失败而告终。我想，世界上没有人能随随便便成功，所以我不能灰心，继续想办法。第三次，我把纸折成双层的"w"形。终于，奇迹出现了，多达三十本的书竟被它托了起来！这是为什么呢？原来把纸折成"w"形，纸的厚度增加，张力也就大了，张力大了，承重力就大，所以纸才会纹丝不动。

通过这次实验，我发现我们身边有许多有趣的现象，只要我们多动手、勤思考，定能发现那些大家不知道的有趣现象。

评语：小作者开头运用排比句引题，中间把"一纸托书"的过程写得一波三折，实验过程中把同学们的表现写得淋漓尽致，"我"的感受也跃然纸上，实验原理叙述详尽。是一篇段落分明，结构完整，语句简练的佳作！

小书虫

 江苏省扬中市卓凡教育东方作文　　　三年级：刘伟祺　　　指导老师：杨阳

我们班有个小书虫，你们想听听他的故事吗？那就听我细细道来吧！

他有着一双炯炯有神的大眼睛，一头乌黑发亮的头发和一张大大的嘴巴。这就是我们班的小书虫王成乐。

他取得这个称号的原因是他很爱看书。在学校里，他每次下课时都到外面去看书，有时都已经上课了，他还沉浸在书海里，得有人去叫他一声，他才能从书本中出

来。还有一次，午休的时候，他因为看书看得太入神，不知不觉都跟着书中的内容舞动了起来，他却浑然不觉，看得周围的人哈哈大笑。所以别人才给他取了一个外号叫"小书虫"。

有一次，我到他家去玩，参观了他的书房，书房里几个大大的书架上，密密麻麻，摆满了书籍，数都数不清。

他还是我们班的小作家呢。他写的作文无人能及，文章还参加过学校的比赛呢。有一次，我问他作文是怎么写得这么好的，他不假思索地告诉我："只要多看书，把书里的好的语句记下来，就这样日积月累，写作文的时候自然文思如泉。"他的话让我懂得了一个道理，只要功夫深，铁杵磨成针。

这就是我们班的小书虫王成乐，我觉得他不仅是小书虫，还是学霸。

评语：小书虫的称号他当之无愧！外貌描写简洁明了，用课间看书不知上课，中午看书跳起舞，作文写得好三件事突出表现了小书虫的特点。

我最喜欢校园的四季

🖊 河南省长垣县东方作文浦东实验小学　　三年级：单子奥　　辅导老师：尚小阳

有的人喜欢长长的万里长城，喜欢威风凛凛的天安门，有的人喜欢造型独特的鸟巢，还有的人喜欢自己温暖的家，而我最喜欢的是我的第二个家。那就是我美丽的校园。

校园的四季，非常美丽。春天的时候校园里是一片生机勃勃，鸟语花香的景象。小草偷偷地露出头，看看外面的世界。你挨着我，我挨着你，给校园的大地铺上一层绿油油的地毯。花朵们在校园里竞相开放。让校园变得更加漂亮和美丽，大地摆脱了冬天的爪子，迎来了春天的光明。

夏天的时候，校园里一片炎热，小草被炎热的太阳晒得连腰都直不起来了，柳

树的枝条垂下到河里，大概是要洗个凉水澡吧。同学们都被这炎热的太阳晒得连教室门都不敢跨出去。只好呆在教室里。

秋天的时候，丰收的季节，校园里也是一片硕果累累的景象。苹果树上的苹果长得红彤彤的，好像一盏盏红灯。菊花开放得一片金灿灿的，远看，像一面金黄的地毯，很是漂亮。

冬天的时候，校园里迎来了第一场雪。一片大雪纷飞的景象。中午给校园铺上一层雪白雪白的地毯，同学们都跑到操场上来玩儿，打雪仗、堆雪人，很是欢快呢！松柏树依然挺直着腰，站立在雪地中，像一位位坚守的士兵，保卫着我们。

这个就是我们的校园，你们喜欢这个美丽的校园吗？

小作家档案

姓名：单子奥
生日：6月6日
身高：140cm
体重：32 kg
兴趣：看书、下棋

座右铭：
成功等于一分一秒的全力以赴！

三等奖

评语：运用排比的句式作为开头，给文章添彩。文中也运用了拟人的修辞手法，更加形象地表现出校园的四季的美。给人带来一种身临其境的感觉，非常棒。

植树节

 山西省临汾市东方作文洪洞分校城区　　　一年级：牛梓涵　　　指导老师：苗壮

今天是植树节，苗老师带着我们去植树。我高兴地就像一只兔子，蹦蹦跳跳的。

到了植树基地，我们先玩了划船，接着玩了信任座椅"；其次是植树。苗老师说今天不但要植树，还要给小树写心里话。听了老师的话，我们开始行动起来，大家拿上了工具，分成两组，我在左边，苗老师在右边。我们先挖了一个大大的坑，再把树苗放进坑里；接着用铲子埋上土，一个哥哥给我们挑了两桶水，我把水洒下去后小树就种好了。最后就是给小树写上心愿，我的心愿是："小树，小树，快快长大。不怕风吹，不怕雨打。地球是我们共同的家！"

今天，我亲自种好了一棵小树，心里非常高兴，我愿和小树一起长大，共同爱护地球妈妈！

评语：梓涵小朋友，才一年级的小宝贝，就能将植树的过程写得这么详细，篇幅写这么长，真是太棒了！老师相信你以后会有更好的发展！

小作家档案

姓名：牛梓涵
生日：8月31日
身高：145cm
体重：30kg
兴趣：画画
专长：滑旱冰
理想：当一名画家

座右铭：
只要功夫深，
铁杵磨成针。

三 等 奖

谁最强大

河南省郑州市东方作文聚源路校区　　三年级：王海静　　指导老师：刘天鹏

熊大、猪猪侠、大头儿子他们是很好的朋友，每天都会在一起玩。有时，也会发生一些争执。

有一次，他们又在一起玩。这时，熊大说："你们有没有觉得我很强壮？"大头儿子说："强壮是强壮，但我比你更强壮。""就你，那么矮，而且你那小腿，就说跑步，你都比不上。"熊大骄傲地说。猪猪侠安慰大头儿子，并批评熊大。熊大一下子生气了，以后再也不理猪猪侠了。

过了一个星期，熊大把大头儿子和猪猪侠约到草坪上说："为了弄清谁是最强壮的，我们比赛吧！大头儿子。"大头儿子爽快地答应了，猪猪侠来当裁判。第一轮，比的是掰手腕，他们俩都使出吃奶的劲。熊大趁大头儿子不注意，一下子把大头儿子弄到了桌子上。大头儿子不甘心。

姓名：王海静
生日：2月13日
身高：143cm
体重：52kg
兴趣：画画

座右铭：
自古成功
在尝试。

二 等 奖

猪猪侠说："输了就是输了，下一局比拼赢过来就是了，怎么能这样呢！"第二轮，比跑步，大头儿子一听，找来了一条小狗放在猪猪侠身边，猪猪侠感到十分奇怪。"预备，跑！"猪猪侠喊下了口令，小狗在后面跑，大头儿子跑得像马一样快。熊大挺着一个大肚子，跑得像乌龟一样慢。这一轮大头儿子取得了胜利。最后一轮，"等一下！"大头儿子说，"我不比了！"熊大也不想比了，很累。猪猪侠说："1比1，两人一样强壮。"

"每个人有优点也都有缺点。你们俩都强壮，但并不一样，掰手腕熊大力气大一点，跑步大头儿子快一点，这非常正常。我们不能光看到别人的缺点，忽略别人的优点。"猪猪侠在比赛结束后语重心长地说。熊大和大头儿子听了，不住地点头。

评语：想象合理、有趣，充满童真童趣，最后的道理发人深省。

家乡的四季

河北省盐山县东方作文东门外小学　　二年级：刘一鸣　　指导老师：贾老师

我的家乡在美丽的盐山，这里一年四季都很美，让我和你介绍一下吧。

春天来了我的家乡成了花的世界，公园里的花竞相开放，有粉红的桃花、雪白的梨花、各种颜色的郁金香……远远都能闻到花香。

夏天，我的家乡是水的乐园，爸爸妈妈带我和妹妹去游泳，水里真是太凉快了，这里还有水滑梯，我和妹妹溜了起来真是太好玩了。

秋天，我的家乡是丰收的季节，地里的玉米、大豆、高粱……都熟了，果园里的苹果、梨、石榴……也成熟了，农民伯伯既忙碌又开心。

小作家档案

姓名：刘一鸣
生日：9月30日
身高：140cm
体重：44kg
兴趣：画画、跳舞

座右铭：
成功者绝不能给自己软弱的借口。

二等奖

冬天，我的家乡成了雪的世界，大雪一停我和妹妹就开始堆雪人，我们用树枝做雪人的手，用石头做眼睛嘴巴，用妈妈的围巾做头发，一个可爱的小雪人就诞生了。

我家乡的四季都很美，小朋友你喜欢吗？欢迎来做客。

评语：通过简单的介绍讲明了家乡四季的特点，用排比的形式来叙述春、夏、秋、冬，立意新颖，作文清新明快，使人读来非常清爽，结尾体现了自己的好客，真是一个非常棒的好孩子。

自行车和汽车的对话

辽宁省锦州市洛阳小学　　三年级：殷灏　　指导老师：张春梅

近几年人们的生活水平都提高了，汽车走进家庭，自行车也开始"下岗"了。可是，繁华的城市交通堵塞，汽车也给主人带来了麻烦。

一天，骄傲的汽车在车库里找到了自行车，并生气地说："你有什么用处，跑得那么慢，而我却跑得飞快。你在我的眼里只是一堆废品罢了。"自行车发火了，气冲冲地说："你看，随着你们汽车的增加，造成交通堵塞。你们排放的尾气导致了空气污染，而我却不会。我当然有用处了。"汽车不屑地说："你虽不会危害空气，但在主人骑行的时候，过马路的时候主人要推着你走，过完马路又要继续骑行，这多麻烦呀！而我只要主人踩一下油门就搞定了。"

它们你一句我一句吵得面红耳赤。这时，汽车的哥哥卡车发话了："你们各有各的用处，各有各的缺点和优点，我们不要借助自己的优点狂妄自大，瞧不起别人。"

自行车和汽车听后，它们的脸羞得通红，各自给对方道了歉，从此，他们成了好朋友。

评语：全文合理的想象，反映出意味深长的哲理。行文流畅，简洁，充分发挥了自己的想象，很棒！

小作家档案

姓名：殷灏
生日：4月10日
身高：140cm
体重：31kg
兴趣：乒乓球、看书、跑步、羽毛球

座右铭：
报国不忘读书，读书不忘报国

三等奖

做文明游客

黑龙江省鸡西市东方作文　　三年级：李欣怡　　指导教师：刘颖

星期天的早上，小猴去找小熊到公园里玩。小熊慢吞吞地说："人家还要睡觉呢！"小猴告诉它：公园里好多好吃的哦！"小熊听了急忙穿好衣服，跟小猴来到了公园。

看到公园美丽的景色，小猴兴奋地说："这里好美呀！"它看见前面有一块大石头，马上跳了上去，来了个金鸡独立的动作。小熊看见了说："快下来，危险！"小猴不耐烦地嘟囔着："没事，放心吧！"话音未落小猴脚下一滑，它急忙跳到岸上。小熊说："我们去凉亭休息一会儿吧！"小猴说："我不累，你自己休息吧！我在附近玩会儿。"这时它看见两根漂亮的柱子，心想：这么漂亮的柱子，再加上我的一手好字，那真是太完美了！于是它拔出了一根毫毛，变出了一支毛笔，在一根大柱子上写下了"小猴到此一游"几个大字。这时小熊看见了，生气地说："小猴，如果每个人都像你这样，乱涂乱画，不讲文明，公园还会这么美丽吗？"

小猴听了急忙跳下来了，不好意思地说："我知道错了，不会再这样做了。"它从口袋里拿出手帕，把柱子擦干净了。太阳公公看见了，笑了起来。小朋友们，要保护环境哟！

小作家档案

姓名：李欣怡
生日：10月15日
身高：141cm
体重：40kg
兴趣：阅读、书法、舞蹈

座右铭：
聪明出于勤奋，天才在于积累。

一等奖

评语：小作者观察仔细，想象丰富，叙述时井然有序，衔接更是自然紧密，把小猴的神态、动作、语言都表现得淋漓尽致。

我的故事

河南濮阳市清丰东方教育城关镇中心小学　三年级：刘瀚博　指导老师：赵老师

有一次，我和妈妈去了奶奶家。到了奶奶家，一下车我就看见了铺着很多稻草的猪圈里有许多小猪。有白色的、黑色的，还有一只身上有很多黑点的小花猪。

我马上打开猪圈门进去了，抱起小花猪刚要往外走，就被大猪给拦截了。我往右一躲飞快地跑出了猪圈，赶紧关上门，对那只大猪挤眉弄眼地说："抓不到，抓不到。"可是，它好像听懂了我的话似的，猛撞着圈门。我想：哼，再撞你也出不来，爱撞就撞吧！我抱着小花猪就要往屋里走。谁知道"砰砰砰"的声音越来越大，随之而来的是"吱吱呀呀"的声音，好像圈门在做最后的抗争。这么大的声响把爷爷、奶奶和妈妈都惊动了。他们纷纷跑了出来，一看到我手里的小猪就仿佛明白了什么似的。妈妈一把夺过我的小猪，快速的走到猪圈边上，把它放了进去，终于一切又恢复了平静。

回去后，妈妈狠狠地批评了我，我也深刻认识到了自己的错误。

小作家档案

姓名：刘瀚博
生日：9月22日
身高：128cm
体重：27kg
兴趣：看书

座右铭：
健康快乐
每一天。

三等奖

评语：文章线索明朗，主题突出，紧紧围绕"我抢走小花猪"一事进行，通过传神的神态和风趣幽默的语言描写，生动、具体地给我们讲述了作者一次惊险而刺激的故事。全文充满童趣，读来倍感亲切。

太阳花

辽宁省凌源市兴旺教育东方作文　　三年级：孙悦然　　指导教师：王新宇

春天是万物复苏的季节，在那群芳斗艳的花海中，我喜欢的是那太阳花。

你会问我为什么喜欢它呢？因为它的花语是祝福，甜甜的祝福。在我刚把它带回家时，它还只是个花骨朵儿，和我家阳台上那些奇花异草相比，显得那么平常、普通。

可是没几天，柠檬黄的花瓣，蜡黄色的花蕊，在狭长而又翠绿的叶子衬托下，显得那么秀丽大方。我端详着那小小的花瓣，觉得真是玲珑剔透。虽不鲜艳，但质朴、纯洁，不加修饰，却楚楚动人。

小作家档案

姓名：孙悦然
生日：5月3日
身高：150cm
体重：39kg
兴趣：看书、绘画、书法

座右铭：
靠自己，
你就是女王。

二等奖

我深深吸了一口它散发的香气，第一次发现它比什么香味都好闻，虽不浓郁，但清新淡雅，令人心旷神怡。

啊，太阳花就像纯洁的天使，我爱纯洁的太阳花。

评语：本文以短小的篇幅、优美的语言，描绘出了"虽不鲜艳，但质朴、纯洁，不加修饰，却楚楚动人"的植物。用平实的语言描写了很不平凡的太阳花。并抒发了自己对太阳花的喜爱与赞美之情。

游南京大屠杀纪念馆

江苏省南京市东方作文诗文教育校区　　三年级：韦欣妍　　指导老师：李春秋

今年清明节，我和爸爸、妈妈参观了南京大屠杀纪念馆。在这里我听到导游阿姨的介绍，让我震惊不已！

我怀着沉痛的心情，走进展览馆，首先映入眼帘的是三十余万遇难者的名单，我站在遇难者同胞的遗像前默哀。橱柜里摆放着日军的罪证，其中有：军刀、手雷、枪……日军罪行的图片：几名日本鬼子在南京市区举行的杀人比赛的照片。真是惨不忍睹、令人发指！

日军在南京江东门、燕子矶、下关江边，杀害了数万同胞，大街小巷到处都是被杀害的人。我随手点了展览馆屏幕上的南京燕子矶的资料，就看到显示出日军在那里杀了两万名中国人。连老人和小孩子也未能幸免。在下关江边上，日本鬼子还将屠杀后的尸体浇上汽油燃烧。这一幅幅图片，让日本侵略者的罪行一件件在我们面前曝光。我还看到了"万人坑"，"万人坑"是遇难者遗骨集体被埋葬的地方，这里埋了两万多名遇难者，男女老少都有，真是令人震惊。真的好可怕哦！我看了眼泪差点流出来，这些日本鬼子真是太残忍了！

一九四五年八月，日本鬼子终于投降了，但是历史不会被忘记，我们不能忘记中华民族的这一段血泪史；也不能忘记被杀害的同胞。我们要珍惜今天的和平生活，一定要好好学习，天天向上，要做到勿忘国耻，振兴中华。

评语：好笔力，好见地，读史有眼，立论有识，真情实感，不枝不蔓，语言朴实流畅，感情真挚感人。

小作家档案

姓名：韦欣妍
生日：5月6日
身高：140cm
体重：26kg
兴趣：看书、绘画

座右铭：
世界上所有的困难最怕认真两字！

一等奖

回报

河南省郑州市东方作文文化路校区　　三年级：王柏涵　　指导老师：徐莹莹

小作家档案

姓名：王柏涵
生日：10月19日
身高：144cm
体重：42kg
兴趣：看书

座右铭：
读书不苦，
不读书的
人生才苦。

三等奖

这是一种特殊的回报。他帮了我，却不求回报，只需要我再去帮助别人，不用回报他！那是一个阳光明媚的星期天的午后，春日的阳光正好，不急不燥，我一个人在家躺在床上看书，突然接到了姐姐从补习班打来的电话。"喂，姐姐吗，有什么事儿啊？"我问道。"榛子啊，妈妈不在家吗？""嗯，不在家！"姐姐用既失望又着急的声音说："我的作业忘家里了，你能帮我送来吗？""好的，好的，你放心吧！"我开心地宽慰着姐姐，放下电话，拿起姐姐遗忘在书桌上的作业，就跑出了家门。

到了公交车站，我准备拿出1元钱上车。"咦？钱呢？怎么回事啊？"我焦急地自言自语道。这时才发现我走得急竟然忘记带钱了，这就是妈妈平常唠叨我的毛病之一，干啥呢都毛毛躁躁，不淡定！这下好了，妈妈再次验证了我的毛病！我迟疑不决，不知道怎么办才好。几秒钟之后，"喂，小姑娘，去一边儿找不可以吗？"一位浓妆艳抹的穿着高跟鞋的女人吼道。我的脸瞬间又热又红，"对不起，对不起！"但是我还不忍退去，那边姐姐在等着我呢，我不能让姐姐失望，而我也不能失去诚信啊……正在这时候，后面一个年轻的大哥哥，戴着眼镜背着背包向我走来："小妹妹，我给你投吧！"我用既犹豫又感激的眼神看着他，瞬间感觉大哥哥帅极了！看着他的微笑和真诚的语气，我接受了大哥哥的帮助！

公交车开动了，我说："太谢谢您了，怎样报答您呢？"他用手指向窗外马路边的乞丐，那是一个衣衫褴褛，蓬头垢面的老爷爷，说："你只用帮助他们就好了，做一个爱心的传递者，去帮助需要帮助的人就好了。"我仔细地看了看那位老爷爷……

我给姐姐送完作业回来，上楼拿了面包和水果，再次来到公交车站，发现老爷爷还在。我把手里的食物恭敬地递给他老人家，老人家非常的感动！那一秒，我的心里有一种说不出的快乐和幸福！难道不是吗？无论是帮助我的大哥哥，还是我送给他食物的老爷爷，我们需要的并不全是金钱上的利益，而是一颗颗装满了爱的心灵啊！如果这世上每一个人都能及时地伸出援助之手，奉献自己小小的爱心，我们的生活不就变得更和谐更美好吗！

评语：文章开门见山引出写作对象，他人的帮助让小作者明白了自己也要同样用爱心去回报他人，帮助他人，结尾处点明中心，引人深思。

让我们的家乡更美

✏ 广东省韶关市执信小学　　三年级：陈宇轩　　指导老师：付春英

我的家乡在清远，听爷爷说，以前这里的树林郁郁葱葱，河水清澈见底，天湛蓝深远，空气清新甜润，田野一望无际。可现在，我美丽的家乡大变样子了！

天空灰蒙蒙的好像一层层的灰黑轻纱，高楼大厦如同巨人在烟雾中迷失了方向，城市都死气沉沉的！因为工厂里烟囱的烟直插云霄，如同千年老妖在给人们带来祸害！汽车尾气排放仿佛一只恶魔来到城市里肆意破坏！小鸟哭诉：

小作家档案

姓名：陈宇轩
生日：2月6日
身高：125cm
体重：24kg
兴趣：运动

座右铭：
吃得苦中苦，
方为人上人。

二等奖

"原本的家应该是郁郁葱葱，鸟语花香，百花齐放的，但现在光秃秃的毫无生机！"

小河五颜六色的水上还漂着各种各样、数不胜数的垃圾，连河水边的树和花都枯死了！因为工厂里的化学废水和家庭用过的生活污水直接排放，加上人们乱扔垃圾所造成的。小鱼哭诉："原本的河水不是这样的，应该是清澈见底的，可现在因为你们

人类乱排废水让我身边的伙伴一个个相继死去！"

雾霾对人类造成肺部、心脏等损伤，还会导致及加重呼吸道疾病。水污染后对人类造成牙齿脱落等多种疾病，甚至会致癌！伤害深重！

为了让我们的家乡更美，我们应该设计保护环境的标语，进行垃圾分类，出门前拿一个垃圾袋，看见垃圾就拿起来放进垃圾袋，如果垃圾袋满了，就扔进垃圾桶里面，做到保护环境，人人有责！

评语：文章词语运用得当，语句生动形象，语气活泼，重点突出，内容精彩。

我最喜欢的家乡

辽宁省锦州市洛阳小学　　三年级：马煦朗　　指导教师：杨欢

我最喜欢我的家乡，为什么呢？因为我的家乡不但风景美，物产很丰富，而且人心也美。

我的家乡在锦州。这里有许多美景，有笔架山，古塔公园……笔架山在渤海北部，邻近锦州港，因其中间高两边低，形似笔架，故名笔架山。那里风景秀美，海天一色。连接笔架山和海岸有一条砂石路，被称为天桥。桥涨潮时没有踪影，潮落时浮出水面。登上笔架山顶，有座小亭子，名为三清阁，建于清朝末年。它是全石仿木质结构，没有一块木板和一颗钉子，在上面可以看到附近的美景。

小作家档案

姓名：马煦朗
生日：4月30日
身高：150cm
体重：50kg
兴趣：看书、听歌
专长：弹电子琴

座右铭：
相信自己，
一定能成功！

三等奖

我的家乡物产丰富。最有名的是烧烤。这里的烧烤味道鲜美，外焦里嫩，人们吃了都会赞不绝口。锦州还出产苹果，种类有富士、国光、黄元帅等，品种繁多。毛主席都曾经在三次大会上提到锦州这个地方产苹果。

我的家乡人心也很美，在街头巷尾到处都能看见人们互相帮助的景象。

听了我的介绍，你是不是也喜欢我的家乡了呢？

评语：开头简洁自然，结构清晰，写出了家乡锦州的景区与特色，字里行间表达了对家乡的喜欢。很棒！

新年到放鞭炮

江苏省扬中市卓凡教育东方作文　　　三年级：毛薇　　　指导老师：杨阳

我期盼的春节终于到了！家家户户有的包饺子，有的贴春联，还有的放鞭炮……但我最喜欢的还是放鞭炮。

除夕早上，我和爸爸早早的就来到了卖鞭炮的地方。哇！我的眼睛都有点看得眼花缭乱了，有蜘蛛炮，有冲天炮，还有旋转炮和地雷炮……我和爸爸买了些地雷炮、冲天炮和蜘蛛炮就高高兴兴地回家了。

除夕晚上过了12点，爸爸来到我的房间，把我喊了起来，我伸了一下懒腰，懒洋洋地问："现在

小作家档案

姓名：毛薇
生日：11月6日
身高：160cm
体重：50kg
兴趣：画画、跳舞

座右铭：
做一个对社会有用的人。

三等奖

几点了？"爸爸回答："凌晨一点，放鞭炮的时间。"我一听到放鞭炮，就像被雷劈了一下，瞬间清醒，连忙穿好衣服，和爸爸来到楼下。我要爸爸给了我一根烟头，我拿起烟头捂住耳朵蹲了下来，慢慢地往前走，一秒、两秒、三秒……我还是不敢，可我又想放。想到每次表弟绘声绘色地向我炫耀他放鞭炮的壮举，我豁出去了。于是我鼓足了勇气，飞快地拿起一根冲天炮，抓得紧紧的，用烟头快速地点燃，立刻扔掉了

烟头，别过脸，把冲天炮朝着天上的方向，只听见"嘭"的一声，天上就像是开出了五颜六色的花，在空中竞相绽放！

哇！希望明年的春节能快点到来，我可以尽情地放鞭炮过年！

评语：从买鞭炮到放鞭炮的过程简洁，不拖泥带水，重点刻画了自己放鞭炮时，紧张的心理，很精彩！

保护环境

河南省新乡市封丘县中心小学　　二年级：王子凯　　指导老师：李萍

小作家档案

姓名：王子凯
生日：5月5日
身高：138cm
体重：29.5 kg
兴趣：体育、文艺

座右铭：
有志者，事竟成。

二等奖

一个阳光明媚的星期日，小红给丁丁和小刚打个电话，说："咱们去人民公园玩吧。"丁丁和小刚异口同声地说："好呀！"到了公园，他们欣赏着公园的美景，柳树发出嫩绿的芽，随风飘扬，像春姑娘梳理着自己的长发。他们边走边聊天，走了一会儿，大家席地而坐开始休息，小红、丁丁和小刚都拿起自己背包里的零食吃了起来，小红把吃完的薯片袋子丢在了地上，丁丁把喝完的饮料瓶也丢在地上，正在这时，小刚说："我们不能把垃圾扔到地上，我们要保护地球妈妈！"他们都惭愧地低下了头，赶快把垃圾捡起来扔到垃圾桶里，正在这时，被一位叔叔看见了，表扬了他们，他们的心里乐开了花。

评语：文章内容描写完整，语句流畅，并突出文章的主题："保护环境、人人有责"。

我的家乡长春

吉林省长春市省二实验小学　　三年级：王羿涵　　指导教师：陈玲玲

你们知道在我们大中国有一个被誉为"北国春城"的城市吗？那就是我美丽的家乡——长春。

长春是我们吉林省的省会城市，是中国四大园林城市之一，所以被誉为"北国春城"。春季干燥多风，夏季湿热多雨，秋季天高气爽，冬季寒冷漫长，具有四季分明、雨热同季、干湿适中的气候特征。

长春的春天最为迷人，百花争艳，万紫千红，空气里全是各种花的芳香，让人流连忘返。5A景区——国家级森林公园净月潭里的黑心金光菊，紫褐色的花蕊，金黄色的花瓣，铺满了整个山坡，展现出一片金黄色的花海。长春公园的郁金香更是美不胜收，有红色的、黄色的、紫色的、粉色的……有的头对着头，好像在说悄悄话一样。

长春不仅是花的天地，还是冰雪的世界。雪雕就是其中的一处风景。雪雕雕出了十二生肖，栩栩如生；雕出了卡通世界里的人物，惟妙惟肖；雕出了五谷丰登、雕出了新年新气象。

长春不仅是我国最大的汽车城和电影城，而且也是个旅游城市。长影世纪城、净月潭、伪满皇宫博物院、世界雕塑公园等等都是我们长春的旅游胜地，如果您来长春，这些地方千万不要错过。

我爱长春，我要努力学习，长大后要把它建设得更加美好。

小作家档案

姓名：王羿涵
生日：5月8日
身高：148cm
体重：40kg
爱好：画画

座右铭：
读书破万卷，
下笔如有神。

二等奖

评语：文章线索明朗，紧紧围绕家乡长春进行介绍。结构简明合理，分别介绍了"北国春城"名号的由来、长春迷人的花朵、长春冬日的冰雕以及长春的旅游景点，使人对长春有了简单的了解。结尾处，小作者表达了自己要建设家乡的美好愿望，读来令人热血沸腾，心潮澎湃，不失为一篇佳作。

知错就改的小猴

山西省运城市绛县阳光教育东方作文　一年级：张森鑫　指导老师：马草原

小作家档案

姓名：张森鑫
生日：4月16日
身高：130cm
体重：28kg
兴趣：阅读、画画

座右铭：
不求第一，
只求努力，
认真做好每一天。

三等奖

星期天早上，小猴和小熊去公园里玩。小猴看到一条小河，河里有块石头，它立刻跳到石头上玩，小熊看见了说："你快下来，你会滑倒的。" 不一会儿小猴又看见一个柱子，它爬上去，拿笔往柱子上乱涂乱画，小熊生气了，批评它："快下来，你不能在柱子上乱写乱画，这样做是不对的。"小猴低下头说："对不起。"小猴真是个知错就能改的好孩子。

评语：通过简洁的语言交待了故事的起因、经过和结果，还在结尾处点明了故事的意义所在，使中心更加明确。

谁更聪明

河南省郑州市东风路校区东方作文　三年级：杨耀杰　指导老师：冯晓丹

一天，阳光明媚，小鸟在枝头歌唱，这时，风送来了一些话："我聪明"，"我聪明"，"谁说的？我更聪明"……

原来，是两位很厉害的大仙在比谁更聪明，猪猪侠先说："哪一次不都是我保护了童话世界，打败了多少妖魔鬼怪啊！这需要多么聪明的头脑啊！所以我更聪明些嘛！""你光胡说八道！"孙悟空愤怒地说，"俺老孙打的妖魔鬼怪一点也不比你的少，比如：什么金银角大王啊！红孩儿一家！白骨精，三位动物大仙啊！我都把他们打得鼻青脸肿，死无全尸！这些丰功伟绩全是靠我的聪明才智。"这时老大熊大走了过来，猪猪侠和孙悟空见状，立刻跑过去，异口同声地说："老大，您看是我更聪明一些，还是他更聪明一些？"熊大想了想就说："你们都很棒，也都很聪明，但是，你们也各有各的优点和缺点嘛！猪猪侠你很勇敢智慧，但是你太贪吃，而孙悟空神通广大，但是却做事情比较冲动！你们都是一样优秀的，所以，都不要再争了。"说完，熊大就慢悠悠地走了。而他们呢？听了熊大的话也认识到了自己各自的不足，再也不互相攀比了！

从此，猪猪侠孙悟空他们两个和平相处，一起成为了正义的使者！

评语： 声音式开头引人注目，人物形象十分栩栩如生，结尾引发读者深思！

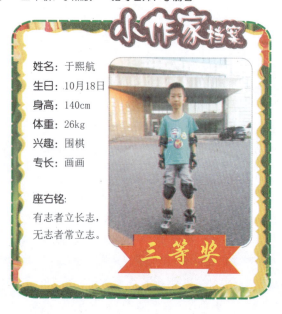

小作家档案

姓名：杨耀杰
生日：10月22日
身高：155cm
体重：42kg
兴趣：游泳、打羽毛球

座右铭：
三人行必有我师。

三等奖

我最喜欢的小白兔

辽宁省锦州市实验学校　　三年级：于熙航　　指导老师：李丽君

我最喜欢我家的小白兔！

小白兔全身雪白，耳朵很长，长着一双像红宝石一样的眼睛，还有一个小小的嘴巴，尾巴短短的，走起路来一蹦一跳的。

它喜欢吃胡萝卜，我每次给它胡萝卜时，它都会高兴地看我一眼，然后狼吞虎咽地吃了起来。

有一次，我在睡觉，觉得有一个毛茸茸的球正在我的身上跳。我醒来之后发现，原来是小白兔。小白兔想要吃东西，又没

小作家档案

姓名：于熙航
生日：10月18日
身高：140cm
体重：26kg
兴趣：围棋
专长：画画

座右铭：
有志者立长志，无志者常立志。

三等奖

办法跟我说，就想把我弄醒。我给了小白兔一根胡萝卜，它吃完后就去睡觉了。

　　还有一次，小白兔趁我去洗手间的时候，藏了起来，上完洗手间，我突然发现小白兔不见了。我到处去找，床下、桌子下、冰箱旁边，连地下室我都找了，还是没有看见小白兔。我想：完了，小白兔一定是跑丢了。我抱着试一试的想法，在地上放了一根胡萝卜，想着它看见一定会过来的。不一会儿，它真的跑出来吃胡萝卜了。原来它躲在了花盆后边，它可真贪吃呀！

　　我喜欢我家的小白兔！你喜欢吗？

　　评语：小作者用生动的语言写出了小白兔的可爱，语言朴素，情感真实，让人不禁也喜欢上了这只小白兔。

我的理想

内蒙古自治区赤峰市得天独厚教育校区　　　三年级：王雨婷　　　指导老师：陆凤骄

　　理想象征着导航的灯塔，可以在黑暗中照亮前进的道路；理想是为永不止步的人指路的明星，引导我们迷茫的未来充满希望；理想是为航行的人照明的灯光，不但给人温暖，还为人们指引前方的道路……它会引领你勇往直前，只要坚持不懈，就会成功！同别人一样，我也有一个伟大的理想——当一名科学家。

小作家档案

姓名：王雨婷
生日：12月20日
身高：150cm
体重：34kg
兴趣：画画

座右铭：
世界上是没有巧合的，只有必然的结果。

二等奖

　　像居里夫人，爱迪生，牛顿，哪个没付出过汗水和努力，哪个没有失败过，比如牛顿，他在苹果树下思考问题时，有一个苹果落下时，正好砸到了牛顿的头上，牛顿想：为什么苹果不往天上飞或者往左飞呢？于是，牛顿刻苦钻研，终于知道了，因为地球有地心引力，熟透的苹果就会掉下来。

牛顿付出了多大的汗水和努力啊！

虽然是个光荣的职业，但是，能超越它的人却寥寥无几。而且，科学家有可能也有几十年甚至一辈子都完成不了的事。所以，理想就是一艘帆船，而它的公式就是："理想是船，努力是风，机遇是帆。"有了努力，才会达到自己的目标，才能翻越这座世界上最高的山峰。

评语：这篇文章短小精悍。语言通俗易懂，贴近生活实际，读来令人感到亲切。孩子，这学期老师看到你写作业的速度快了，写作文内容充实多了，这一切都是你辛勤努力得来的，老师从心眼里为你高兴。因为我从你身上看到了一种激情，这是多么可喜啊！加油，孩子！

夸夸我们班的小丹丹

河南省新蔡东方作文　　三年级：黄瑾瑜　　指导老师：王瑞

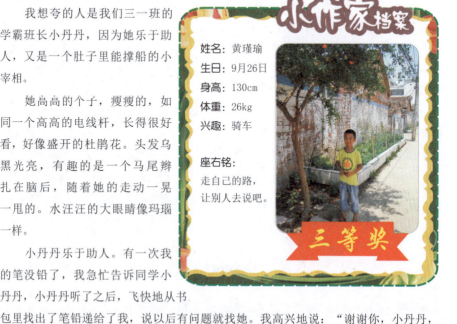

小作家档案

姓名：黄瑾瑜
生日：9月26日
身高：130cm
体重：26kg
兴趣：骑车

座右铭：
走自己的路，
让别人去说吧。

三等奖

我想夸的人是我们三一班的学霸班长小丹丹，因为她乐于助人，又是一个肚子里能撑船的小宰相。

她高高的个子，瘦瘦的，如同一个高高的电线杆，长得很好看，好像盛开的杜鹃花。头发乌黑光亮，有趣的是一个马尾辫扎在脑后，随着她的走动一晃一甩的。水汪汪的大眼睛像玛瑙一样。

小丹丹乐于助人。有一次我的笔没铅了，我急忙告诉同学小丹丹，小丹丹听了之后，飞快地从书包里找出了笔铅递给了我，说以后有问题就找她。我高兴地说："谢谢你，小丹丹，

小丹丹万岁！"

都说"宰相肚里能撑船"，她也像一位小宰相，使我们敬佩。有一天我和她在班里玩，我们发现了一本绘画书，立即来了兴致，画了起来。不一会功夫我就画好了，自己感觉画得不错，心里不禁洋洋得意，扭头去看她的画。这一看，把我吓了一大跳，只见她画的荷花跃然纸上，一朵朵荷花栩栩如生！我大喊一声，小丹丹被我吓了一跳，手一抖，糟糕！一滴墨水毁坏了她的画，我想她一定会骂我的，我赶紧说："对不起，对不起，我不是故意的。"

没想到小丹丹说："没关系，我再重画一张就是了。"

瞧，这就是我最想夸的美女加才女小丹丹同学。

评语：在小作者的笔下，我们认识到了一位漂亮而又品质高尚的小丹丹，能抓住人物的特点去写，使人物形象跃然纸上。

神奇的胖大海

湖北省宜都市东方作文实验小学　　三年级：李世灿　　指导老师：汪雯兰

作文课上，老师故作神秘地对我们说："今天让你们见识一个宝贝。"说着便从包里拿出几个不起眼儿的小果子。老师话音刚落，同学们便议论纷纷，谁都答不出来。

它是深褐色的，肚子胖胖的，头和脚都是尖尖的，摸上去硬硬的，皱巴巴的，长得非常难看。我奇怪地想：这到底是什么呀？

老师说："它叫胖大海，它还会变魔术呢！"说着老师便端过来一杯开水，把这个皱巴巴的"小

小作家档案

姓名：李世灿
生日：8月28日
身高：142cm
体重：38kg
兴趣：看书、体育

座右铭：
尽最大的能力，做最好的自己。

三等奖

老头儿"放进了开水里。胖大海先是在杯子里跳来跳去，不一会儿，胖大海的头开花儿了，身体毛茸茸的，比以前好看些了。过了大概五分钟，胖大海越来越胖，只见他把身上的衣服都给撑破了，换上了一条纱做的裙子。又过了几分钟，胖大海胖得连杯子都快装不下它了。难怪它叫胖大海。杯子里的水也变成了浅褐色，闻一闻，还有一股淡淡的中药味儿，我尝了一口，有一点淡淡的甜味。

你们可千万别小瞧它，它是一种中药，治疗咽喉肿痛的效果非常好。我真想为辛苦的爸爸妈妈送上一杯我亲手泡的胖大海，以表达我对他们的感激之情。

评语：小作者细致地描写了胖大海泡水前后的变化，语言非常的生动形象。

不听劝告的后果

河南省郑州市东方作文新密青屏校区　　三年级：李雨萌　　指导老师：张晓培

一个风和日丽的早晨，猪猪侠、熊大、大头儿子一起在草坪上玩游戏，玩得真开心啊！

玩过之后，他们全身都是土。看看熊大，原本干净的小脸变成了脏兮兮的花猫脸。再看看大头儿子，他干净的衣服被土染成了"地图"，看起来真像个土小孩儿。看！猪猪侠怎么变成这个样子啦？它的脸上、手上、身上、腿上都是土，让熊大和大头儿子都不敢靠近它了，他们三个你看看我，我看看你，都咯咯地笑了起来。

小作家档案

姓名：李雨萌
生日：8月23日
身高：139cm
体重：30kg
兴趣：踢足球

座右铭：
笑是一副没有副作用的镇定剂。

二等奖

他们笑得正高兴，突然，熊大说："我们来洗个澡吧！"草坪旁边正好有一条小溪。猪猪侠和大头儿子都欣然地答应了。熊大说："我们必须得先做准备工作，不然的话会抽筋。"可是大头儿子和猪猪侠没有听熊大的话，"扑通"一下跳进了水里。他俩在河里尽情地游着，还异口同

声地说："你看！熊大，我们不是游得好好的吗？哪可能抽筋啊？"

这时，小溪中突然涌来了一大片浪花，大头儿子和猪猪侠被淹在了水里，过了一小会儿，他们浮上来了，嘴里还喊着："救命！救命！"熊大这下可慌了神，但它决定下去救他们。熊大跳下水，一只手拉着大头儿子，另一只手拉着猪猪侠，一直把它们拖上了岸才松开手。猪猪侠和大头儿子感激地说："谢谢你，熊大！"

评语：小作者通过合理的想象，明确交代了故事发生的起因，推动了情节的发展，一句感谢的话深化了文章中心，也蕴含了意味深长的道理。

我最喜欢秋天

🖊 辽宁省锦州市敬三小学　　三年级：张蟊媛　　指导老师：张春梅

我喜欢春意盎然的春天，我喜欢夏日炎炎的夏天，我还喜欢白雪皑皑的冬天，但我最喜欢的是秋天。

秋天，公园最为美丽。公园里朵朵菊花开得十分美丽！这些花朵有的像位小哥哥，穿着黄马甲；有的像位公主穿着紫裙子；还有的像位小姑娘对着小水洼照镜子。它们黄的赛金，白的胜雪，粉的如霞。这时一阵风吹来，树叶们像蝴蝶一样飞下来，小朋友们和树叶玩儿得十分开心！小朋友们有的让树叶落在脸上，有的去捉树叶，还有的玩儿过家家，用树叶做饭。

小作家档案

姓名：张蟊媛
生日：2月21日
身高：143cm
体重：36kg
兴趣：跳舞、看书

座右铭：
宝剑锋从磨砺出，梅花香自苦寒来。

三等奖

秋天除了有美丽的公园，还有瓜果飘香的果园。果园里，农民们忙着收瓜果，有甜丝丝的苹果，黄澄澄的鸭梨和紫莹莹的葡萄。它们让我忍不住口水直流，好想品尝一下！

秋天是个美丽的季节，更是一个丰收的季节，我爱美丽的秋天！听了我的介绍，你喜欢秋天了吗？

评语：本文用词准确，语言平实自然，比喻、拟人等修辞的运用更使文章锦上添花。

唠叨的妈妈

山西省沁水县东方教育端氏校区　　三年级：张壹博　　指导老师：郭珍

对我来说身边熟悉的人有很多：有严厉的爸爸，敬爱的老师，还有形影不离的伙伴，但是今天我要向你们介绍我那唠叨的妈妈。

妈妈中等身材，长长的头发披在肩头，迷人的瓜子脸，弯弯的眉毛下有一双水汪汪的大眼睛，鼻子挺挺的，一张嘴巴总在不停地说话，好像永远不会累。瞧，她又开始了，一迈进家门，就听见她那熟悉的声音，好像一把机关枪，"哒哒哒"不停地向我扫射："今天上课表现好不好啊？举手回答问题没有呀？不懂的知识有没有向老师提问……"一连串的问题就像一座无形的大山向我压来，只能赶紧逃命般躲回卧室，做起作业来。

诸如此类的唠叨数不胜数，虽然有些烦，但是大多数时候都是因为我不听妈妈的唠叨而吃亏的。

记得一次临近期末考试，妈妈辅导我复习功课，出门时还不停地说："考试时别紧张，做完要认真检查……"可我一看题很简单，做完后就交了卷，结果因为粗心错了几道题，与满分失之交臂。哎，真是不听老人言，吃亏在眼前啊！

小作家档案

姓名：张壹博
生日：10月19日
身高：140cm
体重：30kg
兴趣：唱歌、跳舞、主持

座右铭：
多为成功找方法，不为失败找理由。

三等奖

现在我已习惯妈妈的唠叨，甚至有点喜欢妈妈的唠叨了，因为我知道妈妈的唠叨都是为了我好。妈妈的唠叨，是爱的唠叨！

评语："诸如此类的唠叨数不胜数，虽然有些烦，但是大多数时候都是因为我不听妈妈的唠叨而吃亏的。"这一过渡段承上启下，使文章衔接自然，生活中的两个小事例，让我们感受到了妈妈的唠叨是对我们的爱，从而表达了对妈妈的喜爱之情。

春天在哪里

浙江省绍兴市新昌县南岩小学　　二年级：董晟希　　指导老师：余园园

春天在哪呢？让我们来找一找吧！

我来到门外，看到了小树长出了新芽，小草从地下探出头来，像给大地穿上了新衣。泉水欢快地唱着歌从山上流到小溪，小燕子在小溪边的柳树旁边叽叽喳喳地叫着，好像在跟柳树说："你要剪什么发型呀！"柳树扭了扭身子也好像在说："我要为春天增光添彩，你看着剪吧，我相信你的手艺。"话一说完小燕子拿出剪刀，一会儿从这剪到那，一会儿从上剪到下，过了一会儿，小燕子唧唧的叫着，好像在说："你看看镜子你的新发型好不好看？"柳树摇了摇，低下头，看着小溪里的影子好像在说："真是太漂亮了，谢谢你。"

路边各种各样的花都开了，有桃花、迎春花、玉兰花、杏花……闻起来的香味都不同，真让人陶醉呀！

啊！春天原来在这里呀，春天真是太美啦！我爱春天！

小作家档案

姓名：董晟希
生日：8月6日
身高：132cm
体重：30kg
兴趣：画画

座右铭：
好好学习，天天向上！

三等奖

妈妈的爱

广东省韶关市浈江小学　　三年级：邓迪蕭　　指导老师：李玉娇

"世上只有妈妈好，有妈的孩子像块宝"。每当我听到这首歌。像一股暖流涌遍我的全身，我感受到了母亲对我的爱。

记得上一年级的时候，那天正下着倾盆大雨，妈妈让我在学校门口等她来接我回家。我在学校等了半个小时，也没有看见母亲的身影，我急得直跺脚，眼看同学都要走光了，我急得像热锅上的蚂蚁，眼泪都要掉下来了。突然，我看见了妈妈的身影，我跑过去，妈妈亲切地说"对不起，妈妈来晚了"。听了这句话我感动得哭了。妈妈打着伞自己却站在伞的外边，妈妈成了落汤鸡。我的心难受极了，心想一定要报答母亲。

小作家档案

姓名：邓迪蕭
生日：10月28日
身高：131cm
体重：30kg
兴趣：绘画、写作

座右铭：
书山有路勤为径，
学海无涯苦作舟

三等奖

从这件事中我体会到了母亲对我的爱是多么的伟大，她像一道光，照耀在我的心田。而我对她的爱微不足道，像一条小溪。

妈妈的爱温暖着我，母爱是伟大的！我爱您妈妈，等我长大了一定会报答您。

评语：文章充满了真情实感，道出了妈妈无私的爱，语言形象生动，将妈妈的形象刻画得很深刻。

宇宙旅行

河南省郑州市东方作文经三路校区　　三年级：张馨月　　指导老师：陈丰丽

"救命呀！"一阵尖叫声从房间里传出来。原来是大头儿子搞的鬼。这一切都要从几天前的一个夜晚说起。

那是个宁静的夜晚，路上没有一辆车，连鹅毛落地的声音都能听到，大头儿子蹑手蹑脚地走进书房，又一点一点地把玩具箱从桌上拿出来。再慢慢地拿出孙悟空和汤姆玩偶。又蹑手蹑脚回到床上。突然"轰隆"一声，一架UFO降落在宽阔的马路上，那UFO上印着各种各样的动漫人物，当然包括孙悟空和汤姆猫。大头儿子都看呆了。就在这时，孙悟空和汤姆猫竟然奇迹般的活过来了！

"喂！你要不要来一次宇宙旅行？"孙悟空拍了一下大头儿子。大头儿子吓得魂飞魄散，连气都不敢出！大头儿子壮着胆子问："你是谁？你怎么会在这里？"孙悟空说："我就是大名鼎鼎的齐天大圣——孙悟空。"大头儿子兴奋地说："齐天大圣，你好！"孙悟空对汤姆猫说："老弟，你也来个自我介绍吧！"汤姆猫说："你好，我是……"话还没说完，就被大头儿子给打断了！大头儿子说："齐天大圣，你今天来干什么？""请你和我们一起去太空旅游！"孙悟空说着，带着大头儿子从窗户飞出去，飞向UFO。"带我去UFO那里干吗？"孙悟空说："去了你就知道了！"

他们坐上UFO，"嗖"的一声，飞向太空，时速可达20光年，一转眼的工夫，他们就到了月球，月球可真冷呀，月球的表面凸凹不平。不会发光，接着他们又去了冥王星、土星、水星……。

第二天早上，大头儿子回到了母星——地球，他对孙悟空和汤姆猫说："谢谢你们，让我度过了一个美好的夜晚。""不客气"。孙悟空和汤姆猫异口同声地说。

评语：声音开头，让读者为之眼前一亮。小作者在文章中，把不同地方，不同空间的卡通人物聚在一起，巧用对话推动故事情节的发展，精彩！真是一个想象力丰富的孩子哦！

我最喜欢的游戏

辽宁省锦州市吉庆小学　　　三年级：金千城　　　指导教师：张春梅

"哈哈哈……"一阵笑声从教室里传来，我们在玩什么呢？想知道吗？一起跟我来看看吧！

今天，老师走进教室对我们说："一会儿我们要做个游戏，一定让你们哈哈大笑。"平静的教室顿时炸开了锅，有的同学说："老师这葫芦里卖的什么药？"有的同学说："老师要干什么呢？"还有的同学说："怪不得老师进教室的时候神神秘秘的呀！"同学们讨论了半天，老师终于揭晓了答案，对我们说："今天，我们玩一个游戏'对着干'。"同学们又七嘴八舌地评论起来。

小作家档案

姓名：金千城
生日：11月5日
身高：133cm
体重：22.5kg
兴趣：看书、跑步

座右铭：
积力之举无不胜，
众智之为无不成。

一等奖

时间一分一秒的过去，游戏终于开始了。首先，老师叫了我们班的班长到讲台上。班长马上站起来，走到讲台上，他笔直地站在那里。然后老师让他说："你说向后转、坐好、起立……这些话，其他同学做出相反的动作。"班长说了句"起立！"有的同学连忙站起来，有的刚站起来望着别人又坐下了，有的同学纹丝不动，班长看着我们的反应笑了。我一想：对着干嘛，不应该起立呀！我刚抬起的屁股一下子坐在椅子上，我才算没被淘汰。被淘汰的同学无奈地站在后面。班长又说："左手摸右耳。"这下可难坏我了，我左右不分的啊！我一想：妈妈让用我右手写字。我一下子恍然大悟，用右手摸左耳，不就对了吗？果然，我没有被淘汰掉。多数同学又被淘汰，站到了后面。班长又发令了："坐好。"同学们坐得东倒西歪，一部分同学又被淘汰了。玩了很久很久，最后只剩下五个人，其中有我。班长说："向后转。"四个人都向后转，最后，我胜利了！老师说："这游戏不但锻炼你们的注意力，还让大家捧腹大笑啊！"老师又说："金千城同学很棒哦！"听了老师的表扬，我开心地笑了。

你们如果在现场，一定觉得它很好玩哦！它不但能训练你的注意力，还会让你哈哈大笑！哈哈哈！相信你也喜欢这个游戏！

评语：小作者选材新颖，设计独特，抓住人物游戏前的状态及表现、游戏过程做重点描写，抓住人物一系列细节描写，很棒！

美丽的校园

湖北省宜都市东方作文实验小学　　　三年级：聂德耀　　　指导老师：汪雯兰

我们的校园——实验小学，一年四季都非常美丽，每一个季节就像是一幅五彩的画卷，接下来就让我带你一起去我们美丽的校园转一转吧。

小作家档案

姓名：聂德耀
生日：11月5日
身高：134cm
体重：29kg
兴趣：看书

座右铭：
狭路相逢，
勇者胜。

二等奖

春天，万物生机盎然。各种各样的花儿竞相开放，连小草也不甘示弱，特别是被春雨洗过后都使劲儿的往上长。教室里琅琅的读书声招来了许多小鸟，鸟儿不叫了，花儿不摇了，蝴蝶停在花朵上，好像都在听同学们读课文，门卫们也放下了手中的工作，不由自主地去听同学们读书。"叮铃铃、叮铃铃……"一阵悦耳的铃声传入了每一个同学的耳朵，同学们都飞快地冲出教室，在校园里奔跑、玩耍、嬉戏……别提有多热闹了！

夏天，小花开得更艳丽了，小草长得更茂盛了，就连同学们也都长高了。蝉热得在树上不停地叫"知了！知了！"同学们也都换上了凉爽的夏装。体育课上，五十米赛跑马上就要开始啦，那些叽叽喳喳的小鸟儿们似乎也在为我们助威呢！

秋天，鲜花凋谢，落叶飘零，一片片落叶被秋风卷到空中，就像一只只轻盈的蝴蝶，在互相诉说着校园美丽的秋色。

冬天，一场大雪过后，校园里到处都覆盖了一层厚厚的棉被。树上、房顶上都是白的，仿佛我们整个校园都换上了银装。下课了，同学们来到操场上，堆雪人，打雪仗，欢笑声都快把树上的积雪给震落啦！

多么美丽的校园呀！它不仅带给我们无穷的知识和乐趣，也让我们感受到了快乐和幸福。

评语：作者通过仔细的观察，按照春夏秋冬的顺序，运用了生动的语言，把我们的校园绘声绘色地描述了出来。文中语言清新活泼，从字里行间能体会到你对校园的喜爱之情。

家乡的四季

山西省晋城市清华课辅中心　　三年级：王昱芊　　指导老师：王波波

我的家乡在山西省东南部——晋城市，这里，一年四季风景如画，引人入胜！

春天，晋城最美的地方就是公园了。春天的晋城，是花的世界。迎春花早早地开放，一片片金色的花瓣镶嵌在枝头，在明媚的春光中忽闪忽闪的，向路过的行人传递着融融的春意。栖霞湖畔的垂柳许是等不及了吧！迫不及待地为她柔软的细发装点嫩绿的叶子，微风吹过，好像一位亭亭玉立的少女坐在湖边梳理着自己的长发，又像婀娜多姿的舞

小作家档案

姓名：王昱芊
生日：8月8日
身高：143cm
体重：40kg
兴趣：跳舞

座右铭：
书山有路勤为径，
学海无涯苦作舟。

二等奖

者在尽情展示自己的舞姿。空中的燕子仿佛也被这春天的花园陶醉，叽叽喳喳的，好像在为晋城的春天奏曲和音，热闹极了！植物园里，百花盛开，白的像玉，粉的似霞，红的如火……置身如此美景，我不禁轻声吟诵出了"江碧鸟逾白，山青花欲燃"。

夏天，晋城就成了树的海洋。马路边的树荫是最热闹的，梧桐郁郁葱葱，就像是身着绿色军装的士兵，默默守卫着这个城市的安宁。炎炎夏日，我最喜欢的就是儿童公园的荷塘了。池里的荷花成了晋城的胜景。有的荷花开得正盛，像是湖上刚刚出浴的仙女，嫩蕊凝珠，清香阵阵，沁人心脾；有的荷花含苞待放，像是谁家娇羞的姑娘，于宁静的一隅偷偷地打量着陌生又新奇的世界。我们来到水上乐园，小朋友们在水里欢快地玩耍着，好像一条条嬉戏的鱼儿。

秋天是晋城最美的季节。秋天的家乡，又变成了叶的海洋。秋天的树叶虽然褪去

了盛夏的浓烈，却也风韵犹存。有的像金黄的扇子，有的像火红的手掌，还有的像清翠的雨滴……地上铺满了层层枫叶，就像是红色的地毯。

冬天，鹅毛大雪从天而降。洁白的雪花纷纷扬扬，我伸出双手，想接住一片花瓣仔细观察，但是刚刚落入手心就化成了冰水。看，小朋友们在堆雪人、打雪仗……

迷人的家乡，多彩的四季，欢迎大家的到来！

评语：文章结构清晰，层次分明，重点写了家乡的春天和夏天，详略得当。呼吁式的结尾，更展现了晋城的人文风貌！

快乐的一天

河南省郑州市东方作文农业路校区　　　三年级：郭宇轩　　　指导老师：易芳

有一次，大头儿子在放学回家的路上遇见了猪猪侠，他兴奋地说："猪猪侠，真的是你吗？我可以和你交朋友吗？"猪猪侠说："当然啦！我环游世界来到了这里，也没什么朋友！能认识你真是太好啦！"他们来到了一片草地，看见一只大熊正在爬树掏蜂蜜。他们上前帮它掏出了蜂蜜。他们一起分享蜂蜜成了亲密的好朋友。

小作家档案

姓名：郭宇轩
生日：1月2日
身高：140cm
体重：30kg
兴趣：学习、打篮球

座右铭：
学习是成功的阶梯。

三等奖

一天，他们在做捉迷藏的游戏时，一个猎人把熊大抓走了。猪猪侠看见后急忙追了上去，慌忙中不小心掉进了河里。看到这些可急坏了大头儿子，他急得走来走去。他想了想说："我还是先把猪猪侠救上来，然后我们一起去救救熊大。"他找来一根绳子扔到河里，费了九牛二虎之力才将猪猪侠救了上来。

可是熊大已经被猎人拉到了城市，大头儿子和猪猪侠赶到了城市。可是，他们多方打听了解到熊大已经被送上了火车。他们急忙借了一辆汽车朝火车站赶去，一路上他们心里默念：火车可千万别开走啊！可不巧的是，当他们赶到时，火车已经开动了。大头儿子开着汽车一路追赶。就在靠近火车窗口时，猪猪侠一跃跳进了火车。猪猪侠找到了熊大和猎人，他大声喊道："可恶的猎人，快放了熊大，不然我就不客气了！"猎人却丝毫不害怕，还笑着说："猪猪侠，你不要乱来，我可是有枪的，小心我要了熊大的命！"就在这时，熊大猛地咬住猎人的手腕，直到他鲜血直流。手枪也掉了下来。

谁想，他竟拿出一把剑和猪猪侠战斗了起来。猪猪侠也不甘示弱，一个飞镖射向猎人，把他打得抱头鼠窜。历经了千辛万苦，猪猪侠和大头儿子终于将熊大从铁笼中救了出来。他们开心地回家了。

从此，他们一起吃饭，一起睡觉，一起玩耍，过着幸福的生活！

评语：小作者想象力丰富，将卡通人物巧妙地安排在一起，故事情节一波三折，非常有趣。体现了朋友之间遇到问题团结互助，开动脑筋解决问题的主题。

妈妈的爱

广东省韶关市执信小学　　三年级：吴皓一　　指导老师：庄少蓉

妈妈的爱，就像一首歌，越唱越好听；妈妈的爱，就像一部电视剧，越看越精彩；妈妈的爱，就像一本书，越看越好看。而我妈妈却很特别，因为她的爱，深深又长长。

记得有一次，我在公园骑单车，重心不稳顿时撞到树上了。我只感到脚上传来一阵剧痛，却手足无措。这时，您马上赶过来，看到我鲜血直流的脚，二话不说立刻背我回家。您那么瘦，但是我在您背上却感到满满的安

小作家档案

姓名：吴皓一
生日：10月22日
身高：133cm
体重：25kg
兴趣：绘画、拼图

座右铭：
滴水穿石，
不是力量大，
而是功夫深。

二等奖

全感。您一直在问我："身体有没有其他地方不舒服？"回家后，您迅速拿出消毒药和棉签帮我清理伤口。您的动作看起来那么熟练，却又那么小心，生怕弄疼了我。我看到了您眼里的焦虑和担心，您不停地说："哪里不舒服要告诉妈妈。"我还一直笑嘻嘻地和您说没事。其实我心里非常内疚，因为从小到大，每次我受伤，您都是第一个出现，也是您，那么周到而温柔地照顾我。我下决心，以后我要更加懂事，这样妈妈就为我少操点心。

妈妈，如果我是小鱼，您就是辽阔的大海；如果我是小鸟，您就是广阔的天空；如果我是蜜蜂，您就是温暖的蜂巢。妈妈，我爱您！

评语：文章开头运用排比的修辞手法，引人入胜，气势磅礴。再以自己的亲身经历进行描写，突出母亲对自己的爱，写出了真情实感。语言流畅，词语运用得当，是一篇很不错的文章！

小鸡蛋大道理

湖南省邵阳市唐朝雅郡校区　　　三年级：何娴　　　指导老师：吕红霞

今天，老师带来了一枚鸡蛋，告诉我们这是一枚金刚蛋，是握不破的呢。听了老师的话，教室里瞬间就炸开了锅，同学们纷纷议论着这枚金刚蛋，有的说："不可能。"有的说："老师在骗人。"还有的说："这不符合科学。"我在一旁静静地想：一枚小小的鸡蛋怎么可能握不破呢，真不知道老师葫芦里卖的是什么药呢。

我仔细地看这枚金刚蛋，发现其实它和家里的鸡蛋没什么两样，颜色和家里吃的鸡蛋都是一

小作家档案

姓名：何娴
生日：1月16日
身高：142cm
体重：32kg
兴趣：唱歌、画画、钢琴、看书

座右铭：
业精于勤，
行成于思。

二等奖

样的，摸起来也是凉飕飕的。而一旁的老师似乎看穿了我们的小心思，于是微笑着说我们来做个游戏吧。

接着老师说明了游戏规则，只有一点就是不能用手抠，其他什么都可以。

老师首先选了身材最小巧的简家煊，他慢慢地走上台，小心翼翼地拿起鸡蛋，用力地捏着，可是就是捏不破，我们看见了都纷纷给他加油鼓劲，可不知道为什么简家煊就是失败了。

第二位挑战的是刘城，他好似想为简家煊报仇一样，一鼓气拿起鸡蛋就使出了浑身力气，可就是捏不破，他万分疑惑，但还是放弃了捏下去，就万分沮丧地走下了讲台。

这时老师哈哈大笑，告诉了我们这枚金刚蛋捏不破的原理，原来鸡蛋表面的曲线结构能够很好地分散所承受的压力，即使鸡蛋壳很薄，但它却可以很好地抵挡外界的冲击。我虽然不明白这种原理，但老师告诉我们许多建筑也利用了这种原理，比如：悉尼歌剧院、人民大会堂。

我恍然大悟，一个小小的鸡蛋也有这么大的奥妙，我想我以后真的要好好学习，争取做出比这个还要伟大的发明。

评语：这篇作文描写得十分细致入微，把课堂上的表现描绘得十分精彩，篇幅较长且语言活泼有趣，真情流露情感十分细腻，以后继续加油！

我最喜欢的一种游戏

 辽宁省锦州市吉庆小学　　　三年级：陈丹妮　　　指导教师：张春梅

"哈哈哈！"一阵阵笑声从教室里传出来，原来，我们老师在和同学们玩儿"对着干"的游戏。

老师把同学们分成两组，分别是A组和B组。首先，每一组派出一名同学，大家都抢着举手。最后，各组派出了一名同学。这时，老师说："立正！"两名同学做出了相反的动作，他们都做对了。第二轮，老师让全班同学参加，我们高兴得不得了。正当我们高兴的时候，老师说了一句："起立！"我兴奋地把"对着干"的游戏早已扔到九霄云外，立刻起立。这时大家看着我，有的捂着肚子大笑，有的笑得眼睛都没了。我的脸一下子红了起来，红得像一个大苹果，像个大太阳。宁静的教室忽然变成了哈

哈大笑的教室，一阵阵笑声在我耳边闪过，我心想：好丢人啊，面子都丢没了。笑声长达半个小时，我还在那儿呆呆地站着。这时，有个同学对我："坐下吧，还站那儿干什么呀？"于是，我慢慢地坐在了椅子上。

就这样，半决赛过去了，开始了第三轮，现在的比分是2比1。再拿一分就赢了，我心想。经过了两场比拼，我们A组终于获得桂冠。B组的同学一个个拉下小脸，怨声载道："就差一点点，

姓名：陈丹妮
生日：1月10日
身高：145cm
体重：40kg
兴趣：看书、跑步

座右铭：
读一本好书，就是和品德高尚的人谈话。

唉，真失望，以后再也不和他们玩了。"我对他们说："比赛第二，友谊第一。你们不要生气了。"经过我的一番安慰，A组和B组的同学终于和好了，在老师的掌声与欢笑声中，我们都满意地笑了。

我喜欢这个游戏，我永远也忘记不了这一天。

评语：文章题材新颖，主题独特，以笑声引入，吸引读者阅读，并在结尾讲清道理，值得一读。

我的童话故事

河南省南召县东方教育　　二年级：李舒芃　　指导老师：王康

"妈妈，我的肚子好饿呀！""家里的蘑菇已经吃完了，我们去采蘑菇吧！"小兔爽快地答应了。

小兔和妈妈一起出去采蘑菇。小兔一会儿捉蜻蜓一会抓蝴蝶，害得妈妈要不停地提醒它："宝贝，不要三心二意！要小心，一定要小心！"

小兔看到一棵大树下面有许多五彩缤纷的花，还有漂亮的蘑菇，迫不及待地要采。当小兔要采到蘑菇时，妈妈看到了，就急忙拦住它。

小兔想：这么漂亮的蘑菇，妈妈居然不让我采。妈妈说："这种漂亮的蘑菇有毒，不能采。"小兔知道了赶忙放下。

听了这个故事，我知道了，看东西不能只看外表，外表漂亮的东西可能有毒！

评语：二年级的孩子能把故事描写得如此细致，有声有色，富有哲理，好棒！

小作家档案

姓名：李舒芃
生日：1月28日
身高：140cm
体重：28kg
兴趣：画画

座右铭：
谦虚是学习的朋友。

三等奖

植树节

山西省临汾市东方作文洪洞分校城区　　三年级：张子妍　　指导老师：苗壮

今天是3月12日，东方作文的苗老师带我们去植树，植树基地很美。到了以后，我们三人一组，老师对我们说："咱们的主要任务是植树。看哪个组最团结，能最快地种好小树苗。种树最快的一组还可以优先去玩游戏。"大家听了，高兴坏了，都准备行动。

小作家档案

姓名：张子妍
生日：7月9日
身高：145cm
体重：30kg
兴趣：跳街舞
理想：考上好大学

座右铭：
我们应该相信自己的眼睛，看到是什么样就画成什么样！

三等奖

接着，植树活动拉开了帷幕，我们先去老师那里拿铲子和小树苗，然后用铲子挖了一个坑，再把小树苗放进去填上土，浇点水，这样一棵小树苗就栽好了。

我们植完树还玩了好多游戏。划船，我很喜欢！坐船的时候，老师还给我们照相

呢！坐完船，我们又玩了一个游戏：五个人一组，规则是：先把同学相邻的两条腿绑上，接着我们向终点跑去，老师说："看哪个组在最短的时间里走到这里。就算赢家！"老师分了四组，一个是P组，一个是K组，还有一个超人组和女神组；两组两组比赛，最后P组和女神组赢了。后来，我们恋恋不舍地返程了，回到家中我把今天经历的事情给妈妈完完整整的讲了一遍，妈妈对我说："那里好玩吗？植树的时候，有收获吗？"我说："好玩。我们几个人齐心协力一起种好了小树苗。""看来我的女儿也学会合作了，这才是长大！"听着妈妈的夸奖，我高兴得比吃了蜜还甜！

这就是令我难忘的植树节，下一次植树我还要去。我要为地球多添一些绿意。

评语：小作者的题目是植树节，就应当详写植树的过程，把植树过程中遇到的困难和亲身的感受都写出来，文章的侧重要有方向，不过小小年龄能在学习初期就写出真情实感也很难得！望在今后的学习中更多的用些心思，下点苦功！

小兔子换尾巴

陕西省西安市洪恩教育未央实验校区　　　三年级：张熙悦　　指导老师：周英

在一个阳光明媚的早晨，热闹非凡的大森林里，蝴蝶仙子正在翩翩起舞，许多小动物都在晒太阳、玩耍，可漂亮的小兔子哪有心情去晒太阳呢？它坐在草地上闷闷不乐，一探究竟才发现它是因为嫌自己尾巴太短而伤心难过呢。看到其他小动物都在快乐玩耍，小兔子突然想去问大家换尾巴。

它走啊走啊，首先遇到了调皮的小猴子，小猴子正在用它那又细又长的尾巴荡秋千呢！漂亮

小作家档案

姓名：张熙悦
生日：10月11日
身高：145cm
体重：30kg
兴趣：看书、旅游

座右铭：
认真学习，
快乐生活。

一等奖

的小兔子彬彬有礼地对小猴子说："猴哥哥，我能用我的短尾巴换你的长尾巴吗？"小猴子委婉地说："不行不行，我还要用我的尾巴荡秋千呢！换给你了，我岂不就不能蹦来蹦去了？"听了猴子的话，小兔子失望地离开了。

不一会，它又在森林里遇见了一只可爱的松鼠，小兔立刻笑容满面地迎了上去，对松鼠说："松鼠弟弟，你的尾巴毛茸茸的，我可不可以用我的短尾巴换你的尾巴呢？"松鼠听了惋惜地说："兔子姐姐，不好意思，我不能和你换，因为我要用我的尾巴保护自己，冬天还要靠它取暖呢！"兔子听了，更加难过了。

它垂头丧气地继续在森林里走着，突然，被眼前的尾巴吸引住了，原来是孔雀姐姐正在向大家展示它的尾巴呢，小兔子的眼神充满了羡慕，就对孔雀说："孔雀姐姐，你是森林里最漂亮的姐姐，你能把你的尾巴借给我吗？"孔雀一听兔子要借它的尾巴，就生气地说："太可笑了，我是森林里最漂亮的，我会用自己漂亮的尾巴，来换你那又短又丑的尾巴吗？"

听了孔雀的话，它更加伤心了，小兔子哭着跑回了家。兔妈妈见到哭红双眼的小兔子，连忙询问原因，小兔子伤心地告诉妈妈今天发生的事情。兔妈妈听了，摸着小兔子的头，语重心长地说："孩子，每个小动物的尾巴都有自己的作用，我们的尾巴，帮助我们逃跑。"听了妈妈的话，小兔子才明白：动物的尾巴各有利弊，适合自己的，才是最好的。

评语：文章故事内容丰富，生动有趣。把小兔子换尾巴的过程描写得很详细，加入语言描写，让文章更加灵活生动。

冬爷爷

安徽省阜阳市英杰才艺培训东方作文　　　　二年级：张鑫博　　　指导教师：刘剑

有的人喜欢春天，有的人喜欢夏天，还有的人喜欢秋天，而我最喜欢冬天。

秋天走了，冬天来了，外面飘着雪花，地上铺着雪毯，到处一片白色。雪落下来像给大山织了一顶白帽子，像给树哥哥穿上了雪白的棉袄，像给房子送来了新装，像给马路穿了一件白西装，像给小草送来了小毛衣。

小朋友有的在校园里堆雪人，打雪仗；有的在小院儿里滑雪，滚雪球；还有的在马路上画画，做游戏，玩儿得可开心了！我和弟弟一起在雪地里玩游戏，看到弟弟一屁股摔倒在雪地上，柳枝都笑弯了腰。

你喜欢我写的小作文吗？祝你在冬天里快乐的玩耍。

评语：小作者本文整体流畅，语言优美，中间小弟弟摔倒的插曲使文章增添了许多童趣，又以反问结尾，很好！

小作家档案

姓名：张鑫博
生日：4月29日
身高：131cm
体重：26kg
兴趣：唱歌、表演

座右铭：
学习是一份收获！

三等奖

未来的房子

河南省郑州市东方作文大学路校区　　　三年级：张雨洁　　　指导老师：刘建萍

"不会吧，又停水了？真烦人啊！"现在的房子缺陷怎么这么多呀！未来的我一定要设计一个独一无二的房子，现在就让你们一睹为快吧！

我的房子有时是苹果形的，红彤彤的，上面还有五角星呢；有时是水滴形的，五颜六色的，可以帮我们探天气，要是下雨它会变成透明让我们看看这雨景，要是晴天它会变成彩虹的七种颜色。我的房子是独一无二的。

我的房子形状多变，还有超棒的功能，还可以转动，让我看到周围不同角度的风景。有了我这样的房子都可以从前面的大门看到后面的花坛。房子还

小作家档案

姓名：张雨洁
生日：12月1日
身高：142cm
体重：32kg
兴趣：钢琴、画画、跳舞

座右铭：
时间，就像海绵里的水，只要愿挤，总还是有的。

三等奖

可以根据四季的不同而变化，比如说：春天是一朵花，夏天是一棵大树，秋天是一个苹果，冬天是一个雪人。

我的房子门也是很棒的，如果有小偷来，门不搭理他，只要小偷敢撬门，门自动电晕小偷，用笼子把小偷关在里面，通知主人有小偷来了；如果是亲人来，门会自己打开并问好。

屋内客厅里的家具都会说话，比方说，我刚放学回家，一进门，鞋柜就会说："小主人，把鞋给我吧。"走进卧室，书桌笑呵呵地对我说："主人你可回来了，我们都想你了。"我想看什么书就会自动跳出来让我看，写作业的效率也大大提高了。不一会儿的功夫，机器人保姆就已经把饭菜做好了，等我们吃好饭，智能的饭桌会自动收拾，一切都是多么的美好！

为了我的梦想早点成真，我会加倍努力学习。

评语：小作者想象极其丰富，结合现在房子的缺点进行畅想，将未来的房子改造得很实用，令读者不由得期待起来。

我的同学

湖南省邵阳市唐朝雅郡校区　　　三年级：刘昊　　　指导老师：吕老师

今天，我要向大家介绍我们班上的同学——邓雅文。

她中等身高，有着一双乌黑明亮的大眼睛，像一对黑珍珠，她有着一个高高的鼻子，一张能说会道的嘴巴，每一次上课，她都能说到点子上来，她还有一双"顺风耳"。有一次，我的同桌和别人说了一句悄悄话，她站在讲台上都听得到，要知道，他们可是在教室的最后面说的话呢，你说她是不是有一双"顺风耳"？

小作家档案

姓名：刘昊
生日：6月28日
身高：142cm
体重：42kg
兴趣：主持、播音

座右铭：
学如逆水行舟，不进则退

三等奖

她是一个有责任心的人。有一次下课了，老师要她去给同学们看作业，她有些纠结，因为她说好了和同学去玩捉迷藏的游戏，可老师临时布置的任务让她很是慌张。我对她说："别去打钩了，先去玩吧！"她想了想说："没事，游戏可以暂时放一放，但是我必须给你们看作业。"于是，她没有和同学们玩游戏了，她一个人在教室给大家看作业。

她还是一个有爱心的人。有一次，我摔跤了，她看到了就连忙跑过来，用她弱小的身躯扶起了我，急急忙忙地问："你摔到哪里了？"我当时感到一阵暖意，心想她真是个善良的人！

我们应该好好向邓雅文同学学习，学习她的责任心和爱心，好好用属于我们自己的小力量为集体作出一点点贡献。

评语：你真是一个细心的孩子，观察事物十分到位，文章语句通顺、结构完整，希望以后的你也能够这么优秀，继续加油！

我最喜欢小猫

辽宁省锦州市解放小学　　三年级：赵思萁　　指导教师：杜玲

我家养了一只可爱的小猫，这只小猫是妈妈在我去年过生日时送给我的。我给它取了个名字叫"咪咪"。

咪咪是一只波斯猫。它的身上覆盖着雪一样的白毛，毛茸茸的，软绵绵的，像一个大毛球。咪咪的耳朵尖尖的，像两座小山。它还长着两只水汪汪的大眼睛，像两颗蓝色的大宝石，非常可爱。它还有一个小巧玲珑的鼻子，一张小巧玲珑的嘴。咪咪还

小作家档案

姓名：赵思萁
生日：3月17日
身高：138cm
体重：29kg
兴趣：画画、唱歌、跳舞

座右铭：
勤能补拙。

二等奖

长着6根胡须，你们知道它的胡须有什么用吗？还是我来告诉你们吧！它的胡须是用来平衡的。咪咪的屁股圆圆的，走起路来一摇一晃，可爱极了。

"开饭了！"妈妈大声地喊。咪咪"喵"的一声蹦了起来，跑向它的食盘，用它那萌萌的大眼睛向我讨要食物。吃完食，它向我笑了笑，好像在说："谢谢小主人。"然后，转身回头一摇一摆地走回它的小床。咪咪最爱吃番茄味的沙丁鱼罐头，每当我拿出鱼罐头时，它就三步并作两步，快速地跑过来，抱着我的小脚。我无奈地把鱼罐头给了它，它津津有味地吃着又香又甜的可口食物。哎！真是个贪吃鬼呀！

咪咪给我带来了无限乐趣，我真希望它能陪我到永远！

评语：文章虽短，却描述得很全面：时间、地点、所描写小猫的样子、性格特点和自己的喜爱之情。所有的比喻及修饰词都很形象、贴切，让读者耳目一新！

小亮和鹦鹉对话

山西省祁县东方作文分校　　一年级：赵一霖　　指导老师：马千苑

一天小亮抓了一只鹦鹉，可是他发现鹦鹉并不开心，于是他问："鹦鹉你怎么不开心呢？"因为鹦鹉只会学别人说话，所以它便跟着小亮说："鹦鹉你怎么不开心呢？"他又接着问道："你怎么能学我说话呢？"鹦鹉又说："你怎么能学我说话呢？"这时小亮才想到鹦鹉会说话是因为它只会学别人说话。

这天晚上，他睡觉的时候梦见鹦鹉很伤心，他问鹦鹉："你怎么不高兴呢？"鹦鹉说："我想要自由，可是你却每天把我关在笼子里，所以我不开心。"第二天小亮一觉醒来第一件事情就是跟鹦鹉道别，虽然依依不舍但最后还是把它放飞了。小亮看见鹦鹉展翅高飞后开心地笑了。

小作家档案

姓名：赵一霖
生日：1月20日
身高：130cm
体重：23kg
兴趣：画画、武术

座右铭：
摔倒了，
爬起来就好！！

二等奖

小朋友们我们都要学会保护动物，动物是人类最好的朋友，保护动物人人有责。

评语：小作者想象力丰富，很符合小孩子语言对话，完全发挥了孩子的天性，但要注意错别字。

最佳兄弟

河南省郑州市东方作文新密青屏校区　　　三年级：吴承翰　　　指导老师：张晓培

从前，熊大和熊二同住在一间小木屋里。熊大在打扫卫生的时候，熊二在床上吃蜂蜜，它把蜂蜜洒得满地都是。熊二再次吃蜂蜜时，熊大拿起扫把气冲冲地把蜂蜜打到地下。熊二生气地说："俺的蜂蜜。"然后熊二收拾好行李，背着书包说："俺要再找一个木屋。"

熊二找呀找，小木屋还是没有找到。它走到大树下，靠着树休息，不知怎么回事，"砰"的一声掉进一个漆黑的小屋里面，它走呀走，怎么也找不到出口。这里也没有果子，熊二的肚子咕咕地叫着。

小作家档案

姓名：吴承翰
生日：3月4日
身高：135cm
体重：26kg
兴趣：溜冰、骑自行车

座右铭：
我努力，
我进步！

三等奖

到了晚上，熊大怎么也睡不着。忽然，熊大听到了熊二的声音，熊大出门一看是涂涂，涂涂说："小声点，我在吃虫子呢！""涂涂，你能帮我找熊二吗？"涂涂说："当然可以。"涂涂放声大喊说："虫儿、虫儿、虫儿。"熊大说："不是虫儿，是熊二。"

第二天一大早，涂涂飞到了另一片森林，涂涂听到了熊二的呼唤："熊大我好饿，熊大我好饿。"涂涂飞回去给熊大说找到熊二了。"熊二在哪里？熊二在哪里？"熊大急匆匆地问。涂涂说："就在另一片森林里。"

熊大跑到另一片森林，找啊找，哪儿也找不到。它找到了夜晚，继续找，涂涂也在找熊大，它们俩互相一撞说："熊大，你走错方向了。在那边。"熊大找到了那个小木屋，那里没吃没喝。熊大说："熊二我们谁也不能少，你是我的弟弟，我是你的哥哥，我们是最佳兄弟。"熊二点了点头说："嗯，我们永远在一起。"

评语：小作者新颖的题目一下子吸引了读者的眼球，故事中熊大和熊二虽然发生了矛盾，但是最后还是和好了，这深深的兄弟情真是令人感动啊！

温柔的爱

✏️ 河北省衡水市桃城区北门口小学　　　三年级：董慧硕　　　指导老师：马丽丹

有人说，妈妈的爱像一股清泉，滋润着心田；有人说，妈妈的爱像一把伞，为我遮风挡雨……我想说，妈妈的爱是我口渴时的一杯饮水，是我晚饭后的一张柔软的床和一个可口的苹果，也是我成功时的一个微笑。

妈妈全心全意地照顾我，爱护我，而那次受伤更让我记忆犹新。

记得有一次，我和同学玩捉迷藏。可是我躲藏的时候一不小心被一根铁棍扎伤了，于是疼得我哇哇大哭，把同学们唤了来，他们一看我的伤口流出了鲜血，连忙跑去给我妈妈报信。妈妈听了后，二话不说拿起药盒撒腿就往楼下冲来，来到我身边，小心翼翼地蘸了些红药水给我仔细地、小心地擦洗伤口。一边给我包扎一边责备地说："还痛吗？你怎么那么不小心！"听着妈妈心疼中略带责备的话语，看着妈妈发红的眼圈，我的心里顿时暖暖的，轻声地对妈妈说不

小作家档案

姓名：董慧硕
生日：8月5日
身高：132cm
体重：27kg
兴趣：唱歌、跳舞、画画
座右铭：天才是百分之九十九的汗水加百分之一的灵感。

二等奖

痛了。心想：我以后一定要注意，再也不让妈妈为我担忧了。

在妈妈的精心照顾下，我的伤口没几天就结痂了。是啊！母爱如火，无时无刻不包围着我们，给予温暖；母爱如海，博大无边，时刻在我身边。我想对妈妈说："妈妈，我爱你！"

评语：文章写出了真情实感，细节之处表达出了母爱的博大与带给我们的温暖，让人深深地为之动容，深刻体会到母爱是无处不在的。语言朴实，自然流畅。

我最喜欢的小动物

河南省长垣县东方作文　　三年级：冯栩铭　　指导老师：尚晓阳

有的人喜欢可爱的小猫，有的人喜欢调皮的小狗，还有的人喜欢美丽的孔雀，而我最喜欢我家的小白兔。

小白兔的毛雪白雪白的，摸起来很光滑，远远望去就像一块白色的地毯。它的眼睛红红的，像两颗小巧玲珑的红宝石；它的嘴巴是三瓣嘴，当我喂它青菜时，它的嘴巴就会发出"啧啧"的声音，好像是在防御敌人出来和它抢食物，它的尾巴是球形的，一跳起来，就像是一个摇动的风铃。

小作家档案

姓名：冯栩铭
生日：10月26日
身高：140cm
体重：28kg
兴趣：阅读、舞蹈

座右铭：
书是人类进步的阶梯。

优秀奖

小兔子的胆子非常小，一有点风吹草动，它就会吓得仓惶而逃，躲在窝里很长时间不出来，确定外面没有危险时才会小心翼翼地出来。

小兔子全身是宝。它的毛可以剪下来织成毛衣，为人们驱寒保暖；它的粪便可以给庄稼当肥料，为人们带来丰收；它还是我们的朋友，当爸爸妈妈不在家时，可以陪我们玩耍。

这就是我家的小白兔，你喜欢吗？

美丽的长安河

湖南省临湘市小新星教育　　　三年级：袁泉　　　指导老师：何琴

我的家乡有一条美丽的母亲河——长安河，她像一条蜿蜒的长龙穿过整个城市，滋润着大地上的花草树木，养育着两岸的千家万户。

春天，河岸边春意盎然、生机勃勃。树木抽出新的枝条，长出鲜绿的叶子。河面的薄冰刚刚融化，河水清澈透亮，淙淙地流淌着。春风拂过，柳树晃着她那满头的长辫子，翩翩起舞。翠绿的小草从地下探出头来，悄悄地给大地妈妈穿上了一件绿色的衣裳。

温柔的春天正如它悄悄来到，又悄然地离去。随之而来的夏日却又是一番风景，呈现出一派热闹的景象。人们有的在长安河边的树下乘凉、下象棋、钓鱼，有的时候还会看到一些乐队吹着萨克斯、拉着二胡，演奏着美妙的音乐等等。如果你再细细一听，潺潺的流水声，清脆的蛙叫声，还有那似乎在开演唱会的蝉鸣声，共同构成了长安河这热闹非凡的景象。

秋天，在阳光的照耀下，长安河边的树木渐渐的染上了金色，不过，松柏却换上绿衣裳，显得更苍翠了。一阵秋风吹过，树叶徐徐飘落，像蝴蝶在空中翩然起舞，像秋姑娘寄来的信，慢慢的、慢慢的，飘落在了水里，变成一叶叶金色的小舟，在河里荡漾。

冬天，漫天的雪花飞舞着，到处一片洁白。光秃秃的树枝上挂满了白雪。地上的雪厚厚的，又松又软像给大地铺上了一层厚厚的棉被。河面上结了薄薄的冰，当太阳升起时，河面上晶莹透亮，光彩夺目，仿佛变成了水晶世界。

啊！我家乡的"母亲河"是多么让我骄傲呀！她一年四季风景如画、景色诱人。

评语：小作者将对大自然、家乡的满腔热爱融于笔端，倾注于家乡的长安河四季景物的描写中。文章大量运用比喻、拟人等修辞手法，从视觉、听觉、触觉等多个角度细腻传神地描绘了长安河春之生机勃勃、夏之热闹非凡、秋之落叶飘飞、冬之灿若水晶的四季美景，读来让人身临其境，流连忘返。

小作家档案

姓名：袁泉
生日：2月23日
身高：139cm
体重：30kg
兴趣：画画、弹钢琴

座右铭：
天道酬勤。

一等奖

做蛋糕

河南省郑州市东方作文东风路校区　　三年级：杨智翔　　指导老师：冯晓丹

有人喜欢春夏秋冬的四季，有人喜欢清凉爽口的饮料，还有人喜欢不同风俗的国家，但我最喜欢各式各样的卡通人物。下面我就选三个卡通人物给你讲讲吧！

一天，猪猪侠没事干了，走在大街上，他看见了好多大蛋糕，口水都流了下来。他想：我找两个好朋友吧，让他们跟我一起做蛋糕，一定要做一个超级大蛋糕！猪猪侠想到这里，就赶紧跑到超市里，选了面粉、巧克力、奶油、水

果……猪猪侠抱着买好的一堆东西赶紧往回走。突然他看见了孙悟空和熊大，猪猪侠快速地跑了过去，他说："你们俩想不想和我一起做蛋糕？"他俩异口同声地说："想。"猪猪侠说："走吧！"他们三个就一起去猪猪侠家做蛋糕了。

来到猪猪侠家，他们先洗完手，就开始做蛋糕了。首先，用面粉做成蛋糕的外形，再在四周抹上奶油，然后放上了巧克力，最后放上水果。这样一个超级大蛋糕就做好了！这时熊大突然想起来今天是自己的生日，于是他们就把蛋糕分成好多份。做完这些事，他们三个就去请好朋友一起来过生日。他们热热闹闹多快乐呀！

请朋友过生日一定很快乐。下次我过生日了，我一定要请我的好朋友一起来过生日。如果你过生日了，你会请谁来过生日呢？

评语： 开头采用排比式，让人眼前一亮。事情经过思路清晰，主次分明！

懂事的我

安徽省铜陵市东方作文汇金写字楼校区　　　三年级：赵悠然　　　指导老师：朱惠萍

小作家档案

姓名：赵悠然
生日：3月17日
身高：141cm
体重：32kg
兴趣：跳舞、足球

座右铭：
是金子总会发光。

二等奖

孝顺父母，感恩父母是我们应该做的。我们为什么要孝顺父母呢？因为这是中华民族的传统美德之一。父母给予了我们宝贵的生命，使我们来到了这个五彩缤纷的大千世界。他们辛勤养育我们，百般呵护我们，让我们茁壮成长，使我们变成对社会有价值、有贡献的栋梁之才。

滴水之恩，当涌泉相报，知恩图报也是中华民族传统美德之一。其实孝顺父母并不难，只要从我们身边的一件小事做起就可以了。

一天，放学了，我回家把作业写完，已经晚上六点多，妈妈还在忙碌中，看着妈妈疲倦的脸庞，我不尽心疼起来，决定孝顺一下妈妈，我往洗脚盆加了点热水，用手试了下温度，便放在沙发旁边，这时妈妈从厨房走出来奇怪地问："难道今天太阳从西边升起了吗？"我说："不是的，妈妈，这是我为了孝顺您！"于是我把妈妈的脚放入水中，在妈妈的脚上轻轻地搓揉，脚洗好了，我用毛巾擦干妈妈湿润的脚。妈妈的脸上露出幸福的笑容，并说："孩子，你终于长大了，变成了一个懂事、孝顺的好孩子了！"然后抱住我，给了我一个爱心的吻。

真是"谁言寸草心，报得三春晖"。

评语："百善孝为先"，小作者用自己的实际行动，为我们树立了一个好榜样，文中很多地方都反映了小作者细心的一面，比如：试水、搓揉、擦脚，同时文中还引用了一些古诗，具有很高的文学性。

我的爱好

山西省太原市东方星冉教育迎泽街小学　　三年级：张子珺　　指导老师：胡德芳

大家一定有自己的爱好，我的爱好很特殊——声乐。

在我上学前班的时候，我都偷偷地在一个角落里唱歌，有一次，我在角落里唱完歌，准备去睡觉时，被我的学前班老师——郝老师发现了，郝老师生气地说："你干吗不去睡觉，为什么躲在这里？"我羞愧地说："我喜欢唱歌，每次我都来这唱歌。""是吗？我是一位学前班老师，也是一位声乐老师，你愿意当我的学生吗？"郝老师说。我说："愿意。"在这一刹那，我觉得我对声乐有了兴趣。

小作家档案

姓名：张子珺
生日：4月8日
身高：135cm
体重：25kg
兴趣：唱歌、画画

座右铭：
温和对人对事，不要随意发脾气，谁都不欠你的。

三等奖

当我有空的时候就听听歌，有的时候还录歌，发到朋友圈里，朋友们都会给点赞，包括我的声乐老师。

我最难忘的就是我第一次一个人上台，我特别紧张，我的老师告诉我微笑就不会紧张。到我了，音乐响起来，我听着那美妙的节奏，唱起我最拿手的歌——《灰姑娘的梦》"我的心里有许多梦想……"我微笑地唱完，忐忑不安地等待着最终的结果。我居然得了金奖。那一刻，我兴奋不已。

声乐给我带来了快乐，给我引出了一条希望的路。

评语：小作者深受启蒙老师的启发对声乐产生深厚的兴趣，从而爱上它，给自己的生活带来乐趣和希望，字里行间都是真实情感的流露。

开玩笑的后果

陕西省榆林市东方学社　　三年级：李佳瑶　　指导老师：屈升宏

一天，孙悟空，猪猪侠，熊大，它们见森林里有一些垃圾。熊大说："俺们一起去捡垃圾保护环境吧！""好呀！"猪猪侠和孙悟空答道。

它们来到森林里，还没捡一会儿就不想捡了。孙悟空想让它们几个热闹起来，便拿了一块小石头丢在熊大头上，熊大气得火冒三丈说："谁打俺来了？"孙悟空便指向猪猪侠，猪猪侠吓得边跑边说："天理难容啊！是猴哥打的你呀！"熊大听了说道："你个该死

小作家档案

姓名：李佳瑶
生日：10月29日
身高：145cm
体重：49kg
兴趣：画画、
　　　读书

座右铭：
如果要飞得高，
就该把地平线忘掉。

三等奖

的孙猴子，又玩俺，看俺不教训你。"说完，便举起大拳头向孙悟空打去，孙悟空来不及抵挡便被打倒在地。别看孙悟空平时武艺高强，也有它弱小的一面。猪猪侠见了，慌忙变成铁拳虎又为孙悟空挡住了熊大的第二次攻击。孙悟空已经深深地知道了开玩笑的后果，便忍着痛站起来说："咱们别打了，再打下去就失去了友情，师傅之前告诉过我们，要团结友爱，互相帮助。我们几个要以诚相待，石头是我丢的，请原谅我。"熊大也说："对不起，是我压不住心里的怒火才伤了你……"从此，它们又和好如初了。

这个故事告诉我们：我们可以开玩笑，但不可以动手打人，我们应该团结友爱，以诚相待。

评语：本文通过人物之间的小事，反映出意味深长的道理，内容简洁但充分发挥了自己的合理想象。文通句顺，尤其人物语言幽默风趣，符合人物性格特点。是一篇不错的文章！

郊 游

河南省新乡市封丘县中心小学　　二年级：许景镇　　指导老师：李岩

星期天，阳光明媚，小红，小明和小刚一起去郊游。

他们把事先准备好的零食带上，怀着激动的心情就出发了。他们来到了小溪边，小红选了一片开满鲜花的地方，风轻轻一吹，淡淡的清香。大树枝叶茂盛，好像一把大伞为他们遮凉，美极了。他们坐在地上一边开心地聊天一边吃东西，小明和小刚把垃圾随手扔到了草地上，小红看见了说："垃圾可不能随便扔，我们要保护这美丽的环境。" 小明和小刚听了说："没

小作家档案

姓名：许景镇
生日：4月3日
身高：140cm
体重：25kg
兴趣：玩电脑

座右铭：
少壮不努力，
老大徒伤悲。

二等奖

事，就一点垃圾，再说了也没人看见。"小红说："如果每个人都这么想，那我们的家会变成什么样子！"小明和小刚羞愧地低下了头说："我们明白了，以后再也不乱扔垃圾了。"小红说："让我们一起把垃圾捡起来放进袋子里带走吧。"他们听了小红的话，弯下腰快速地把垃圾捡了起来，放进袋子里。顿时天更蓝啦，草更绿了，花儿更美了。

看着美丽的景色，我明白保护环境要从点滴做起。

评语：语句流畅，能运用到好词好句，你很棒，继续加油。

生机勃勃的春天

辽宁省锦州市解放小学　　三年级：王子頔　　指导教师：张春梅

"春眠不觉晓，处处闻啼鸟。"寒冷的冬天悄悄地离开了，温暖的春天迈着轻快的步子向我们走来。

于是，我们坐着幸运小火车来看看春天。天空中，一片晴空万里，好像是一颗巨大的蓝宝石。白花花的云朵，有的像一匹在山坡上休闲地吃着草的野马，有的像一条在小河里慢慢划行的小船，还有的像一只小鸟在树上欢快地唱歌。可爱的燕子从南方飞回来了，麻雀成群结队的在天空中嬉戏，天空仿佛成了一幅图画。

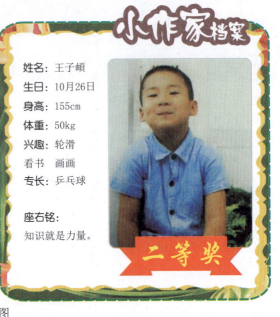

小作家档案

姓名：王子頔
生日：10月26日
身高：155cm
体重：50kg
兴趣：轮滑
看书　画画
专长：乒乓球

座右铭：
知识就是力量。

二等奖

大地上，小草长出来嫩芽，换上了绿色的新衣。柳树姐姐一边梳理着头，一边对我们说："春天真美呀！"美丽的花朵五颜六色，有粉嘟嘟的桃花，黄澄澄的迎春花，还有雪白雪白的樱桃花。它们竞相开放，好像在比谁是选美大赛的第一名。小朋友们脱下了厚厚的外套，穿上了轻巧凉快的单衣、裙子，他们来到郊外自由自在地放着画着各种图案的风筝。

小河里，冰雪都化了，小鱼在清澈的河水中自由自在地游来游去，好像在说："我已经很长时间没有这么痛快的游泳了，今天一定要游个痛快。"

春天真美呀！我真想一年四季都是春天，可惜大自然妈妈不能满足我的愿望。小朋友们，你们喜欢春天吗？

评语：文章以诗句开头，较有新意。运用比喻、拟人、排比等修辞手法使文章更显得生动活泼。

莺歌燕舞抢争春

山西省晋中市榆次区羊毫街小学　　三年级：孟祺佳　　指导老师：李丽萍

冬爷爷刚走，春姑娘就提着百花篮来到了大地上，大地就发生了翻天覆地的变化。

湛蓝的天空就像清水洗过的蓝宝石一样，上面镶嵌着几朵变化多端的白云。燕子穿着黑白相间的礼服，尾巴像一把小剪刀，"唧"的一声，飞到草丛边，小草被惊醒了，忙问小花："是春天来了吗？"小蜜蜂嗡嗡地对小草说："是的，春天来了。"蝴蝶上下飞舞着，鸟儿欢快地歌唱着，它们都为春天的到来手舞足蹈着。

小作家档案

姓名：孟祺佳
生日：11月29日
身高：148cm
体重：44kg
兴趣：书法、写作

座右铭：
一寸光阴一寸金，寸金难买寸光阴。

三等奖

桃树稚气地望着你，花蕾像婴儿的小嘴唇，红艳艳地咧开着。柳树不声不响地抽出新的枝芽，像一条条丝带挂在树上一般。柳树、梨树、苹果树……它们都各显身手地展示着美丽。

春天来了，天上飘着五颜六色的风筝，地上的娃娃们将厚厚的冬装换成了轻薄的春装，他们互相追逐着，打闹着，嬉笑声传遍整个广场。

春天来了，到处都是生机勃勃的景象，鸟儿、花儿、草儿、娃娃们……都苏醒过来抢争春！

评语：文章结尾与题目回应，紧扣主题，让老师感觉到春天是真来了，在描写景物时也很有条理，你笔下的春天可真热闹！

我的家乡

重庆市开州区东昇教育平桥金科校区　　二年级：郑金宝　　指导老师：彭丹

　　我的家乡在开州，那里人杰地灵，风景如画。

　　春天，百花齐放，五颜六色，花园里火红的杜鹃花，雪白的梨花，金黄的迎春花，漫山遍野使人有一种舒适的感觉，是玩耍的好地方。

　　夏天，天气炎热，道路两旁一棵棵大树撑起了绿色的大伞，田野里绿油油的庄稼，一片又一片真是丰收在望。

　　秋天，一串串大葡萄挂在绿叶底下，有红的、白的、紫的、暗红的、淡绿的，五光十色，美丽极了。稻田里稻谷黄了，秋风一吹，一浪压一浪，真像一片黄海。

小作家档案

姓名：郑金宝
生日：12月3日
身高：140cm
体重：32kg
兴趣：象棋、阅读

座右铭：
天才是百分之一的灵感加百分之九十九的汗水。

三等奖

　　冬天，天上飘着雪花，地上铺着雪毯，一棵棵树穿上了一件件银装。我和小伙伴系好围巾，穿上棉袄，一起去堆雪人，打雪仗。

　　啊！我的家乡真美！我爱我的家乡！你们有空就来我们开州做客吧！

　　评语：小作者按一年四季家乡景物的特点，运用比喻等修辞手法，写出家乡的美丽，表达了自己对家乡的喜爱之情。

羽之冒险队成立啦！

河南省郑州市东方作文农业路校区　　　三年级：胡博睿　　　指导老师：徐莹

一个阳光明媚的早晨，熊大和孙悟空在巡视森林，它们突然遇到一个分岔口，有一条往左边，另一条往右边，熊大看了看，说："孙悟空，你往右边走，我往左边走，咱们两个分头去巡视森林。"

"好。"孙悟空一声肯定的回答。

孙悟空没往前面走多久，熊大打电话对孙悟空说："孙悟空，这里有一面高大的墙，你过来一下，咱们两个想想办法。"

小作家档案

姓名：胡博睿
生日：1月29日
身高：140cm
体重：28kg
兴趣：看书、打球

座右铭：
坚持就是胜利。

一等奖

"好。"孙悟空说完，就立即去了熊大的那个地方，看到这面墙，熊大说："你武艺高强，要不你试试能不能打破这面墙。"孙悟空叹了口气，说："我的法力现在还在被五指山封印着呢！没有法力，是绝对不可能打破这面墙，更别说这是石头墙了。"

熊大还没有想到办法，孙悟空说："我有办法了！"

"什么办法？"熊大奇怪地问。

孙悟空回答说："咱们两个可以去找猪猪侠呀！它不是有一个机甲叫'铁拳虎'吗？可以让它的机器打破这面墙，咱们就可以进去了呀！""对呀！"熊大开心地说，"咱们两个现在就去找猪猪侠帮忙，走。"一会儿它们两个找到了猪猪侠，还给它说刚才遇到了什么，能不能用刚才那种方法，猪猪侠连忙说可以，可以。

猪猪侠坐上它的"铁拳虎"汽车，让孙悟空和熊大坐上车，它们两个一坐上车，车就立刻变成了飞机，一飞过去，才发现墙里面全是金币，猪猪侠特别开心，决定要下去，飞机下去了，猪猪侠说："我们要不探索一下这些金币是从哪里来的吧！然后再成立一个冒险队，叫羽之冒险队，可以吗？""可以。"孙悟空和熊大说。

之后，它们三个解开了无数的谜团，也获得了别人的赞叹。

评语： 小作者想象力丰富，故事情节生动新颖，能够抓住读者的眼球，非常棒！语言新奇有趣，富有想法！

小兔子换尾巴

河北省盐山县东方作文实验小学　　二年级：张新旺　　指导老师：张老师

在一片郁郁葱葱的大森林里，有高大的树木，绿油油的小草像绿色的地毯，五颜六色的花朵，迎着太阳露出甜美的笑脸……

一只小兔子出来玩了，它走过了小溪，看见了猴子弟弟在用自己的尾巴荡秋千呢！小兔看见了非常羡慕，回头看了看自己的尾巴，又短又难看，有点不开心，但是它还是和猴子弟弟说了几句话，小兔说："猴子弟弟，你能和我换尾巴吗？"猴子弟弟说："不行呀！

小作家档案

姓名：张新旺
生日：2月18日
身高：140cm
体重：30kg
兴趣：读书、拼装

座右铭：
努力奋斗，
超越自我。

三等奖

和你换了尾巴我就不能爬树了。"小兔没有借到尾巴非常伤心，回家和妈妈说："妈妈，我的尾巴短，不能像猴子弟弟一样荡秋千，我也想像猴子弟弟那样荡秋千。"妈妈听了之后说："每种动物的尾巴都有自己的用途，适合自己的才是最好的。"小兔听了之后说："妈妈，我知道了，只有适合自己的，才是最好的。"

小兔现在才明白，尾巴短的长处就是不容易让猎人抓住呀！

评语：题目新颖，引起读者兴趣。文章内容详略得当，语句通顺。讲了故事，还得出了道理，真棒。老师给你点赞。

我最喜欢的小狗

河南省长垣县东方作文　　三年级：薛子张　　指导老师：尚晓阳

有的人喜欢美丽的孔雀，有的人喜欢凶猛的老虎，还有的人喜欢可爱的乌龟，而我却喜欢我家的小狗。

我家养了一只可爱的小狗，我给它起了个名字叫毛毛。它有一身洁白的毛，从远处看就像一块雪白的地毯。它的眼睛炯炯有神，就像两颗黑宝石，在夜里还会发光呢！它的鼻子非常灵敏，能闻到三里以外东西的气味，每当吃东西的时候，总是先用鼻子闻一闻，确定食物没有毒，才张开大嘴，露出锋利的牙齿，津津有味地吃起来。毛毛在睡觉的时候，总是先在四周转一转，确定没有危险后，才安心入睡。

毛毛非常聪明。记得那是星期六的中午，妈妈在厨房做可乐鸡翅，毛毛在它的狗窝里睡觉，不一会儿鸡翅的香味把毛毛引诱醒了，只见它连忙跑到厨房，一会儿围着妈妈转圈，一会儿蹲在妈妈身边轻轻地叫几声，然后伸出长长的舌头，用渴望的小眼神望着妈妈，妈妈看到后，一下子就被征服了，把煮熟的鸡翅用筷子夹给了毛毛一块儿。

毛毛既聪明又凶猛。记得有一次，爸爸的朋友来我家做客，因为毛毛没有见过他，就一直汪汪汪叫个不停，爸爸的朋友走到哪儿，毛毛就跟到哪儿，直到爸爸出声教训毛毛，毛毛才停止喊叫并用不甘的眼神望着爸爸的朋友，好像在警告他。

这就是我喜欢的既聪明又凶猛的小狗 —— 毛毛。

小作家档案

姓名：薛子张
生日：11月8日
身高：145cm
体重：38kg
兴趣：画画

座右铭：
有志者事竟成。

二等奖

评语：百里挑一式的开头点出了文章的主题，中间先介绍了小动物的外形，接着结合具体事例写出了小动物的性格特点，使表达更生动、具体。

美丽的家乡

山西省晋城市清华课辅中心　　三年级：张佳鑫　　指导老师：王波波

我出生在山西晋城，这里四季分明、环境优美。

百花是春的请柬。春天到了，晋城赏花的最佳去处就是公园了。春天的公园，百花齐放，五彩缤纷。我们可以去泽州公园看郁金香，可以去白马寺森林公园看海棠，还可以去吴王山看紫荆花。这些花朵真是让人眼花缭乱啊！春风里，总少不了孩子们爽朗的笑声；在一个阳光明媚的午后，我跟着爸妈来到白马寺森林公园。驻足广场，跟着其他小朋友放飞风筝。风筝形态各异，有的像五彩的蝴蝶，在天空尽情地跳舞；有的是嬉戏的小鱼，在清明的蓝天"碧水"间飞翔；还有的像一只雄鹰，高高地盘旋在天空，等待着猎物的自投罗网。看到这幅场景，我不禁想起"儿童散学归来早，忙趁东风放纸鸢"。春风里，孩子们脸蛋红扑扑的，仿佛秋天的果树上红彤彤的苹果。

绿树是夏的喜悦。到了夏天，晋城就成了绿树的海洋。马路两旁的树木郁郁葱葱，遒劲有力的树枝向上延伸着，在蓝天白云的映衬下，仿佛一个个孩子张开双臂拥抱着未来。迎宾街上，一棵棵梧桐伟岸地站立着，手掌形的树叶在风中发出"哗哗"的响声，像是在为远道而来的客人奏响旋律优美的迎宾曲。再看泽州路上那一排排松柏，像一把把大伞，为行人和车辆遮风挡雨。

落叶是秋的信使。秋天的晋城成了叶的海洋。一阵秋风扫过，树叶开始"簌簌"地挣脱大树的怀抱。天空中，那一片片扇子形状的银杏树叶仿佛金色的蝴蝶在翩翩起舞。大地上，枯黄的落叶铺满人行道，像是一层地毯，踩上去，树叶发出"咯吱咯吱"的响声，惬意极了。秋天也是菊花开放的季节，公园里，道路旁，娇艳的菊花装点着秋的冷清，黄的像金，白的如玉，紫的似霞……一簇簇，一丛丛，五彩缤纷！

白雪是冬的盛装。经过三两天低温的酝酿，一片片洁白的雪花伴随着寒风纷纷扬扬从天而降。这冬天的精灵，像漫天飞舞的柳絮，飘飘洒洒、无拘无束地纷飞着，落

在光秃秃的树干上，给树木穿上了棉袄，落在湿漉漉的大地上，给大地铺上了地毯，落在我的头发上，给我戴上了美丽的发卡……面对如此美景，我情不自禁地吟诵起岑参的"忽如一夜春风来，千树万树梨花开。"

啊！这家乡的四季……

评语：文章最大的特点是运用排比的段落，按照春、夏、秋、冬的顺序向我们描绘了美丽的四季风景图。语言优美，描写生动，结尾意犹未尽！

春天的足迹

河南省信阳市信达教育东方作文　　　三年级：郭爱因　　　指导老师：贾老师

听，春姑娘的脚步声越来越近了，让我们跟着春姑娘的足迹来欣赏一下春天的美丽景色吧！

听一听，春天的声音有多么动听。可爱的小燕子从南方成群结队地飞回来，个个都忙着找树枝建新家。听，"叽叽叽，叽叽叽"，这美丽的声音正是小燕子在唱着欢快的歌曲。听，"沙沙沙，沙沙沙"，这清脆的声音，也是春姑娘带来的礼物，春雨姐姐奏出的乐曲。再听，"哗啦啦，哗啦啦"，小河妹妹正在一点一点地融化了，开起了演奏会。

小作家档案

姓名：郭爱因
生日：8月1日
身高：132cm
体重：37kg
兴趣：画画、跳舞

座右铭：
不经三思不求教，
不动笔墨不读书。

一等奖

看一看，春天真是五颜六色，漂亮极了！柳树妹妹正在长出绿油油的嫩芽，美丽极了！草弟弟正努力地钻出来，看，它把头露出来，正好奇地探望新的世界，看它们绿油油的，是不是特别有生命力？看啊！那盛开的迎春花多鲜艳多招人喜欢，看着好像一块金碧石。哇！原来油菜花也开了，满山遍野，整座山都是金灿灿的。咦，那一棵开着粉红色花的是什么呢？走近一看，原来是粉嘟嘟的桃花树呀！站在旁边，一阵清香扑鼻而来。

闻一闻，春天的香气让你陶醉！有沁人心脾的花香，淡淡的青草香，雨后混着泥土湿润的气味……

啊，春天的足迹遍布每一个角落，把每一个角落都装扮得令人陶醉！我喜欢春天。

评语：小作者从听觉、视觉、嗅觉写出了春天的美，语言生动，内容丰富，结构安排合理。

我学会了骑自行车

湖北省宜都市东方作文实验小学　　三年级：周璟熙　　指导老师：汪雯兰

以前经常看到大哥哥、大姐姐在小区里骑自行车，就特别羡慕。那时候我还没有自行车，所以只能跟在后面飞奔。

就在我七岁生日那天，爸爸终于把一辆帅气的自行车推到了我面前。我高兴地跳了起来，迫不及待地要爸爸教我骑自行车。

开始学骑车了，爸爸首先给我讲了骑自行车的要领：双手扶住车把，身体要平衡，开始骑车时先是左脚要放在踏板上，右脚在地上蹬，然后右脚放在踏板上。我没等爸爸说完，打断爸爸的话："原来骑自行车这么简单啊！"便赶紧爬上自行车，谁知一上车便连人带车翻在地上。爸爸在一旁"嘲笑"着我，我惭愧地低下了头，乖乖地听完爸爸的教诲。我又按照爸爸教的方法骑上了自行车。爸爸在我的后

小作家档案

姓名：周璟熙

生日：2月10日

身高：138cm

体重：31kg

兴趣：象棋、足球、架子鼓

座右铭：
今日事，今日毕，勿将今事待明日。

三等奖

面扶着自行车，我骑啊骑啊，车子还是摇摇晃晃，不听我的使唤，一不留神，我和车又被摔得四脚朝天。我灰心了，爸爸语重心长地对我说："孩子，做任何事情都会遇到一点小小的挫折，失败是成功之母啊！"听了爸爸的话，我又重拾信心，再次坐上了自行车。依然是爸爸在后面推着我。我骑了好长好长的一段路，回头一看，爸爸早已放手了，我兴奋极了！

通过学骑自行车，我还明白了一个道理：做任何事都要持之以恒，不能半途而废，这样才能把事情做好。

评语：这篇文章叙述了小作者学骑自行车的经历，动作刻画自然真切，心理活动的描写生动逼真，使读者对小作者初学自行车时紧张愉悦的心情感同身受。

自行车和汽车的对话

辽宁省锦州市解放小学   三年级：李思磊   指导教师：张春梅

近几年，人们的生活水平都提高了，汽车走进家庭，自行车也开始"下岗"。可是，繁华的城市，交通堵塞，汽车也给主人带来了麻烦。

有一辆破旧的自行车却不这么认为。有一天，它跟一辆漂亮的小汽车说："现在的世界真是太发达了！发明出了你们这样的高科技，把我们这样普通的自行车都扔在一边了。唉，如果我也是一辆汽车该多好哇！""成为我们汽车？你可真是想错了！"小汽车说，

小作家档案

姓名：李思磊
生日：7月21日
身高：153cm
体重：36kg
兴趣：看书、画画
专长：二胡

座右铭：
虚心使人进步，骄傲使人落后。

二等奖

"人们因为我们也有很多烦恼的！""谁信！"自行车和小汽车顶着干。"不信？那我就给你举一个例子。比如，我的尾气会污染空气。"小汽车说完，就走了起来，让

自行车看它的后面。

自行车看完后，吃惊地说："啊？原来你们也有缺点呀！""是啊，我们的缺点不仅这一个，其实还多着呢！"小汽车又说了一个不好的地方："我们总是会交通堵塞，浪费了好多时间，就连自行车都能从我们旁边轻松而过。"

自行车听了小汽车的话恍然大悟，说："没想到汽车也有这么多的缺点呀！"小汽车微笑着说："当你羡慕别人时，别人也在羡慕你。"

评语：文章语言生动丰富可读性强。用自行车和汽车对话的形式将生活中新旧事物交替的矛盾显现出来。结尾引人深思。

汤姆与杰克

河南省郑州市东方作文农业路校区　　　三年级：司马子鸣　　　指导老师：易芳

在很久很久以前，猫和老鼠就是好朋友，尤其是那只叫汤姆的猫和那只叫杰克的老鼠是一对亲密无间的朋友。

有一天汤姆和杰克发现了大罐猪油，它们准备留到冬天吃。正巧，这话被小狗迈克听见了，它喜出望外，想出了一个鬼主意……

"当当当！"一阵敲门声，小狗迈克来到了汤姆和杰克的家，"杰克在家吗？""不在。"屋里的汤姆说。迈克心想：一个不在家，我偷猪油不就更简单了！哈哈哈！这时候，正巧杰克从外面回来了，它一看到迈克，就连忙说："哟！原来是迈克呀，快请进。"迈克和杰克聊天："杰克，听说你家又买了一些生活用品。"迈克说："是啊，你怎么知道？"杰克说："我……我就是问问，没事我

小作家档案

姓名：司马子鸣
生日：2月24日
身高：150cm
体重：43kg
兴趣：唱歌 拼装

座右铭：
三人行，
必有我师焉。

三等奖

先走了啊。"说着说着迈克迅速地跑了。

回到家里，迈克非常高兴，它心想这只老鼠心底这么善良，我不妨利用利用它。哈！万事俱备，只欠东风，OK！于是，它开始它的下一个计划来夺取猪油了。

第二次，迈克又来到了汤姆和杰克的家中偷猪油。那天汤姆正好不在家，它眼珠一转，心里乐开了花。它对杰克说："杰克，你知道吗?上次你不在家，我经过你们家，不小心看到汤姆准备偷吃你们的猪油呢！"杰克一听火冒三丈，气冲冲地回到家，准备找汤姆理论。等汤姆一回来，它们俩就一言不合地打起了架。而小狗迈克却趁它们吵架的时候，偷偷偷走了猪油。但是汤姆和杰克却都认为是对方私吞了猪油，从此成为了仇人。

评语：卡通人物新解，角度新颖，构思巧妙。尤其是对话很精彩。很能突出角色的性格特征，很棒！

有趣的冬天

河北省盐山县东方作文实验小学　　二年级：张语涵　　指导老师：贾老师

冬天来了，小草变黄了，小鸟去了南方，树的叶子都落了，冬爷爷给我们带来了礼物，我给大家猜个谜语：说花不是花，夏天不见它，寒风吹来时，飘落千万家。你猜到了吗？对了，是雪花。

冬天雪花像鹅毛一样飘落下来。落在屋顶，好像给屋顶戴了一顶白帽子；落在大地，像给大地盖了一层棉被；落在树上，像给大树穿上温暖的棉袄。雪不光好看还很好玩，记得有一回我和弟弟堆了一个雪

小作家档案

姓名：张语涵
生日：7月6日
身高：130cm
体重：26kg
兴趣：画画

座右铭：
只要有信念，
就一定会成功。

二等奖

人。我们先滚一个圆圆的大雪球，再滚一个小雪球，然后把小雪球放在大雪球上，头和身子就完成了，我们用两颗亮晶晶的黑扣子当眼睛，用红彤彤的胡萝卜做鼻子，再拿两个小扫帚做胳膊，让他向每一个来家里的客人致敬，可是我们想外面温度这么低他会不会冷呢，我们拿出妈妈的长围巾给他围上，为他挡住寒风，带来温暖。瞧，这个雪人多酷啊。

除了堆雪人我们在这个美丽的冬天还可以滚雪球、打雪仗，虽然屋外很冷，但我们依然玩得尽兴，每个人的脸上都绽放着快乐的笑容。

冬天是不是又美丽又有趣呀，你们是不是和我一样有很多关于冬天的乐事，快说来听听，我们一起分享一下吧。

评语：作文内容紧扣题目，通过对雪的描写使人一下子就能想起雪景，能引起大家的共鸣，用"雪不光好看还很好玩"转到了堆雪人、打雪仗上来，把冬天的趣味一下子就引了出来，非常棒。

我是绿色小卫士

辽宁省凌源市兴旺教育东方作文　　　三年级：殷萱梓　　　指导教师：王新宇

天空是鸟儿的家，土地是草儿的家，地球是我们的家。如今，地球已经被破坏得不成样了，空气被污染，河水变黑变臭，洁白的墙上全是小广告，还有人乱扔塑料袋、包装纸、果皮、纸屑等垃圾。看到这些我想我能为保护环境做些什么呢？

星期天，天气晴朗，阳光明媚。我和董洁到公园里玩，我看到有人在草坪上走来走去。小草们低下了头，好像在说："好疼啊，谁来帮帮我？"我对董洁

小作家档案

姓名：殷萱梓
生日：1月16日
身高：140cm
体重：42kg
兴趣：读书

座右铭：
尽最大的努力，
做最好的自己。

三等奖

说："你看，小草们被人们踩来踩去，我们为它立一块宣传牌吧！"董洁说："好呀！快开始吧。"

我和董洁先回家找了一块木板，又拿了一把斧头和一盒彩笔。我把木头立在草地中间，再用彩笔写上了一条宣传标语："小草在微笑，请你绕一绕"，还用小刀刻了一个笑脸。宣传牌立好了，我和董洁高高兴兴地回家了。下午我们再到公园的时候，果然没有人在草坪中间穿行了，小草在阳光下挺直了身子，一阵风吹过，小草微微地点着头，好像在说："谢谢你小朋友，是你们帮助了我，让我们不再疼痛。"

我想，如果我们每个人都为地球做一点事，这个世界将会更加美好！

评语：这是一篇叙事的作文，文章主题鲜明，层次清晰。文中多次运用拟人等修辞手法。通过亲身经历，使自己有所收获。文中结尾再次呼吁大家能够为地球做点事，一起来保护环境，紧扣主题。

金刚蛋

江苏省扬中市卓凡教育东方作文　　　三年级：苏思睿　　　指导老师：杨阳

鸡蛋，无人不晓，无人不知，我却发现了小鸡蛋蕴藏的大道理呢！

一次上课，老师神秘地拿出了一个鸡蛋，这枚鸡蛋是椭圆形的，粉红粉红的，摸上去凉丝丝的，好像一位弱不禁风的小姑娘。真不知老师拿鸡蛋干什么，大家像丈二的和尚摸不着头脑。

老师神秘地说："今天老师给大家带来的不是普通的鸡蛋，老师施了魔法，它是金刚

小作家档案

姓名：苏思睿
生日：12月22日
身高：137cm
体重：28kg
兴趣：看书、看电视

座右铭：
书山有路勤为径，
学海无涯苦作舟。

二等奖

蛋。"听了老师的话，班上顿时炸开了锅。有人说："老师骗人，鸡蛋一碰就碎，怎么可能是金刚蛋。"有人疑惑地说："老师葫芦里卖的什么药？"

"不信，大家可以试一试，要求是把蛋放在手心，捏的时候不能用手指挖，手指一齐用力，谁能捏碎他就是我们班的大力士。"老师信心十足地说道。

同学们听了个个兴奋不已，跃跃欲试，手都举得高高的。第一个上场的是女汉子毛薇，她胸有成竹，自信满满地走上讲台，她从老师手里接过鸡蛋，盯着鸡蛋，似乎在说："哼，小样，不信治不了你！"她轻轻一捏，鸡蛋毫发无损。接着，她使出了九牛二虎之力，脸涨得通红，但鸡蛋仍毫发无损。同学们见此情景，都目瞪口呆，简直太不可思议了。

接下来轮到我出场了，我以为刚刚毛薇不敢用力，所以鸡蛋就没碎。我心想：这小小的鸡蛋能奈我何！我一拿到鸡蛋就使出了降蛋十八捏，同时使出了吃奶的力气，可鸡蛋还是纹丝不动。

老师对我们说："你们知道鸡蛋为什么捏不碎吗？是金刚蛋？不！我们把鸡蛋握在手心时，鸡蛋表面各部分所受的压力相等，把力量分散了，所以捏不碎！"大家听了恍然大悟。

同学们，只要我们多多观察，你会发现更多的秘密。

评语：只要我们善于发现，总会发现很多秘密。小作者就发现了鸡蛋的秘密。重点刻画了毛薇和我的表现，动作、心理描写到位，捏鸡蛋的过程很精彩。

我爱秋天

河南省南召东方教育　　二年级：韩林昊　　指导老师：王康

我爱秋天，因为秋天水果遍地。大苹果像灯笼一样，酸甜可口；香蕉像月牙一样，又香又甜；葡萄像玛瑙一样，水灵灵的；橘子像小太阳一样，又富含维生素。

我爱秋天，因为秋天的公园很美。树叶变黄了，风一吹像一群黄蝴蝶在嬉戏。菊花在争奇斗艳，有的像一个大圆球，有的像一个大刺猬，有的像人们放的烟花，有的像一个绿色的花苞，还有的像是雪莲盛开在冰山上。

田野特别有趣。玉米扛着红缨子，像调皮的小娃娃。高粱高高地站着低头想心事，豆子像吃饱的小孩个个鼓着肚子。

秋天真美，我爱秋天！

评语：抓住秋天有代表性的景物来描绘，仿佛一幅幅美丽的画呈现在读者面前，不简单！

小作家档案

姓名：韩林昊
生日：7月14日
身高：140cm
体重：30kg
兴趣：跑步、阅读

座右铭：
好好学习，
天天向上！

二等奖

梧桐树

江苏省南京市东方作文诗文教育校区　　三年级：徐嘉元　　指导老师：李凯

在我们南京的大街小巷，随处可见许多梧桐树。它们在无数个春、夏、秋、冬里默默无闻地发芽、抽枝、落叶……

春天，梧桐树抽出新芽。那么嫩黄，那么新鲜，那么可爱，它无声地向我们传递春天的信息。在那甘甜的春雨滋润下，芽渐渐长成嫩绿的叶片，叶片绿得像翡翠绿似的，一阵春风吹过，满树的小叶片动起来，非常好看。这时，梧桐树如戴上了一顶美丽的绿色冠冕。

小作家档案

姓名：徐嘉元
生日：9月26日
身高：155cm
体重：50kg
兴趣：看书、音乐

座右铭：
读书破万卷，
下笔如有神。

二等奖

到了夏天，树上嫩绿的叶子长成了比大人手掌还大的绿色的叶子，茂密的枝叶如同一把巨型的大伞，遮住了骄阳似火的阳光，带来一片清凉的环境。我们在树下嬉闹、游玩，一点儿也感觉不到夏天的炎热。

秋天到了，黄绿色的叶子变成金红色，几场秋雨过后，雨水把叶子洗得透亮。一阵秋风吹过，叶子纷纷扬扬地往下落，那样子活像一个个"小伞兵"。人们踩在上面，发出咔嚓咔嚓的声音。真可谓秋风扫落叶，忙坏了环卫的叔叔和阿姨。

到了冬天，满树的叶子落尽了，过不了多久，梧桐树变成光秃秃的枝干，但仍挺立在寒风中。一场冬雪过后，枝干上覆盖着一层厚厚的、洁白的雪花，好像给大树穿上了冬衣。这时，梧桐树又开始酝酿着春天的美，准备把美再度献给人们。

多么可爱的梧桐树！相传宋美龄喜欢梧桐，蒋介石就把梧桐种满了南京。梧桐美化着我们的城市，也见证一段旷世之恋。传递着春天的信息，带来了夏天的凉爽。梧桐，我爱你！

评语：文章以一年四季为序，描写了梧桐树成长史，条理清晰，描写上用词细腻而生动。春天的嫩黄、夏天的郁郁葱葱、秋天的金红、冬日的凋零，加上引用"传奇故事"无不体现作者细腻的观察力与描写力！

看我七十二变

河南省郑州市东方作文农业路校区　　三年级：王艺霖　　指导老师：兰梦

有的人想变成小花，吐露芳芳；有的人想变成水滴，灌溉水田；有的人想变成奥特曼，拯救世界……假如我会七十二变，我要变成《西游记》里的美猴王——齐天大圣孙悟空。

我看到世界上有很多坏人，在肆意犯罪，我听到很多人受欺负在伤心哭泣，所以我要变成孙悟空，帮助警察抓坏人。我有一双会变长的手，无论坏人跑多远，天涯海角我都

小作家档案

姓名：王艺霖
生日：6月15日
身高：130cm
体重：35kg
兴趣：唱歌、跆拳道

座右铭：
爱拼才会赢

二等奖

能抓到他，我还有双"火眼金睛"，这样我就可以察觉哪个是坏人，我相信这会把坏人吓得提心吊胆、面如土色。在我的帮助下，世界上的坏人越来越少，到处一派祥和的景象。

假如我会七十二变，我还要变成一棵巨大无比的树，这样我就可以为人们遮风挡雨，可以让小鸟有个温暖的家，还可以吸收雾霾、释放氧气……做许多对人类有益的事情。

我想变……我还想变……我的心愿实在是太多太多，说也说不完，变也变不尽。

评语：小作者想象丰富奇特，又通过两个具体想象的片段，来表现假如自己有七十二变，如何造福人类，造福社会。语言生动，内容丰富，结构安排合理。

我的发现

湖南省邵阳市隆回唐朝校区　　　三年级：王泽玮　　　指导老师：范籽君

生活中蕴藏着很多小秘密，只要你细心观察就会发现，今天我就有了一个新发现。

今天我要来泡胖大海。泡之前，看见胖大海是咖啡色的，胖大海的形状是椭圆形的，摸起来十分粗糙，凹凸不平，像缩小版的橄榄球也像老人脸上的皱纹。深吸一口气，就会闻到胖大海散发出的一股淡淡的药味。我们有的疑惑不解，有的迫不及待地想看它泡入水中的样子，有的纳闷……而

小作家档案

姓名：王泽玮
生日：8月21日
身高：125cm
体重：22kg
兴趣：下棋、看书

座右铭：
宝剑锋从磨砺出，梅花香自苦寒来。

二等奖

我，十分好奇。然后我把胖大海放入热水中，开始它浮在水上，一动不动，就像一个睡着的宝宝，过了一会儿，胖大海长出了许许多多的绒毛，再过了一会儿，胖大海像一只轻快的小船，又像一只快活的小鱼，在水中游来游去，水渐渐变成了黄色。泡后，胖大海的毛就长了一身，一吸气，我就闻到一股中药味，我喝上一口胖大海泡的水，有点甜甜的。胖大海还有许多功效。如：清热解毒……

生活中很多的小秘密都等着我们去发现，小朋友们你们仔细观察，发现了什么呢？

评语：字迹工整，卷面整洁，令人一看赏心悦目，内容详细，具体。希望在以后的写作中加油！

我最喜欢小狗

河南省新乡市封丘县东方红小学　　三年级：张运奥　　指导老师：李萍

有人喜欢活泼可爱的小猫，有人喜欢肥头大耳的小猪，还有人喜欢憨态可掬的小熊，但我最喜欢的是调皮可爱的小狗。

我家小狗的名字叫"迪迪"，样子很可爱，长着一对闪闪发亮的大眼睛，眼睛下面还有一个小鼻子，别看鼻子小，用处可大了，可以闻到很远的食物，鼻子下面有一张大嘴巴，可以吃很硬的东西，它还有一双尖尖的耳朵，可以听见远处的声音，在它的后面还有一个毛茸茸的小尾巴，当它看到我回家时，它就摇着小尾巴跑到我的面前。

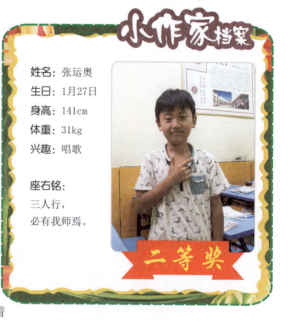

小作家档案

姓名：张运奥
生日：1月27日
身高：141cm
体重：31kg
兴趣：唱歌

座右铭：
三人行，
必有我师焉。

二等奖

它是一个贪吃鬼。有一次，爸爸让我去买一些排骨，我一眨眼就买来了，我放下排骨，就去写作业了。当爸爸开始去炖排骨时，问说："你买的排骨呢？"我说：

"我放在桌子上。""怎么没有啊？"真的没有了。我四处望了望，竟然发现那只贪吃的迪迪正在津津有味地吃着排骨。

这只小狗它很可爱，也很贪吃，我一见到它，就笑了起来。

评语：文章内容通过描述小狗"迪迪"的性格特点，描写得很形象、生动，还描写出它的贪吃，使文章很有趣。

我是蛋爸爸

黑龙江省鸡西市东方作文南山校区　　三年级：石灏泽　　指导老师：刘茹春

今天，老师给我们每人发了一枚生鸡蛋，看着手里的鸡蛋，我想难道是"元旦节"的礼物吗？老师说："我们要开展一次护蛋大行动，你们要保护鸡蛋，明天把鸡蛋完好无损地带回来。"

我把鸡蛋小心翼翼地捧在手心里，到了家后，我先把鸡蛋放进一个碗里，然后倒了一杯温水，给鸡蛋洗了一个澡，接着把它放进毛巾里擦干，我又把彩笔拿了出来，我在鸡蛋上先画了一双眯成一条线的眼睛，然后画了一个红嘴巴，之后又画上了衣服，可爱的蛋宝宝就大功告成了，我先把蛋宝宝放进了碗里，然后盖上了盖子，压上了一块石头，我想终于大功告成了！

第二天，我们把蛋宝宝拿到了学校，我得到了老师的奖励，获得完好无损奖，我很高兴。

小作家档案

姓名：石灏泽
生日：5月17日
身高：138cm
体重：26kg
兴趣：画画

座右铭：
好好学习，
天天向上。

二等奖

评语：宝贝：你是一位合格的蛋爸爸，在文中，你详细介绍了如何细心地照顾蛋宝宝的过程。如：给蛋宝宝洗澡，化妆，为蛋宝宝准备好一个温馨而幸福的家。用词准确，语句通顺流畅，重点突出，中心明确。

我喜欢夏天

🖍 内蒙古自治区赤峰市得天独厚教育　　三年级：郑墨涵　　指导老师：林娜

夏天，是炎热而又欢乐的季节。

清晨，晴空万里，太阳公公把一切都镀上了一层金黄色。一群美丽的小鸟儿在枝头间欢蹦乱跳，叽叽喳喳地唱着歌。空气清新凉爽，混合着泥土与花的芳香，每吸一口都令人精神振奋。

午后，天空一片青灰色，火辣辣的太阳把地面烤得滚烫滚烫。一阵南风吹来，卷起一股热浪，蝉在树上"知——了，知——了"地叫着，声音低沉而

小作家档案

姓名：郑墨涵
生日：11月6日
身高：142cm
体重：29kg
兴趣：读书、画画

座右铭：
只为成功找办法，不为失败找理由。

一等奖

缓慢，像在诉说一个古老的故事。老人们坐在树荫下，悠闲地摇着扇子，嘴里一边抱怨着炎热，一边高兴地谈论炎热的天气是如何有利于稻谷抽穗的。那些林中的小鸟儿都懒洋洋地伫立在枝头上，似乎正在做着关于丰收的梦。

傍晚，晚霞烧红了天空，海边沙滩上人来人往。人们有的在游泳，有的在捡贝壳，还有的在嬉戏。欢声笑语像海浪一样一阵高过一阵。清凉的海水洗去了人们一身疲劳，一身炎热，使人们感到轻松，感到爽快！

夏天是炎热的，但也是欢乐的，充满活力的，我喜欢夏天！

评语：你很善于观察生活，能敏锐地捕捉到每一个细节，全文清新秀逸，言之有序，读来津津有味，称得上是一篇成功之作！

大头儿子的秘密计划

河南省郑郑州市东方作文聚源路校区　　三年级：夏琳　　指导老师：刘天鹏

"太好了！我终于可以去完成爸爸的'彩虹桥'了！"是谁在欢呼？哦，原来是我们远近闻名的大头儿子呀。他怎么可能去设计图纸呢？原来是大头儿子生病时，他的妈妈出差了，小头爸爸只好放弃"图纸设计大赛"了。大头儿子要帮爸爸完成他的愿望。

大头儿子说做就做。他冲进书房，精挑细选，终于挑到了一支最完美的铅笔。他又走到自己的房间，把放在盒子里的"彩虹桥"小心翼翼地拿出

小作家档案

姓名：夏琳
生日：11月19日
身高：136cm
体重：33kg
兴趣：读书、
画画

座右铭：
欲学作文，
先学做人。

三等奖

来。最后，他走进书房，把图纸夹在画板上，就开始"大干一场"了。他先认真地在纸上补上了没有画完的桥梁，又画了桥梁的支撑柱，仔细一看，画得不像支撑柱，像蛇？不，像刀。于是他又加上了颜料，不料，这次铅笔稿画得很好，但是颜料却"飞"到了他的脸上。大头儿子有点心灰意冷了，就在这时，猪猪侠从墙角爬了出来，嘴里又叨念着他的口头禅："需要帮忙吗？"大头儿子说："当然。"猪猪侠二话不说就拿着铅笔画。谁知铅笔尖"砰"的一声扎进了他的眼里。他赶紧把铅笔尖洗了出来。就在大家都想放弃的时候，汤姆猫来了。大头儿子说："汤姆，你帮我画一下图纸吧！""好的！"汤姆猫说。

就这样，经过大家的共同努力，小伙伴们终于把"彩虹桥"完成了。大头儿子和他的伙伴们把这幅画拿去参加了比赛。

到了颁奖的时刻，主持人公布："一等奖是'彩虹桥'！""太好了！"大家齐声欢呼起来。

"谢谢，亲爱的儿子！你帮我得了奖。"小头爸爸骄傲地说。"不用谢，爸爸。"大头儿子开心地说。

通过这件事大头儿子明白了许多道理，比如：团结的力量是很大的！

评语：想象丰富，构思奇特，描写生动、具体，且井然有序，体现了作者清晰的思路与谋篇布局的能力。

我最喜欢春天

辽宁省锦州市解放小学　　三年级：李艺菲　　指导教师：张春梅

有的人喜欢烈日炎炎的夏天，有的人喜欢硕果累累的秋天，还有的人喜欢白雪皑皑的冬天，但我最喜欢万物复苏的春天。来吧，就让我们找一找春天吧！

蓝天像一块巨大的宝石，空中飘着朵朵白云，有的像小白羊、有的像小狗、有的像大乌龟。小草偷偷的从土里钻出来了，嫩嫩的，绿绿的，小花也露出了笑脸。小树舒展着腰肢，抽出了胖胖的叶子，可爱极了！缤纷的彩蝶舞姿轻盈，采花的蜂儿歌声嘤嘤。小河上的冰也融化了，小鱼、小虾开心地玩耍。穿着燕尾服的燕子先生唧唧喳喳的叫着，好像在说："春天来了，春天来了。"一棵棵高大的树木站立着，好像一个个战士在站岗，又像一把把撑开的大伞。

春天又像小魔法师，变出了许多美丽的花朵。春姑娘给桃花穿上了粉色的衣裳，又给迎春花穿上了黄色的衣裙，它们像一盏盏漂亮的灯笼。一场春雨后，你会闻到泥土和花融合后的清香。

春天，你生机勃勃的景象来到四面八方，给人们带来绿色。我爱你 —— 美丽的春天。有的人虽然不喜欢你，但你在我的眼中是最美的天使，是我的好朋友。

小作家档案

姓名：李艺菲
生日：9月22日
身高：140cm
体重：28kg
爱好：看书、画画
电子琴、诗朗诵、跑步

座右铭：
世界上最快而又最慢，
最长而又最短，
最平凡而又最珍贵，
最容易被人忽视而又
最令人后悔的就是时间。

二等奖

评语：这是一篇描写春天景色的作文，小作者运用比喻拟人等修辞手法将春天的景象很生动地描绘出来，引起读者遐想。

我的家乡——晋城

山西省晋城市清华课辅中心　　三年级：张钧杰　　指导老师：王波波

小作家档案

姓名：张钧杰
生日：2月5日
身高：145cm
体重：42kg
兴趣：看书

座右铭：
哪怕我是一颗小星星，我也要让它闪光发亮。

二等奖

我的家乡在晋城，是一座美丽宜人的城市。对我来说，四季的晋城就是一个"儿童乐园"。

春天到了，小燕子身穿黑色的燕尾服，像是专程赶回来参加春天的音乐会似的。花园里，百花齐放，五彩缤纷，有金黄的迎春花、有雪白的梨花、还有粉红的桃花……它们各个争奇斗艳，令人眼花缭乱，心旷神怡。

夏天，太阳好像一个大火球，路上的行人蒙上了晶莹的汗珠。烈日炎炎，树木更加茂盛了：马路两旁的树木青翠欲滴，枝叶摇晃着，发出"沙沙沙"的声音，为炎热的夏天奏起了音乐。那弯弯曲曲的树枝向蓝天延伸着，如同一把苍翠的大伞，撒下一片片阴凉。当然你也可以去水上乐园。看！小朋友们在欢快地戏水玩乐呢！就像一条条小鱼自由自在地玩耍。

秋天，也是收获的季节。果园里，果树枝头红彤彤的苹果散发出诱人的香味，风爷爷轻轻拂过枝头，仿佛在向水果宝宝们招手呢！瞧，那洁白的农作物是什么？一团团，一簇簇，软绵绵的，似洁白的云朵。这些农作物在等待农民伯伯的"阅兵"呢！

冬天，是雪的乐园，纷纷扬扬的雪停了，我走出去一看。哇！外面一片银白的世界：大地盖上了毛毯，树木穿上了棉袄，房屋披上了披肩……操场上热闹非凡，同学们有的打雪仗，有的堆雪人……热闹极了！

听了我的介绍，有没有心动呢？欢迎大家的到来！

评语：文章写家乡的四季，并且运用比喻、拟人等修辞方法，把四季的景物写得生动。

一堂生命教育课

吉林省长春市朝阳区安民街小学校　　　三年级：翟相童　　　指导教师：苗春光

难得姨夫和表哥一起到我家来做客，我十分开心。然而今天，他却是来给我上课的。

事情是这样的：姨夫是个很爱逗小孩子的人。他见我在读一本名为《这才是江湖》的书，就随手翻看了一下，了解到我对书里描写的武术高人特别感兴趣，他就对我说："我会练气功，你想学吗？""啊？当然想学了！"我半信半疑地说。于是，姨夫让我找来一根蜡烛，把它点燃，然后表演给我看。我兴奋极了，赶紧行动。

小作家档案

姓名：翟相童
生日：12月21日
身高：142cm
体重：30kg
爱好：读侦探小说、毛泽东诗词
特长：篮球、跳绳

座右铭：
黑发不知勤学早，白首方悔读书迟。

三等奖

我是个淘气的小孩，从前因为摆弄打火机，被烧到过手，所以，爸爸妈妈后来再不允许我动火。这次，我可是有了"尚方宝剑"。我手脚麻利地找来了蜡烛，还特地找来一张纸，用它来引燃蜡烛，我想这样可以避免用打火机烧到手。蜡烛点燃了，我欢呼着："太好了！有蜡烛了！可以练气功了！"由于太激动，我顺手就把还在燃烧的纸扔进了垃圾桶。"呼——"垃圾桶里的包装纸、干花叶等瞬间被点燃了。说时迟那时快，真是太危险了，姨夫慌忙用脚在垃圾桶上跺了几下，表哥也赶忙端来一大杯水浇了过来 —— 火渐渐地熄灭了。我，此刻还呆呆地站在那里，已经不知所措了。

"啪啪啪！"姨夫在我的屁股上打了三下，我才缓过神来。这次我被打得心服口服，我深深地体会到：火真凶猛啊！玩火会危及生命，后果不堪设想。

　　这堂生命教育课就此收场，真是后怕呀！

　　评语：小作者通过丰富的语言和动作，惟妙惟肖地描写出了这次生命教育课，安全第一的思想永不能忘。这是一篇清新脱俗，令人耳目一新的文章。

我学会了洗碗

湖南省邵阳市唐朝雅郡校区　　　三年级：向珉萱　　　指导老师：陈老师

小作家档案

姓名：向珉萱
生日：7月8日
身高：136cm
体重：28.8kg
兴趣：看书、唱歌、跳舞

座右铭：
读一本好的书，是和许多品德高尚的人说话。

三等奖

　　我现在已经是一个三年级的学生了，很多事情都应该自己学着做，我左看看，右看看，决定还是从洗碗开始入手。

　　说干就干，我来到厨房里，把一大叠碗放在洗碗池里。打开水龙头，把水放满，加上洗洁精后，水一下子就变了个样，原来清澈见底的水下冒出了许多泡泡。那些泡泡好像在对我说："快点来，快点开始洗碗吧！"我左搓搓，右洗洗，突然，一个碗像溜冰教练一样从我手里滑了下来。幸亏我眼疾手快，才没让这调皮的碗宝宝摔碎了。我用手紧紧握住碗，小心翼翼地擦，还没洗几个碗，就把我累得腰酸背疼。我心想，我洗几个碗就累了，妈妈每天都洗这么多，那该多辛苦呀。最后，我倒了一盆清水，把洗了的碗用清水清洗几遍，干干净净的碗就出现在我面前，我又把它们送到了碗柜里，就好像回到了它们舒服的家。

　　通过这件事，我学会了如何洗碗，我懂得了妈妈是多么辛苦，我以后要多帮妈妈做家务。

评语：小作者是个贴心的好孩子，通过洗碗理解了妈妈的辛苦。这篇文章朴实简洁，却意义非凡。整个洗碗过程写得有理有序，值得一读，非常不错。

我的好朋友

河南省南召东方教育　　三年级：郭少勋　　指导老师：王康

三年级开学第一天，妈妈去文具店给我买了一支钢笔。

它身穿迷彩服，头戴绿色"军帽"，脚蹬"绿军鞋"，就像一个挺拔的小军人。它的身体腹部有很多"小帽子"，从上面看像是要发射的火箭，从下面看像是汽车的加速器。

拔开帽子露出了粗壮的笔尖，如果拧掉"迷彩服"，里面是香喷喷的"饭"——墨囊，如果没有这个武器装备，就不再是写字的工具。

小作家档案

姓名：郭少勋
生日：6月28日
身高：140cm
体重：31kg
兴趣：踢足球
专长：画画

座右铭：
世上无难事，
只要肯登攀。

二等奖

它的作用很大，能帮我把作业做好，还能帮我考出好成绩。

我们之间还有段故事呢。有一天我当上了小组长，老师让小组长去改作业，我去了。谁知道我忘了把我的钢笔带上，它的帽子摔掉了，好像在提醒我别忘了它，我看见了急忙把我的朋友拾起来，穿好衣服。从此以后，我就更爱我的钢笔了。

我的这位钢笔朋友，像英俊的军人惹人喜爱，又给了我很大的帮助。我爱我的这位好朋友。

评语：钢笔的漂亮外形、结构跃然纸上，字里行间饱含感情，棒！

有趣的课堂

湖南省邵阳市金慧徐思众教育　　三年级：夏逸轩　　指导老师：张庆结

"叮铃铃——"上课了，同学们争先恐后地跑进了教室。

老师面带微笑地说："同学们，我们今天举行一场'大力士'比赛，大家想不想参加？"顿时，教室里面就跟炸开了锅一样，同学们异口同声地说："好。"只见老师神秘地从讲台下拿出一枚小巧可爱的鸡蛋，说："同学们，这是老师在外旅游时发现的金刚蛋，这次看我们班有哪个大力士可以打败这个金刚蛋！"此时，同学们议论纷纷，有的说这是一个玩具蛋，有的说这个蛋煮熟了，还有的说这一定是一枚假蛋。

小作家档案

姓名：夏逸轩
生日：11月23日
身高：143cm
体重：52kg
兴趣：象棋

座右铭：
书山有路勤为径，
学海无涯苦作舟。

三等奖

在同学们的讨论声中比赛开始了，同学们跃跃欲试，第一个上场的是我们班最甜美可爱的淑女——邓思佳。只见她一脸严肃地走上讲台，小心翼翼地从老师手里接过金刚蛋，轻轻地放在手心，然后收紧五指，牢牢地抓紧鸡蛋，同学们有的给她加油，有的目不转睛地看着金刚蛋，还有的挑战者神气地说："你不会连一个小小的鸡蛋都握不破吧。""时间到。"随着老师一声命令，邓思佳慢慢张开手心，只见鸡蛋安静地躺在邓思佳手心里，像一个熟睡的宝宝，第一位挑战者宣告失败。紧接着第二位选手上场-陈鑫，陈鑫用了吃奶的力气，头上冒出了豆大的汗珠，可鸡蛋还是毫发无损。在同学们热烈掌声中请出我班的"大将"——唐元，他可是班级公认的"大力士"，别看他很瘦小，力气可是很惊人的，跟同学们掰手腕他可从没输过。唐元信心满满地走上讲台，接过神气的金刚蛋，当老师一声令下，只见唐元右手开始用力，手上的青筋都冒出来了，时间一分一秒的过去，但是金刚蛋还是纹丝不动，金刚蛋好像在说："你不会是假的大力士吧！"于是唐元左手也加入了战斗，鸡蛋也用了它的绝招"金钟罩"，唐元脸上慢慢地被汗水所包围，手也开始发抖，但最后还是鸡蛋赢了，大力士垂头丧气地走下了讲台。

我心想难道真的有金刚蛋的存在？在同学们的疑惑声中，老师给出了答案，因为鸡蛋的表面是曲面结构，只要均匀受力，就能成为握不破的金刚蛋。同学们顿时恍然大悟！

这节课真有趣，希望下次还能上这样的课。

评语：小作者描写游戏的过程，点面结合，场景描述详细具体，动作词语用得恰到好处，充分写出了孩子们为了挑战握破"金刚蛋"所做出的努力。人物描写符合个性特点，形象突出，形象丰满，跃然纸上。虽然你现在只有三年级，相信经过你的努力，你一定是作文的主人。

智斗汤姆猫

河南省郑州市东方作文新密青屏校区　　　三年级：张景会　　　指导老师：张晓培

从前，在一个美丽的大森林里住着熊大、汤姆猫和一只小猴子。当然那只小猴子就是大名鼎鼎的孙悟空，它们三个是非常要好的朋友，其中汤姆猫最爱出鬼主意，但是它们三个快快乐乐地在大森林里生活。

有一次，汤姆猫去城里学了许多许多的本领，一年365天，一天一种本领也用不完。汤姆猫回来说："你们好，我让你们看看我进城学的本领吧！"两位朋友异口同声地说："好呀，好呀，太棒了！"汤姆猫表演了两位朋友从来没见过的踢球。它们看得入了迷。"太精彩了！"熊大和孙悟空都想学。汤姆猫把这个本领教给了熊大和孙悟空。它们两个学会了，汤姆猫说："我们来场比赛怎么样？"两位朋友连声叫好。

小作家档案

姓名：张景会
生日：11月19日
身高：135cm
体重：30kg
兴趣：画画、书法

座右铭：
少壮不努力，老大徒伤悲。

三等奖

比赛开始了，孙悟空是防守，熊大和汤姆猫是踢球的。熊大抢着球了，正要踢的时候，汤姆猫忽然用石子把球弹到一边了，然后把球踢到了孙悟空后边。第二天，汤姆猫又表演了一种本领。渐渐的，汤姆猫开始骄傲起来，变得瞧不起两位朋友，还想要害它的朋友。

于是，熊大和孙悟空决定要智斗汤姆猫。有一次，熊大和孙悟空被汤姆猫追赶，快到河边了，它们赶紧藏到河边的树后，往河里扔了一个小石子，惊动了河中的大鱼，汤姆猫追过来，看见水面上泛起了波纹，猜想熊大和孙悟空在水底下，就下水去看，没想到被大鱼咬了一下。

它们终于教训了汤姆猫。从此，汤姆猫再也不惹熊大和孙悟空了。

评语：小作者充分发挥了自己的想象力，编写的故事情节前后形成了鲜明的对比，让骄傲自大的汤姆猫吸取了教训，也让读者明白了一个深刻的道理。